超高速低真空管道磁浮交通系统

毛 凯 ◎ 著

人民交通出版社
北京

内 容 提 要

本书系统介绍了利用磁浮技术和低真空管道技术实现"近地飞行"的新型交通方式——超高速低真空管道磁浮交通系统。第 1 章介绍了该系统的基本概念、发展定位、发展现状、技术路线选型和发展意义；第 2 章和第 3 章分别分析了该系统的顶层指标，阐述了系统总体设计方案；第 4 章至第 8 章分别介绍了其中五个分系统的工作原理、系统组成及方案；第 9 章对其未来实际应用进行了展望。

本书适合轨道交通领域相关人士阅读参考。

图书在版编目（CIP）数据

超高速低真空管道磁浮交通系统 / 毛凯著. — 北京：人民交通出版社股份有限公司, 2025.5. — ISBN 978-7-114-19850-2

Ⅰ. U237

中国国家版本馆 CIP 数据核字第 2024W2G198 号

Chao Gaosu Di Zhenkong Guandao Cifu Jiaotong Xitong

书　　名：	超高速低真空管道磁浮交通系统
著 作 者：	毛　凯
责任编辑：	刘　洋
责任校对：	赵媛媛　刘　璇
责任印制：	张　凯
出版发行：	人民交通出版社
地　　址：	（100011）北京市朝阳区安定门外外馆斜街 3 号
网　　址：	http://www.ccpcl.com.cn
销售电话：	（010）85285857
总 经 销：	人民交通出版社发行部
经　　销：	各地新华书店
印　　刷：	北京印匠彩色印刷有限公司
开　　本：	787×1092　1/16
印　　张：	15
字　　数：	311 千
版　　次：	2025 年 5 月　第 1 版
印　　次：	2025 年 5 月　第 1 次印刷
书　　号：	ISBN 978-7-114-19850-2
定　　价：	138.00 元

（有印刷、装订质量问题的图书，由本社负责调换）

前 言
PREFACE

  交通运输是人们生产和生活的重要基础和支撑条件，其发展水平是衡量社会进步的主要标志之一。从党的十九大提出建设交通强国，到党的二十大强调加快建设交通强国，是以习近平同志为核心的党中央做出的重大战略决策。

  自古以来，以提速来缩短时空距离是交通永恒的追求。古人憧憬的"千里江陵一日还"早已照进现实，尤其是近年来，我国高铁、民航发展取得了举世瞩目的巨大成就。面向我国第二个百年奋斗目标，交通依然是发展的排头兵，届时我国国土空间体系将从"全面开花"的县域经济发展到"大国大城"的城市群经济新格局。瞄准"人民满意、保障有力、世界前列"的交通强国建设总目标，布局发展满足百姓出行需求、符合国土空间规划、具有国际领先水平的下一代更快速交通工具，是当下科技工作者的重要使命。

  2019年，中共中央、国务院印发的《交通强国建设纲要》中提出"合理统筹安排低真空管（隧）道高速列车等技术储备研发"。为贯彻落实党中央要求，中国航天科工集团有限公司结合自身在超高速运载器、磁浮与电磁推进领域科技创新能力，系统性布局研发超高速低真空管道磁浮交通系统（简称高速飞车）。

  高速飞车是利用磁浮与地面脱离接触消除摩擦阻力、利用内部接近真空的管道线路减少空气阻力和噪声、利用直线电机将动力系统外置获得更大载重，运行速度可达1000km/h的新一代交通运输设施装备。

  高速飞车是一项兼具高技术、大规模属性的巨系统工程。基于安全性、经济性和技术先进性等交通运输系统的基本性能考虑，研究团队选择了超导电动悬浮制式作为高速飞车的主要技术路径。系统覆盖了超导、集成电路、新能源、自动控制、先进通信等众多前沿技术领域，涉及新基建、先进制造等传统产业转型升级，能够带动超导、新能源、地下空间等未来产业自主创新发展。高速飞车的工程化实施，将使我国在轨道交通领域持续保持国际领先，在全球科技格局的重组和创新生态的变革中占据主动。

  高速飞车还是一项兼具多学科、紧耦合特征的复杂巨系统工程。研究团队遵照系统工程研制方法，按照"顶层需求分析、关键技术选型、总体指标论证、系统方案设计、关键技术攻关、系统集成验证、工程实施应用"的步骤，科学部署工程实施。从技术原点出发，系统性开展多方案比较、整体优化，实现总体性能最优。针对系统多场耦合特征，充分考虑系统机、电、磁、力、热、信息流耦合设计，开展高电压、强磁场、低真空、电磁兼容等环境适应性验证，形成闭合的总体方案以及系统指标体系、技术体系、能力体系，牵引关键技术攻关、系统集成验证等工作有效开展。

本书从高速飞车系统运营的目标场景为切入点，首先对系统基本概念、发展定位、国内外发展现状和技术路线选型及发展意义进行了简要介绍，然后从系统运营场景出发，对系统运量、运行速度、真空度等顶层指标进行分析，再对系统设计原则、设计思路、运行场景、系统组成、总体布局、系统安全性和经济性等系统总体设计相关内容进行了介绍，然后分别针对航行器、真空管线、悬浮推进、运行控制和智能运维五大分系统的工作原理、系统组成及方案进行阐述，最后对该系统在未来的应用进行了展望。旨在为读者完整、形象地描述高速飞车系统这一新型交通运载工具，期望为系统后续的研究及发展提供帮助借鉴。

道阻且长，行则将至；行而不辍，未来可期。中国高速飞车事业研究取得了阶段性成果，即将迈入新的中试阶段。后续还会有更多的人参与和从事高速飞车事业，来前仆后继地攀登这座人类交通领域的科学高峰。本书是对高速飞车研制过程的阶段性思考和总结，未来通过进一步实践，很多认识还会不断地变化和更新，这些思考和总结也是项目团队集体智慧的成果。本书内容希望得到广大读者的批评和指正。

毛　凯

2024 年 12 月

目 录
CONTENTS

1 绪论 ··· 1

    1.1 基本概念 ·· 3

    1.2 发展定位 ·· 4

    1.3 发展现状 ·· 5

    1.4 技术路线选型 ·· 15

    1.5 发展意义 ·· 21

2 顶层指标分析 ··· 25

    2.1 运量 ·· 27

    2.2 速度目标值 ·· 28

    2.3 真空度 ··· 33

    2.4 航行器断面 ·· 34

    2.5 管道断面 ·· 37

    2.6 加/减速度能力 ·· 39

    2.7 爬坡能力 ·· 41

    2.8 过弯能力 ·· 41

3 系统总体设计 ··· 43

    3.1 设计原则 ·· 45

    3.2 设计思路 ·· 46

    3.3 运行场景 ·· 48

3.4	系统组成	53
3.5	系统总体布局	54
3.6	系统安全性	55
3.7	系统经济性	63

4 航行器 75

4.1	概述	77
4.2	航行器总体	77
4.3	舱体系统	78
4.4	悬浮架系统	83
4.5	舱载电气系统	87
4.6	环控与生保系统	98
4.7	内装与设备	101

5 真空管线系统 105

5.1	概述	107
5.2	系统工作原理	107
5.3	管线系统	108
5.4	真空系统	114
5.5	监测控制系统	120
5.6	接驳系统	128
5.7	道岔系统	131

6 悬浮推进系统 137

6.1	概述	139
6.2	系统原理及架构	139
6.3	悬浮导向与直线电机系统	155
6.4	轨旁供电系统	159
6.5	牵引变流系统	162
6.6	牵引控制系统	170
6.7	定位测速系统	175

7 运行控制系统 ... 179

7.1 概述 ... 181
7.2 系统特点 ... 182
7.3 系统功能及组成 ... 182
7.4 运控系统 ... 186
7.5 通信系统 ... 194

8 智能运维系统 ... 205

8.1 概述 ... 207
8.2 系统特点 ... 207
8.3 系统组成及架构 ... 208
8.4 运维系统 ... 210

9 应用展望 ... 223

9.1 总体实施路线 ... 225
9.2 干线通道布局设想 ... 225
9.3 示范线布局设想 ... 227

参考文献 ... 229

1

绪　论

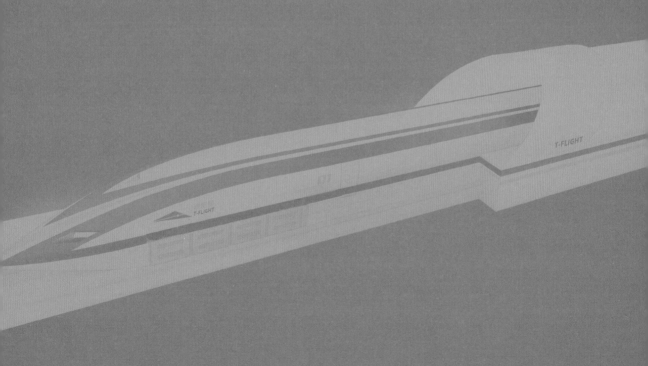

超高速低真空管道
磁浮交通系统

超高速低真空管道磁浮交通系统（简称"高速飞车"）是一种新型交通工具，最高运行速度可达 1000km/h。本章重点介绍高速飞车的基本概念、发展定位、发展现状、主要技术路线和发展意义。

1.1 基本概念

高速飞车利用磁浮与地面脱离接触消除摩擦阻力，利用内部接近真空的管道线路减小空气阻力和噪声，利用直线电机将动力系统外置以获得更大载重，最高运行速度可达 1000km/h。高速飞车是继路面交通（如汽车等）、轨道交通（如火车等）、水上交通（如轮船等）、航空交通（如飞机等）之后的新一类交通运输工具。人们对交通工具速度的直观体验是出行时间，即端到端的等效速度。轮船作为水路交通工具有其特殊定位，根据等效速度，可以将其他四类交通工具划分为：一是时速 100km 级的汽车，二是时速 300km 级的火车，三是时速 600km 级的飞机（由于起降条件限制，不同飞行距离的等效速度不同，国内主要干线航线的等效时速约 600km），四是正在研制的高速飞车，端到端等效时速为 800～1000km 级。未来，高速飞车与汽车、火车、轮船、飞机等交通运输工具将共同构建起我国综合立体交通网。

高速飞车采用"磁浮 + 低真空管（隧）道"作为实现途径。磁浮技术以无车轨接触特性解决了轮轨车辆提速带来的车轨振动和摩擦问题，磁浮列车若继续提速则受制于空气阻力和运行噪声，对系统经济性和环境适应性带来极大挑战。高速飞车在 500km/h 以上速度行驶时，选择管（隧）道形式可有效降低征地、线路规划难度及噪声影响，日本在建的中央磁浮新干线管（隧）道占比在 90% 以上。当高速飞车速度进一步提升至 1000km/h 时，需将管（隧）道技术与低真空技术相结合，根据运行速度匹配相应的低真空环境气压，从而进一步解决阻力、噪声带来的问题，同时可通过减小管（隧）道断面，提升系统经济性。

高速飞车具有安全、高效、便捷、绿色、经济等特点。安全方面，采用地面管道实现民航客机巡航高度对应的低真空环境；装备研发设计利用民航客机成熟技术路线，使高速列车行驶时不受大气湍流影响，行驶更平稳；采用"轨抱车"约束结构，物理上避免脱轨风险；采用地面分段供电，避免追尾风险。高效方面，采用磁浮和低真空技术，消除地面摩擦阻力、减少空气阻力；采用直线电机实现动力系统外置地面，可多编组运行，形成对我国综合立体交通网的补充完善。便捷方面，管道与外部环境隔绝，不受风雨雷电等自然条件影响，可全天候运行；管道更宜采用城市内地下、城市间地上的空间布局规划，与现有城轨系统一体化无缝接驳。绿色方面，采用电能供能，不消耗煤油等化石能源，无二氧化碳等废气排放；采用超导直线电机，推进效率高；采用低真空管道隔绝噪声影响，对沿线生态环境影响小。经济方面，低真空对管（隧）道断面尺寸要求小，建设成本低、占地少；悬浮运行设备磨损小，维护成本低；低真空可减小列车行驶阻力，能耗成本低。高速飞车示意如图1-1所示。

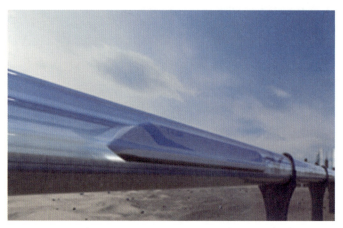

图1-1 高速飞车（超高速低真空管道磁浮交通系统）

1.2 发展定位

高速飞车兼具民用交通和军用投送功能，未来建设成高速飞车干线交通网，实现"军民融合、一网两用"的发展目标。

1.2.1 军用方面

高速飞车作为新型交通运输工具，其在军事上应用具备"高速度、高隐蔽、高环境适应性、低能耗、大载荷"五大特点，通过覆盖各战区的交通运输网络，辅以连接国内外热点地区的军事专线，可实现境内/跨境及远距离超高速大规模兵力隐蔽投送，对新时期战场投送具有重要意义。高速飞车在军事领域的应用能够显著降低空间因素对作战行动的影响，同时大幅提升运输效率，优化国土防御体系、战略运用模式和对外拓展路径，由屯兵固守向战略机动发展，改变国土防御的力量布局，重塑战场投送体系，实现更具弹性的军事部署，即"平时更少布兵、战时更快驰援"。

1.2.2 民用方面

高速飞车作为一种远程快速公共交通系统，其乘坐舒适性好、接驳方便、正点率高且运营成本低。高速飞车速度快，在中长距离情况下可大幅缩短旅行时间，是现有远程快速交通体系的有效补充。高速飞车未来定位在城市群间的全国交通干线网络，与汽车、火车、轮船、飞机等共同构建我国综合立体交通网。

1.3 发展现状

从 1904 年,美国现代火箭之父罗伯特·戈达德首次提出低真空管道列车概念,到 2013 年,SpaceX 创始人埃隆·马斯克(Elon Musk)提出工程化和商业化发展计划,百余年来世界各国都在积极探索研究。目前超高速低真空管道磁浮交通系统概念已经被国内外普遍关注和认可,西方主要发达国家竞相布局,我国相关单位也正在积极开展技术研发与产业布局。

1.3.1 国外发展现状

1.3.1.1 美国

2013 年,埃隆·马斯克提出超级高铁(Hyperloop)的构想,并发布了名为《超级高铁》的白皮书,白皮书中介绍了完整方案构想。2020 年 7 月,美国运输部明确将超级高铁有关计划正式划归联邦铁路局负责,并且认同超级高铁项目具有申请联邦援助资金的资格。据报道,目前美国超级高铁方面的技术研发主要由 Virgin Hyperloop One(简称 VHO)和 Hyperloop Transportation Technologies 公司(简称 HTT)主导,两家公司均将电动磁浮制式作为主要技术途径。受美国运输部支持,这两家公司目前正在世界各地推动工程线建设,并已与沙特、阿联酋、印度等多国签署合作协议。

(1)VHO 公司

Hyperloop Technologies 成立于 2014 年 6 月,公司总部位于美国加利福尼亚州洛杉矶,2016 年改名为 Hyperloop One。2017 年 10 月,Hyperloop One 和维珍集团宣布成立了战略投资的合作关系。随后,公司又改名为 Virgin Hyperloop One。

在研制试验方面,VHO 公司于 2017 年在内华达州 500m 长的测试轨道 DevLoop 进行了"全真空条件"下的滑车测试,列车运行时间 5.3s,加速度接近 2g,最高速度 113km/h。2017 年 7 月,VHO 公司开展了超级高铁系统的速度测试,列车最高速度为 310km/h。2017 年 12 月,该公司对电机系统、控制系统、真空管道等系统进行全方位的改进,并进行了真空条件下滑车测试,列车最高速度为 387km/h。2020 年 11 月,该公司的 Pegasus 运送座舱在 DevLoop 测试轨道进行了真空环境下首次载客运行测试,试验速度达到 160km/h,如图 1-2 所示。

图 1-2 DevLoop 试验线及载客运行测试试验

在商业合作方面,VHO 公司于 2019 年 7 月与沙特阿拉伯政府签署了建设 35km 试验线的协议。2020年6月，VHO公司与Spirit AeroSystems公司进行合作，以实现后续商业Hyperloop系统的生产制造①。2020年9月，VHO公司和印度Bangalore国际机场的运营企业签署了合作协议，将在印度机场和市中心间建设一条Hyperloop运营线路。2020年10月，VHO公司宣布，将在西弗吉尼亚州斥资5亿美元，建设Hyperloop认证中心，供美国政府监管部门进行技术验收。同时，这也将是VHO公司的第二条Hyperloop试验线。据报道，此试验线规划长度为10km。

（2）HTT公司

HTT成立于2013年11月，公司成立之初的总部位于美国加利福尼亚州洛杉矶市的普拉亚维斯塔（Playa Vista）。HTT公司现有工程师、创意设计者和其他技术人员共800多名，组成了52个跨专业的工程团队，且公司有40个商业、学术的合作企业、院校。现阶段，HTT的公司除了在美国加利福尼亚州洛杉矶市的总部外，又在法国图卢兹成立了新的总部。除此之外，HTT在阿联酋的阿布扎比和迪拜、斯洛伐克的布拉迪斯拉发、巴西的圣保罗、西班牙的巴塞罗那均有分公司。

在研制试验方面，HTT在法国图卢兹建设了两条试验线，第一条是地表高度（非高架）的试验线，大约长320m。第二条是全尺寸的1km试验线（高架高度5.8m）。同时，HTT公司还在西班牙制造其全尺寸的试验车。HTT公司的全尺寸试验车名为Quintero One，试验车长32m，重5t，可供最多40人乘坐。HTT目标最高行驶速度为760mile/h（大约为1223km/h）。每节单编组车可承载28～50人。据报道，HTT采用了商用注册名为"Inductrack"的被动磁浮技术。HTT直线电机推进试验如图1-3所示。

在商业合作方面，2020年7月，HTT得到了美国交通运输部门（US DOT）的官方认可。同时，HTT公司完成了行业标准的制定，他们和德国莱茵（TUV SUD）认证进行合作，通过参考现有的铁路、地铁、缆车、游乐园过山车、航空以及加工工业的行业规范，共同起草撰写了一份关于Hyperloop技术的行业规范文件。此外，HTT与阿联酋政府签署了建设从迪拜至阿布扎比的150km运营线路协议。

a) 推进试验现场

b) 测试管道

图 1-3

---

①Spirit AeroSystems公司原是波音公司的客户，合作主要事项是Hyperloop试验车的转向架。

c) 真空泵组

图 1-3 HTT 直线电机推进试验

（3）霍洛曼超导磁浮技术试验线

美国十分注重超导磁浮技术的发展，1994 年美国霍洛曼空军基地启动了磁浮火箭橇车试验线建设，磁浮火箭橇车试验线悬浮系统采用"低温超导磁体 + 分割铜板"技术路线，动力系统采用火箭发动机技术。2013 年 2 月，改造后的霍洛曼设施最大试验速度达 817km/h，2016 年 3 月试验最大速度达 1019km/h（图 1-4、图 1-5），这标志着美国已经率先突破以稳定被动悬浮、高动态重载超导磁体等为代表的高超声速磁浮推进试验系统相关关键技术。据相关报道，美国正在进行试验线延长工作，即将开展以 Ma2-3 为核心的分系统技术验证，为最终实现 Ma10 试验能力服务。

a) 磁浮橇车试验线

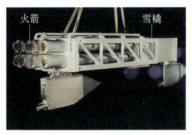
b) 磁浮橇车

图 1-4 霍洛曼磁浮橇车（单轨）

图 1-5 霍洛曼磁浮橇车（双轨）

1.3.1.2 加拿大

TransPod 公司成立于 2015 年，总部位于加拿大多伦多。2016 年 11 月，TransPod 从一家意大利的高科技控股集团获得了 1500 万美元的资金，目前已在法国的图卢兹和意大利的巴里等地设置了办事处。该公司首先在法国图卢兹建设了研发中心，主要是为了研发可自行供电的 Hyperloop 试验线（图 1-6）。根据 TransPod 公司发布的消息，TransPod 公司缩比尺寸试验线建在法国图卢兹。该试验线主要由装配厂房以及 3km 的钢管组成，钢管内径为 2m，每节管道的跨距为 25m，支撑墩高 1m。每座支撑墩上有弧形支座，每节管道之间有对接法兰和温度伸缩补偿机构。

图 1-6　TransPod 公司在法国图卢兹的试验线

1.3.1.3 欧洲

（1）瑞士 Swissmetro Company（SA）

1974 年，德国工程师鲁道夫·尼特（Rodolphe Nieth）提出了高速"瑞士地铁"（Swissmetro）概念。管道交通逐步进入应用研究阶段；1981 年，"瑞士地铁"项目得到瑞士洛桑联邦工学院（EPFL）资助，完成了可行性研究工作；1989 年，瑞士交通能源部（EVED）向洛桑联邦工学院提供 50 万瑞士法郎贷款，支持项目前期研究；1992 年，由多个单位联合成立"瑞士地铁"公司（Swissmetro Company，简称 SA）；1993 年，团队研究认为项目技术上可行，前景良好；1995 年，瑞士地铁促进会成立，计划推动项目的实施与落实；1997 年，瑞士地铁促进会向瑞士政府提交了建设"日内瓦—洛桑""瑞士地铁"项目线路特许申请；1999 年，"瑞士地铁"公司主体研究工作结束，并向政府提交了主体研究报告。

"瑞士地铁"项目线路全部深埋于地下，真空管道由两个直径 5m 的隧道组成；隧道内抽成低真空，真空度大约为 10% 大气压；车站设在城镇中心，并且与城市的地面运输线连接成网；列车可向两个方向行驶，完全自动控制行驶；列车用磁浮方式，直线电机驱动，设计运行速度 600km/h（图 1-7）。

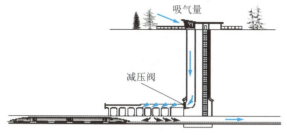
a) 瑞士地铁通风示意图

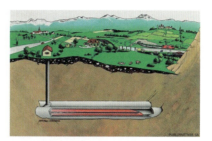
b) 瑞士地铁场景图

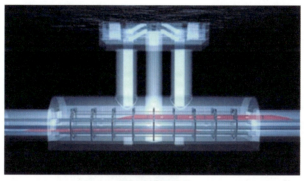
c) 瑞士超高速地铁

图 1-7 瑞士地铁

"瑞士地铁"方案中的列车整体结构类似今天的地面高铁列车,以成组编列方式运行,可向两个方向行驶(图 1-8、图 1-9)。车头/车尾采用明显的流线型设计,没有车灯和驾驶室,完全自动控制行驶。

图 1-8 "瑞士地铁"列车外形

a) "瑞士地铁"运行示意图

b) 管道截面示意图

图 1-9

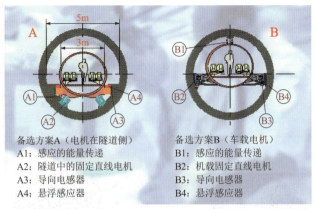

c) 系统车-管断面结构示意图

图 1-9 "瑞士地铁"示意图

由于在低真空环境中运行，因此"瑞士地铁"列车为内压型结构，即车内压强高于车外压强。列车断面近似圆形，断面直径（外径）3.2m。每节列车约 50 个座位，一般按 4 节车厢为一列进行编组，每列车可载客 200 人（图 1-10）。

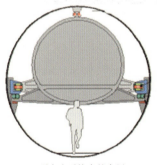

a) 列车在系统中的布局

b) 列车内部布局

图 1-10 "瑞士地铁"列车布局

"瑞士地铁"车站都沿主线路布置，位于地下，由上层和下层组成。上层为入口和检票口，下层为上下车区域，上下层之间通过大容量垂直升降电梯连接。在车站，列车仍然停留在低真空环境中，乘客通过气闸舱和可伸缩的廊桥上车或离开列车（图 1-11）。

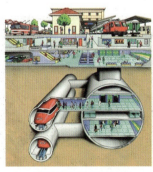

a) 瑞士地铁车站示意图

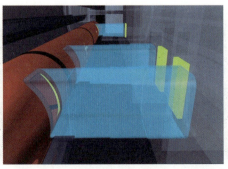

b) 瑞士地铁廊桥示意图

图 1-11 站台-管道接驳方案

（2）荷兰 Hardt Global Mobility 公司

Hardt Global Mobility 公司（简称 Hardt 公司）成立于 2016 年，总部位于荷兰代尔夫特市。该公司前身是赢得 SpaceX Pod 竞赛的 TU Delft Hyperloop 团队。Hardt 公司于 2019 年开发了第一套 Hyperloop 全尺寸试验系统，包括悬浮、推进、环线及真空环境。这套试验系统的悬浮与推进取得了初步成功。Hardt Hyperloop 采用常导电磁浮（EMS）的悬浮制式，并采用顶部电磁悬挂的形式。Hardt Hyperloop 试验车到上方轨道的悬挂距离为毫米量级。根据其公司网站介绍，顶部电磁悬挂悬浮等同一辆汽车的重量所需要的功率约等于点亮一个灯泡的功率。Hardt Hyperloop 使用了直线电机作为推进动力源，车辆制动也同时利用了这套系统回收电能。该公司建设了 30m 长全尺寸密封试验管道（图 1-12）。

a) 管道全貌　　　　　　　　　　　b) 管道内实物图

图 1-12　Hardt 公司 30m 长全尺寸密封试验管道

（3）西班牙 Zeleros 公司

Zeleros 公司成立于 2016 年，总部位于西班牙巴伦西亚市，已完成一轮价值超过 700 万欧元的融资，提出了 Hyperloop 概念（图 1-13）。

图 1-13　Zeleros 公司提出的 Hyperloop 概念图示

（4）欧洲其他国家进展

在德国，慕尼黑理工大学2019年7月完成真空管道列车试验测试，速度达463km/h；斯洛伐克于2016年宣布开展连接维也纳—布拉迪斯拉发—布达佩斯线路可行性研究；意大利计划利用HTT的磁浮列车修建连接米兰—都灵的超级高铁线路；总部位于法国的国际铁路联盟正在推进真空管道交通相关标准制定。

1.3.1.4 日本

日本自1962年开始研究超导磁浮铁路，前期通过修建480m长的原理试验线验证了悬浮推进原理。中期修建7km宫崎试验线，分别对倒T形轨和U形轨进行了性能验证，对单编组、两节编组、三节编组列车在不同速度下的性能进行了验证，同时对试验车进行了载人舒适性、可靠性及安全性验证。后期修建了42.8km山梨试验线，完成了编组列车的载人高速运行试验，对列车的可靠性和耐久性进行了验证，积累了大量的试验数据，为转入商业运营奠定了基础。

（1）超导磁浮列车宫崎试验线

1977年，日本在南部九州建成7km超导磁浮列车宫崎试验线；1979年12月采用ML500试验车（试验车为1节，长13.5m，重10t）在宫崎线上试验速度达到了517km/h（图1-14）。

图1-14　ML500型试验车测试试验

1980—1982年开展了MLU001型试验车单编组、两节编组和三节编组列车运行试验，两节编组列车运行速度达到405km/h，三节编组列车运行速度达到352km/h（图1-15）。

图1-15　MLU001型试验车测试试验

1987年，MLU002型试验车运行速度达到354km/h，MLU002试验车验证了碳纤维复合材料应用于车体结构的可行性；1994年，日本制造了耐火新型试验车MLU002N，无人运行试验速度达到431km/h（图1-16）。

图1-16 MLU002N型试验车测试试验

（2）超导磁浮列车山梨试验线

1989年，日本运输省决定在山梨建一条新试验线；1990年11月开始修建全长42.8km的山梨磁浮试验线；1996年，山梨试验线先行施工区间段18.4km完工，连通大月市至都留市；1997年，用3节车编组的新型MLX01超导磁浮列车实现550km/h高速运行，载客运行速度达到531km/h；1998年，交会试验速度达到966km/h；1999年，模拟满载工况试验速度达到552km/h；2003年，试验速度达到581km/h（图1-17）。

图1-17 MLX01型试验车测试试验

日本通过山梨线前期运行试验，验证了电动悬浮推进技术试验车的悬浮导向特性、超导磁体超高速运行稳定性、自动运转性能、制动性能、备用制动系统性能、沿线环境影响、进出隧道低频空气振动特性、高速会车、变流站过渡、多车控制等诸多功能和性能。

2009年JR东海制造了L0型试验车，改进了试验车高速运行时的气动性能，并于2015年在山梨试验线的试乘活动中创造了载人运行603km/h的世界纪录（图1-18）。

图 1-18　L0 型列车运行试验

（3）磁浮中央新干线

经过长期技术积累、改进和试验验证，日本电动悬浮技术已经成熟，2014 年东京—名古屋总长 286km 的"磁浮中央新干线"开工建设，设计最高运营速度 505km/h，运营时间 40min，预期 2030 年前后正式开通运营；到 2045 年将磁浮中央新干线延伸至大阪，成为连通日本东西方向的主干线。

1.3.2　国内发展现状

我国近年来高度关注超高速低真空管道交通发展，2018 年，中国工程院设立"低真空管（隧）道高速磁悬浮铁路发展战略研究"重大咨询项目。2019 年，中共中央、国务院正式印发的《交通强国建设纲要》提出合理统筹安排低真空管（隧）道高速列车等技术储备研发。2021—2022 年，交通运输部、科技部印发《关于科技创新驱动加快建设交通强国的意见》《交通领域科技创新中长期发展规划纲要（2021—2035 年）》，提出要积极探索研发超高速列车。2024 年，工信部、教育部、科技部等七部门联合印发《关于推动未来产业创新发展的实施意见》，指出加快突破超高速列车等高端装备产品，以整机带动新技术产业化落地。

我国相关研究单位持续关注超高速低真空管道磁浮交通相关技术领域发展，国内优势单位通过不断地开展相关技术研究，形成了一定技术基础。

1.3.2.1　中国航天科工集团有限公司

自 20 世纪 90 年代以来，中国航天科工集团有限公司在国家相关计划支持下，开展了超导磁浮技术研究。2017 年起，开展了最大速度 1000km/h 的超导推进悬浮技术攻关研究，突破了关键技术，形成了关键系统原理样机；2018 年，开展了国内首条超高速超导磁浮电磁推进试验线建设，并于 2021 年实现了 623km/h 稳定悬浮试验速度。2021 年，中国航天科工集团有限公司联合山西省在大同市阳高县建设了 2km 高速飞车全尺寸试验线及配套试验基地（图 1-19）；2024 年，完成了低真空环境下系统集成演示验证试验，试验速度达到 150km/h。

图 1-19　高速飞车全尺寸试验线

1.3.2.2　西南交通大学

西南交通大学瞄准超导钉扎磁浮技术路线，2014 年建成真空管道高温超导磁浮环形试验线，如图 1-20 所示。2019 年建成了真空管道高温超导磁浮高速试验平台。2020 年开始，启动建设多态耦合轨道交通动模试验平台。2021 年首台高温超导磁浮工程化样车下线。

图 1-20　西南交通大学环形试验线

1.4　技术路线选型

高速飞车采用"磁浮 + 低真空管（隧）道"作为实现"近地飞行"的主要技术途径，以下分析两个技术途径的主要技术路线。

1.4.1 磁浮技术

磁浮技术是通过磁力实现航行器与轨道之间的无接触悬浮和导向，利用直线电机产生的电磁力实现航行器牵引和制动，是一种非接触式地面轨道交通技术。目前高速磁浮主要有超导电动悬浮、常导电磁悬浮和超导钉扎悬浮三种制式。

1.4.1.1 技术原理

（1）超导电动悬浮

超导电动悬浮（Electrodynamic Suspension，EDS）指的是以安装于车上的超导磁体作为励磁部件，非导磁金属板/线圈（例如铜、铝等）作为感应部件，当励磁部件以一定的速度通过感应部件时，感应部件因楞次定律产生涡流磁场，该涡流磁场与励磁部件的源磁场相互排斥，从而实现悬浮。

超导电动悬浮制式是被动悬浮和被动导向，具有牵引、制动、悬浮、导向一体化结构特点。其悬浮和导向的具体原理是：沿线路中心线均匀地铺设 8 字形线圈，车上设置的超导磁体位于该线圈的对称中心线上时，线圈内的磁场为零。当超导磁体发生垂向偏移时，8 字形线圈形成对超导磁体"一推一拉"的效果，进而实现悬浮功能；当超导磁体发生横向偏移时，超导磁体与其靠近的侧线圈相互排斥而与其远离的侧线圈相互吸引，产生使得航行器向轨道中心的导向力，进而实现导向功能，如图 1-21 所示。超导磁体与轨道之间的稳定悬浮间隙为 100mm 左右。

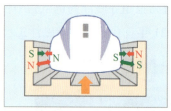 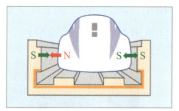

a) 超导磁浮列车悬浮示意图　　b) 超导磁浮列车导向示意图

图 1-21　超导磁浮列车悬浮和导向示意图

（2）常导电磁悬浮

常导电磁悬浮（Electromagnetic Suspension，EMS）指的是以铁芯、线圈为主要部件的电磁铁与导磁金属轨道构成磁回路，电磁铁在通电情况下与轨道之间存在电磁吸力，该电磁吸力可通过调整电流值来控制大小，从而实现悬浮。

常导电磁制式是主动悬浮和主动导向，其悬浮的具体原理（图 1-22）是：车载的悬浮电磁铁通电励磁而产生可控制的电磁场，电磁铁与轨道上的铁磁性构件（即长定子直线电机定子铁芯）相互吸引，将航行器向上吸起（车上的悬浮电磁铁以外包形式置于轨道下方），当悬浮传感器检测到气隙过大时，悬浮控制器通过悬浮斩波器加大悬浮励磁电流，使悬浮力增加，以保证稳定的悬浮气隙；反之亦然。其导向的具体原理是：车载的导向电磁铁通电而产生可控制的电磁场,电磁铁与轨道上的铁磁性构件相互吸引,从而保证导向电磁铁与轨道之间存在一定的预压力,当一侧的导向传感器检测到气隙过大时,该侧的导向控制器通过导向斩波器加大导向励磁电流,另一侧的导向控制器通过导向斩波器减小导向励磁电流,使得航行器回复到中心位置;反之亦然。电磁铁与轨道之间的稳定悬浮和导向间隙约为8~10mm。

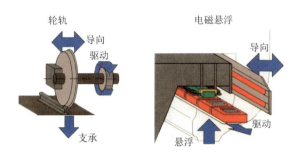

图 1-22 悬浮导向系统的工作原理

（3）超导钉扎悬浮

超导钉扎悬浮是利用车载高温超导体块材与永磁体轨道之间的电磁作用力实现车体稳定悬浮,高温超导块材独特的钉扎特性,导致高温超导体能够随外磁场变化感应出阻碍超导磁体运动的强电流,超导电流与轨道磁场相互作用产生悬浮力。

超导钉扎悬浮制式是被动悬浮和被动导向,其基本原理（图 1-23）是利用在外磁场中高温超导体独有的强磁通钉扎能力,使得已被俘获的磁力线难以逃离钉扎中心的束缚,而未被俘获的自由磁力线难渗透进入高温超导体内,独特的钉扎特性使高温超导体能随外磁场变化感应出阻碍这种变化的超导强电流。这种独特的电磁相互作用,在宏观上实现了悬浮体的自悬浮与导向,不需要主动控制就能实现悬浮和导向,且运行方向零磁阻,原理上可实现高速稳定运行。非均匀外磁场中,场冷（即高温超导块材置于外磁场中进行冷却使其产生超导特性）条件下,高温超导块材将被所谓的"钉扎现象"固定在其获得冷却的初始位置上。在永磁体平衡位置,导向力因反对称而抵消,悬浮力因对称而加强。当导向偏离时,反对称的合力不能抵消,成为导向力;当垂向偏离时,对称的合力增大或减小,因此该磁浮不能简单地称为斥力悬浮或吸力悬浮,而是既可能排斥又可能吸引。

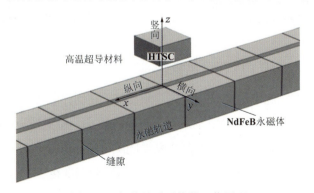

图 1-23 钉扎悬浮系统的工作原理

1.4.1.2 特点分析

当前超导电动悬浮制式是国际上唯一在建的商业运营磁浮线路,选取安全性、经济性、舒适性、技术成熟度、技术先进性五个维度分析该制式的特点。

(1)安全性

安全性主要考量对潜在风险的预防及抵御能力。对追尾、起火等事故主要依靠牵引、车体等共性系统进行预防和抵御,不同悬浮制式安全性差别主要在于脱/撞轨事故风险的预防和处置能力。

超导电动悬浮制式采用"轨抱车"结构(图1-24),使脱轨风险大幅降低,其悬浮距离为100mm左右,对线路平顺度不敏感。高速下撞轨的风险主要在于超导磁体存在失超风险时车体会失去平衡,与轨道发生撞击。可通过超导线圈的安全裕量设计和失超保护方案来降低超导磁体失超概率,通过悬浮能力冗余设计降低超导磁体失超后的系统风险。

(2)经济性

相同速度和运行环境下,不同制式车辆成本差别不大,经济性主要考量相同运量下,不同制式线路建设成本。线路建设成本差别主要由隧道断面、桥梁建设规模和线路轨道精度等因素构成。

一是隧道断面方面,超导电动悬浮制式车载励磁部件采用的超导磁体磁场强度大,不需沿车身方向铺满磁体,悬浮架可完全内嵌入车体中,车辆断面高度小,如图1-25所示。

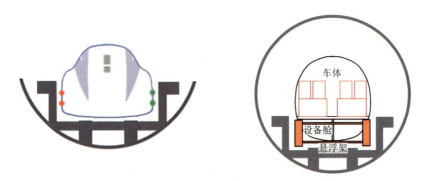

图1-24 超导电动悬浮"轨抱车"结构形式　　图1-25 超导电动悬浮车辆断面示意图

二是桥梁结构方面,超导电动悬浮制式浮重比高,在同样载客量的情况下,车体更轻,车辆活载小。相同载客量下,超导电动悬浮土方量规模小,桥梁建设成本低。

三是线路轨道方面,超导电动悬浮制式悬浮间隙可达100毫米级,经计算,每1mm的线路不平顺造成的悬浮力波动在2%以内,导向力的波动幅度在3%以内,对轨道精度要求低,如图1-26所示。

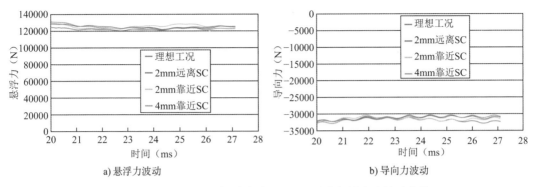

a) 悬浮力波动　　　　　　　　b) 导向力波动

图 1-26　电动悬浮不同轨道偏移工况下悬浮力与导向力波动曲线

（3）舒适性

在相同速度和运行环境下，不同制式车辆内部温湿度、噪声等环境差别不大，影响乘客舒适性的主要指标是行驶平稳性，不同制式行驶平稳性主要受车辆振动影响。超导电动悬浮制式属于被动悬浮，悬浮导向刚度可设计。以日本磁浮列车参数为例，单个悬浮架悬浮刚度约 5.6MN/m，导向刚度约 1.5MN/m。经计算分析，该制式高速运行时对气动、线路不平顺等外界扰动的抑制均能满足要求。此外，车辆舒适性主要与车辆悬挂参数、线路平顺度等直接相关，通过合理的设计可以满足载人舒适性要求。

（4）技术成熟度

国外方面，日本建设了 42.8km 长的试验线路，2015 年实现了 603km/h 载人试验速度，当前正在开展"东京—名古屋"286km 中央新干线建设；美国霍洛曼（Holloman）空军基地利用超导电动悬浮技术，2016 年实现悬浮试验速度 1019km/h。瞄准 600km/h 以上速度目标，超导电动悬浮制式实现了达速载人试验。

国内方面，中国航天科工集团有限公司 2021 年建设了 400m 缩比试验线，实现了 623km/h 稳定悬浮试验；2021 年联合山西省建设了 2km 高速飞车全尺寸试验线；2024 年实现了 150km/h 稳定悬浮试验。中车长春轨道客车股份有限公司 2024 年完成超导电动悬浮工程样车下线。瞄准 600km/h 以上速度目标，超导电动悬浮制式完成了单系统的性能验证，建设了面向工程化的全尺寸试验线，但未完成全尺寸达速试验，技术成熟度约为 6～7 级。

（5）技术先进性

技术先进性主要体现在具有更好的速度延展性和更强的环境适应性。

速度延展性方面，从悬浮/导向力随速度的变化趋势看，超导电动悬浮制式的悬浮力和导向力在更高速度下趋于稳定，如图 1-27 所示；同时超导电动悬浮采用大极距（日本磁浮极距 1.35m）结构，可以在现有大功率开关频率范围内无缝适应 600km/h 以上速度。

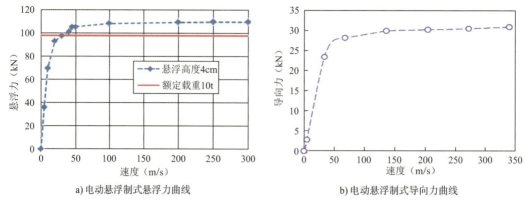

图 1-27 电动制式悬浮/导向力随速度的变化

环境适应性方面，超导电动悬浮采用悬浮推进一体化技术，单节航行器共用一套超导磁体，为维持磁体的超导状态而产生的发热量较小，更能适应散热条件苛刻的长大隧道行驶环境；若进一步延展速度，也更能适应低真空环境的行驶条件。

1.4.1.3 小结

超导电动悬浮制式更适合 600km/h 以上高速磁浮建设发展，该制式也是目前国际上唯一在建长距离运营线路的高速磁浮制式。因此，超导电动悬浮制式是高速飞车磁浮技术的首选技术路线。

1.4.2 低真空管（隧）道技术

轨道列车高速行驶与低速行驶时的根本区别在于列车所处的动态环境发生了质的变化，从低速行驶到高速行驶，由机械、电气作用为主，变成了以气动作用为主。气动效应作用成为制约地面交通提速的主要因素，气动阻力随列车运动速度的平方增加，所需功率随速度的立方增加，气动噪声随速度的 6~8 次方快速增长，可见，气动作用直接影响列车的提速和节能环保性能。因此，在地表稠密大气层中高速运行的交通工具，其最高经济速度都不宜超过 500km/h。

在民航客机设计中，根据飞机结构强度设计规定，飞行中的动压不得大于容许的最大动压，动压过大会引起结构颤振等安全问题。在飞行速度相同的情况下，低空的动压比高空的要大，即低空的空气密度 ρ 要大于高空的空气密度，飞机只有爬升到更高海拔，在更低的空气密度环境下才被允许以更高速度飞行，如图 1-28 所示。

因此，地面高速交通的主要障碍来自周围介质，即稠密大气。高速飞车要实现地面超高速运行，根本途径只能是降低介质的密度，从而实现高亚声速甚至超声速运行。然而在地面环境中降低大气密度，必须在密封性好的密闭环境中实现。对于高速飞车，通过在密闭管道空间内抽气的方式降低空气密度，创造适合列车运行的低空气密度环境，是合适且可行的技术解决途径。

一般把真空环境按照真空度划分为以下几个区域：低真空（$10^5 \sim 10^2$Pa）、中真空（$10^2 \sim 10^{-1}$Pa）、高真空（$10^{-1} \sim 10^{-5}$Pa）和超高真空（$< 10^{-5}$Pa）。高速飞车需选择合适的真空度作为系统运行环境。

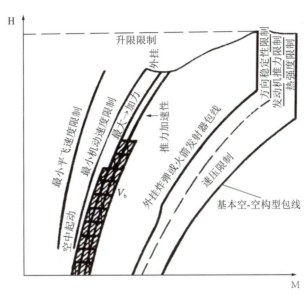

图 1-28　典型飞机飞行包线

1.5　发展意义

加快建设交通强国，是以习近平同志为核心的党中央作出的重大战略决策。党的十九大报告首次提出"建设交通强国"，党的二十大报告进一步强调"加快建设交通强国"，为我国交通运输事业发展擘画了宏伟蓝图。2024年十四届全国人大二次会议政府工作报告中指出，"大力推进现代化产业体系建设，加快发展新质生产力""积极培育新兴产业和未来产业"。高速飞车是一种新型快速交通工具，是落实"交通强国"战略部署的重要抓手之一；同时高速飞车由前沿技术驱动，具有战略性、引领性、颠覆性的未来产业特征，是国家培育和发展新质生产力的重要方向。

1.5.1　高速飞车是落实"交通强国"战略部署，实现交通领域"世界领先、自主可控"的重要抓手之一

近年来，面对我国在高铁、民航等交通运输领域取得的巨大成就，美国等西方国家竞相在全球范围加紧布局速度1000km/h及以上的"超级高铁"项目，该项目作为一种颠覆性的交通工具，将会扩大人类出行半径，改变人类出行方式，进而改变人类生产生活的方式，将会成为引领世界交通技术发展的标志性抓手。美国等西方国家相关公司已经针对真空管

道交通技术开展了多阶段试验，先后与印度、阿联酋等国家地区签订产业合作协议；同时，国际铁路联盟也积极推进真空管道交通相关标准制定。在我国当前"城市群"的空间发展格局下，大力发展新型交通工具高速飞车，打造我国超级城市群间"一小时经济圈"，形成全方位、多层次、复合型的互联互通网络，有助于构建我国综合立体交通网。交通天下，开路先锋，高速飞车的发展必将加快推动我国从交通大国向交通强国阔步迈进。

1.5.2　高速飞车是加快发展新质生产力的先手棋，是深入践行总体国家安全观、增强产业链安全水平的重要举措之一

当前，中国经济已由高速增长阶段转向高质量发展阶段，高速飞车以其快速、便捷、舒适的显著优势，解决了现有轨道交通客/货运时间和运量需求的矛盾，通过快速连接我国超级城市群，可以使超级城市群间联系更加紧密，将出行速度提升3倍以上，显著增强经济联系度，进一步解决我国城市群间发展不平衡、不充分问题。同时，高速飞车是新一轮工业革命的先导技术，具有产业关联水平高、技术带动能力强的特征。加快发展高速飞车可以整机突破带动以先进车辆制造为代表的高端制造产业、以先进储能为代表的新能源产业、以智能运维为代表的人工智能产业、以数字孪生为代表的数字产业等新技术和新产业孵化落地成链发展。高速飞车具有以超导技术为代表的技术革命性突破、以跨领域多行业人才技术交叉融合为代表的生产要素创新性配置、以先进储能产业为代表的产业深度转型升级等特征，是国家培育和发展新质生产力的重要阵地，其强大的科技和产业带动能力可筑牢产业链高质量发展的科技根基，提升国内产业链韧性和安全水平，将成为我国应对"小院高墙""脱钩断链"竞争博弈的典型范式。

1.5.3　高速飞车是落实国家"创新驱动"战略，引领交通前沿技术及衍生高新技术集群式创新发展，进而强化国家战略科技力量的有效途径之一

高速飞车是继公路、铁路、水运、航空之后的新型交通工具，系统跨电/磁/力/热/声等多学科，涉及空气动力学、热力学、集成电路、电力电子、新能源、自动控制、先进通信、大数据、人工智能等众多前沿技术领域，相关技术极具挑战性、颠覆性、战略性，将会成为交通技术领域的创新高地和高端人才的聚集高地。特别是以磁浮电磁推进为代表的新型动力技术，是21世纪交通与能源动力领域技术的新制高点，世界主要科技强国都在开展相关研发布局。我国在能源动力领域总体技术上还落后于世界强国，迫切需要在新一轮的技术竞争中，抓住磁浮电磁推进技术领域与世界先进水平的差距还不是很大的时机，力求在较短时间内，突破并掌握以超导为核心的磁浮电磁推进技术，显著缩小与世界先进水平的差距，形成新的技术能力，实现在动力技术领域的换道超车，掌握一大批具有自主知识产权的新技术，使我国跨入该技术领域世界先进国家行列，锻战略必争长板，打造非对称"杀手锏"的优势，形成该领域技术闭环自主创新体系，引领交通科技领域发展。

1.5.4 高速飞车是为人们谋取幸福生活，满足人民群众"更快速、更便捷、更舒适、更环保、更安全、经济可控"出行需求的有效方式之一

交通运输作为人类衣食住行的基本生活需求之一，肩负着满足人民群众日益增长的美好生活需求的重要任务。当前，随着社会的快速发展和人民群众生活水平的不断提升，人民群众对交通的需求开始从"够不够"向"好不好"转变。现有的交通工具等效旅行时间已经难以满足人们的需求，以 1500km 距离为例，高速飞车站点设在城市中心，与城市交通无缝接驳，采用低真空管道运行，具备更好的天气适应性；采用电磁推进技术，使出行更加环保；采用磁浮技术，具备更好的舒适性和安全性；等效速度可以达到 800km/h，速度快，能耗低，整体经济可控，可以大幅提升人们远途旅行的快速性、舒适性、便捷性，改变人们的时空观念、生存空间和生活方式，促进人们出行意愿，让异地置业、双城生活成为现实，提升人们的生活品质。

2

顶层指标分析

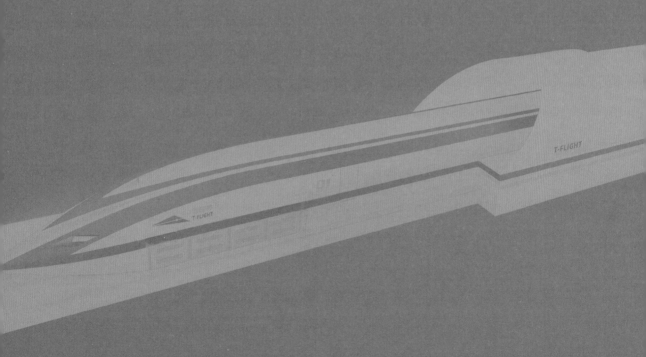

超高速低真空管道
磁浮交通系统

高速飞车是一项复杂巨系统工程，各系统、专业间高度耦合，其主要技术指标、性能参数相互依存、相互制约，系统内部各种关系复杂耦合。因此，做好高速飞车系统的优化，就需要从设计论证开始统筹考虑不同功能系统的技术性能指标以及相互影响关系，确定系统顶层指标，指导系统总体技术要求的制定和各分系统性能指标的论证。

高速飞车顶层指标是从全局高度反映系统功能与技术特点的关键技术指标。高速飞车作为一种交通工具，其基本功能是将乘客在预期时间内送达目的地，相对现有轨道交通工具，其技术特点为运行在低真空环境中。因此，针对系统功能，单位时间内运送乘客的数量（即运量）、单位距离内的到达时间（即速度目标值），以及系统运行环境的真空度、航行器断面及管道断面作为系统初始顶层指标。此外，系统自身基础性能，如加/减速能力、爬坡能力、过弯能力等也作为总体方案设计依据和总体方案性能优劣的评价标准。

2.1 运量

高速飞车作为我国未来综合交通运输系统的组成部分，其发展定位明确。交通运输系统本身是社会经济系统的一个子系统，而运输需求是一种衍生需求。这种需求既源于社会、经济、居民活动的实际需求，同时也受到现有交通运输条件的制约和影响。从客流产生的机理上看，高速飞车交通客流量主要由转移量和诱增量两部分组成。由于高速飞车具有高速、高效、舒适的特点，使得一些民航交通和高速铁路客流转移至高速飞车交通上，形成转移客运量；诱增客流量则是交通条件改善和区域土地开发更加活跃所产生的诱增客流量。在中长距离出行中，诱增客流量所占比例不大，主要考虑转移客流量。2017年我国重点城市间的高铁、航空客流量（单向）见表2-1和表2-2。

2017年我国重点城市间高铁客流OD（单位：万人次/年） 表2-1

O/D	北京	郑州	武汉	成都	上海	广州	合计
北京	248	380	188	66	463	104	1449
郑州	371	27	113	36	140	112	799
武汉	187	114	167	29	124	316	937
成都	67	37	29	1329	53	54	1569
上海	429	143	84	41	1167	83	1947
广州	100	105	320	39	93	166	823
合计	1402	806	901	1540	2040	835	7524

2017 年我国重点城市间民航客流 OD（单位：万人次/年）　　表 2-2

O/D	北京	郑州	武汉	成都	上海	广州	合计
北京	0	5	67	239	400	219	930
郑州	5	0	1	41	75	39	161
武汉	67	0	0	41	87	37	232
成都	239	41	41	0	171	137	629
上海	163	2	76	97	0	516	854
广州	219	39	37	137	244	0	676
合计	694	88	224	556	978	949	3489

利用方式划分模型，将未来交通总量分配在航空网络、高铁网络、高速飞车网络上，预估得到高速飞车网络的旅客 OD（指起终点间的交通出行量）分布数据。再根据规划的高速飞行线路网络，将该交通方式承担的旅客量通过 OD 分配到各条线路上，得到各条线路的预估客流数据。基于初步统计的基础数据，对未来的发展趋势进行经验判断，得到主要干线网络初步的单向客流预测结果，见表 2-3。

主要干线网络初步的单向客流预测结果　　表 2-3

项目名称	建设时序	连接主要城市	总里程（km）	客流密度（万人次/年）	
				近期/2035 年	远期/2045 年
京广	近期	北京、石家庄、郑州、武汉、长沙、广州	1965	330	400
京沪	近期	北京、天津、济南、南京、上海	1180	300	380
京西成	远期	北京、太原、西安、成都	1550	220	290
京沈哈	远期	北京、沈阳、长春、哈尔滨	1175	160	210
沪深广	近期	上海、杭州、福州、厦门、深圳、广州	1425	350	410
沪汉蓉	近期	上海、南京、合肥、武汉、重庆、成都	1760	140	230
沪郑兰	远期	上海、南京、郑州、西安、兰州	1780	130	190
成渝广	远期	成都、重庆、贵阳、广州	1380	190	250

以京沪线为例，预计 2035 年京沪单向客流为 1200 万人次/年，2045 年为 2500 万人次/年。最大小时断面人数近期满足约 1800 人/h，远期满足约 3600 人/h。以此为依据，高速飞车航行器单编组载客量 48 人，根据运量的实际需求进行不同编组的出行。

2.2 速度目标值

速度是高速飞车最直接的衡量标志。从人们对旅行的速度需求和可实现性两个方面论证高速飞车合理运行速度。

2.2.1 速度需求

城市群被认为是工业化、城市化进程中，区域空间形态的最高组织形式。我国正逐渐进入大城市群时代，初步形成规模的大城市群有京津冀城市群、长江中下游城市群、长三角城市群、粤港澳大湾区、成渝城市群，超级城市群核心城市间的距离大多在800~1000km，社会经济联系频繁，相互之间依赖性逐渐增强，出行需求巨大。不同旅行距离条件下，人们对旅行速度是有一个期望值的。瑞士博拉登博士提出了这样的理论，现代社会的人们希望旅行距离扩大10倍时，自己的旅行时间只提高2倍，时间t（min）与距离d（km）的公式如下：

$$t = Kd^\alpha \quad （其中 K = 6.6, \alpha = 0.3）$$

普通人对步行0.4km的距离没有任何心理上的抵触感，一般人步行走0.4km的距离大约需要5min，旅行速度为4.8km/h，以此为基础，就可以推知人们对不同旅行距离条件下的旅行时间及旅行速度的期望值。按照博拉登博士的理论，当人们的旅行距离分别为4km、40km、200km、400km、600km、800km、1000km、1200km的时候，人们对旅行时间的期望值分别约为10min、20min、32min、40min、45min、49min、53min、55min，与此对应的旅行速度的期望值分别为 24km/h、120km/h、370km/h、600km/h、800km/h、980km/h、1150km/h、1300km/h。

对于距离200~300km的超级城市群内区域性中心城市，更快的经济周期和生活节奏、生产资料交换的需求要求超级城市群中心城市同城化，打造区域性中心城市间二十分钟同城圈的需求日益迫切。若点对点直达，要保证20min内到达，需旅行速度达到600~900km/h以上，考虑加减速段，则最大运行速度需达到1000km/h以上。以1000km/h最大运行速度计算，若中间有一站停靠，则需要两段完整加减速区域，再考虑到中间站停靠时间，则旅行时间需要30min左右，与博拉登博士的理论旅行时间目标值大体相符，也满足超级城市群中心城市同城圈需求。针对800~1000km的超级城市群核心城市快速专线。按博拉登博士的理论，此时旅行时间的期望值在55min左右，对应的旅行速度需达到980km/h以上。

综合考虑区域性中心城市二十分钟到达及超级城市群核心城市1小时经济生活圈的宏观需求，以及人体久坐舒适度和高速飞车启动加速段、停靠减速段及过弯时降低运行速度等因素，设定高速飞车最大运行速度为1000km/h。

2.2.2 可实现性

目前国际上600km/h常压环境下的超导电动悬浮制式的磁悬浮列车技术已经成熟。600~1000km/h的速度提升带来的主要问题有：系统加速/制动能力满足性、悬浮导向刚度满足性（系统俯仰、偏航、滚转稳定）、同步牵引控制满足性、线路转弯半径可行性等。

2.2.2.1 系统加速/制动能力满足性

（1）加速能力

高速飞车要实现0~1000km/h范围内的加速、减速以及匀速运行，系统推力能力要大于实际输出推力，本节分析了全线路系统推力/阻力变化曲线，全速域系统推力/阻力变化曲线。

如图2-1和图2-2所示，在系统全线路、全速域下，推力均大于阻力，满足平均加速度不小于1.0m/s²的指标要求。

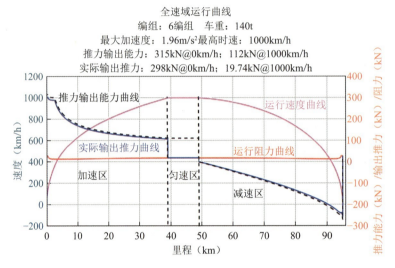

图2-1 全线路系统推力、阻力变化曲线

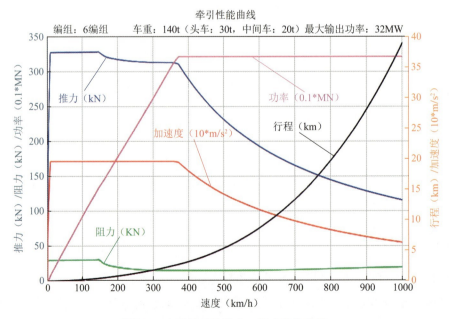

图2-2 全速域系统推力、阻力变化曲线

(2)制动能力

航行器采用直线电机作为动力,可实现四象限推力输出(推力可作为制动力使用)。同时设计了联合制动系统,包括电制动、涡流制动和机械制动三种形式,可根据不同场合灵活使用。正常情况下,高速段使用电制动,低速段使用机械制动;紧急情况下,高速段使用涡流制动与电制动相结合,低速段使用机械制动。从原理上讲,制动力满足不同速度目标值下的高速飞车减速度需求,即可认为系统安全、技术可行。

① 正常制动情况下

正常制动优先采用电制动,将动能转化电能输送到电网中,即可认为正常制动是加速的逆过程。因此,正常工况下,只要推进系统的电机推力能力大于系统所需的制动力,那么就可以安全制动,根据推进系统初步分析,不同速度下的制动性能均能满足系统安全性需求,技术上可行。

② 紧急制动情况下

航行器紧急制动在常规制动的基础上增加涡流制动,涡流制动器利用电涡流耗能的原理将高速飞车的机械能转换为热能。根据初步方案,当速度大于200km/h时,涡流制动力随速度变化不大。紧急制动时,在电机保持1.0m/s^2平均制动减速度时,涡流制动器励磁电流60A,输出制动力大于9.8kN,可提供0.98m/s^2的平均制动减速度,合计平均制动减速度为1.96m/s^2,满足设计指标要求。因此,在紧急工况下,不同速度下的制动性能均能满足系统安全性需求。

综上,高速飞车的加速/制动能力能满足飞车在1000km/h速度运行情况下的加速及不同工况下的制动需求,技术上可行。

2.2.2.2 悬浮导向刚度满足性

由于航行器悬浮高度大,对轨道不平顺不敏感,高速下航行器失稳的因素主要在于气动扰动。航行器在不同真空度下以1000km/h速度运行时,由气动扰动引起的作用在航行器上的力使航行器产生滚转、偏航、俯仰。电动悬浮在运动过程中受力达到静平衡状态,由气动扰动产生的位移和偏转由悬浮导向力恢复。由气动扰动引起的车体高度偏差在毫米级,车体倾角在0.1°以内,满足车体稳定性要求。

2.2.2.3 同步牵引控制满足性

高速同步牵引控制对变流器的频率和定位精度提出新的要求。

针对变流器频率,更高的速度意味着更大的供电容量和更高输出频率,更大供电容量和更高输出频率会导致牵引控制的动态响应和稳定性下降。高速飞车采用超导直线电机,将电机极距增大到1m以上,1000km/h速度下电机对应的输入电压频率约为115Hz,满足现有大功率变流器性能区间(0~400Hz),在该工况下,控制周期≤500μs,电机控制功角≥75°,可以实现1000km/h运行速度和加速度的闭环控制以及运行状态的监控与调整。

针对定位精度，目前国内外定位测速系统能够适应的最高速度为600km/h，定位测速精度和时延较低时，不满足牵引电机磁相角精度需求，导致更高速下牵引电机效率下降。高速飞车采用"无速度传感器＋线圈计数"的综合定位测速技术，使系统定位精度达到毫米级，延时达到微秒级，牵引电机磁相角精度不大于3°，效率不低于90%，满足1000km/h运行要求。

2.2.2.4 线路转弯半径可行性

线路转弯半径与过弯速度、最大横坡角和过弯时的未被平衡加速度相关，航行器高速运行时会增大线路转弯半径。高速飞车采用高速磁浮的最大横坡角12°作为分析范围，分析不同过弯速度下，不同横坡角、未被平衡加速度下线路曲线半径见表2-4。可知，航行器以600km/h过弯时，最小曲线半径为7700m，与现有高铁相当；800km/h过弯时，最小曲线半径为13650m；1000km/h时，最小转弯半径为21400m。目前日本山梨线最大曲线半径为20000m。由于现阶段施工精度极限为20000m，大于20000m的曲线半径暂不考虑。

不同横坡角、未被平衡加速度下线路曲线半径（单位：m）　　　表2-4

α (°)	a_y (m/s²)	V (km/h)		
		600	800	1000
0	1	27800	49400	77200
	1.25	22250	39550	61800
	1.5	18550	32950	51500
2	1	20700	36800	57500
	1.25	17450	31000	48500
	1.5	15100	26800	41900
4	1	16500	29250	45700
	1.25	14350	25500	39800
	1.5	12700	22600	35300
6	1	13650	24250	37900
	1.25	12150	21600	33800
	1.5	10950	19450	30400
8	1	11650	20700	32400
	1.25	10550	18700	29300
	1.5	9650	17100	26700
10	1	10150	18000	28200
	1.25	9300	16500	25800
	1.5	8550	15200	23800
12	1	8950	15900	24900
	1.25	8300	14700	23000
	1.5	7700	13650	21400

高速飞车可根据不同线路条件选择超高角和降低过弯速度实现转弯，在技术上可行。同时，超导电动悬浮具有更大的横向导向力，能够适应更大的横坡角，在保证车辆不倾覆的条件，能够进一步减小线路转弯半径。

2.3 真空度

为匹配高速飞车 1000km/h 运行速度，需选择合适的真空度作为系统运行环境。影响真空度选型的主要因素为系统推阻匹配性能、系统综合成本、人员/设备低真空适应能力。

2.3.1 系统推阻匹配性能

按照推进系统所能实现的能力进行反算分析，保证航行器达到最高速度时，剩余加速度不小于 $0.05m/s^2$，经计算比较，6m 管径下运行速度为 1000km/h 时，由推阻匹配特性，可适应环境气压值不大于 19.7kPa。

2.3.2 系统综合成本

从需求上，设置真空管道的根本目的在于降低气动阻力及噪声，真空度越低系统阻力和噪声越低。通过计算分析，系统综合运营成本随真空度降低而下降。从技术实现上，10Pa 为现有大容积容器真空设备在工程上可以达到的能力，低于 10Pa 时形成真空时间较长，维持真空所需功率较大，并且低于 10Pa 时靠近连续流气体与稀薄流气体的分界值，在航行器运行过程中尾部容易出现稀薄流区域，可能会对舱外设备造成不利影响；同时，实现 10Pa 的真空度受真空建立方式及时间、真空维持方式及时间等制约。如图 2-3 所示，系统综合成本在真空度为 100Pa 左右时最低。

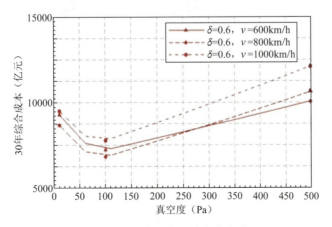

图 2-3 不同真空度下综合成本对比

2.3.3 设备低真空适应能力

设备的真空适应能力主要体现在绝缘能力。电气设备的击穿电压与气体的压力以及电极间距的乘积呈非线性关系,在一定真空度范围内,击穿电压随着气压的降低而减小。针对此问题,高速飞车一方面将高压变流器设备放在常压环境中,实现与低真空环境隔绝开;另一方面,针对定位测速等其他低压电气设备,利用成熟航天技术经验选择合适的电极材料、电极面积和间隙距离满足绝缘需求。

综上,现阶段选择 12kPa 低真空区间作为系统运行环境。后续随着技术进步,进一步降低真空度,以降低综合成本。

2.4 航行器断面

航行器断面参数是舱体结构和悬浮架结构结合体的横剖面二维最大约束,其直接影响到航行器的气动性能和总体布置等,也与航行器运行安全性相关。航行器断面参数由舱体结构断面和悬浮架结构断面共同组成。如图 2-4 所示。

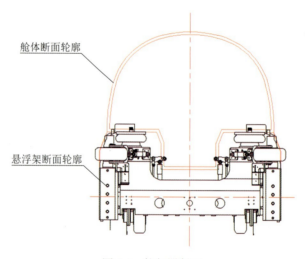

图 2-4 航行器断面

2.4.1 舱体结构断面

2.4.1.1 舱体断面形状

航行器运行在低真空管道环境中,航行器内维持适宜压力,在航行期间,其车体外形结构持续承受 360°内部正压载荷,气压力作用形式近似民航客机。民航客机机体外形结构技术非常成熟,空中客车 A320 客机机体结构外形如图 2-5 所示。对高速飞车断面结构外形具有借鉴作用。航行器舱体断面采用空心圆形形状,充分利用车体整体承载能力,提高车体高速运行时的抗弯曲、抗扭转能力，减小航行器附近气流场扰流效应，降低运行阻力。

2.4.1.2 舱体截面宽度

车体宽度主要由客舱座椅宽度、座椅数、中部走廊宽度和车体结构厚度确定。国际联运标准 UIC567—2004《客车的一般规定》中规定了乘客乘坐的舒适度：座椅座面宽度 $W1 \geqslant 450mm$；座深 $430\sim530mm$；腰靠高度 $580mm$；座椅扶手宽度 $W2 \geqslant 80mm$；客舱中部走廊宽度 $W4 \geqslant 520mm$；为提高客舱设备对称性和控制车载设备综合重心，客舱座椅采用双座椅结构，每排设置 $N = 2$ 组；双排座椅中间扶手为活动扶手，宽度 $W3 \geqslant 90mm$。

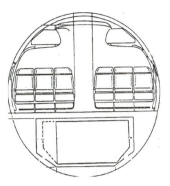

图 2-5　空中客车 A320 客机机体结构外形

航行器在密闭的低真空环境中运行，车体除承载作用外，还需要承受接近 1 个标准气压压差，安全起见考虑将航行器舱体设计为双层结构，外层承受压差的疲劳载荷作用，内层在外层发生磕碰时能够维持车体内压力至人体的安全范围。初步分析车体结构厚度 $W5$ 约 $100\sim120mm$。综上所述，航行器舱体宽约为 $3000mm$，车体截面宽度如图 2-6 所示。

2.4.1.3 舱体截面高度

车体高度主要由客舱高度、设备舱高度、风道高度、内装及结构高度确定。舱体高度组成如图 2-7 所示。

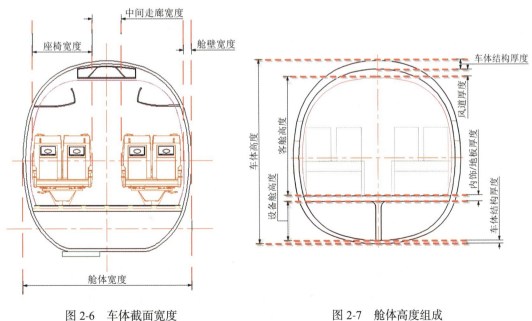

图 2-6　车体截面宽度　　　　　图 2-7　舱体高度组成

（1）乘客舱高度

根据《中国成年人人体尺寸》（GB/T 10000—2023）规定："适应不小于99%的男性身高，取客舱内不小于1860mm区域作为乘客通行高度；取西南地区平均男性身高1647mm作为行李架最低安装位置"。

国际航空行业IATA标准规定：20寸标准行李箱高度（$L \times W \times H$：340mm×500mm×200mm）作为行李架距离车内内饰高度；国际联运标准UIC 567—2004客舱座椅规定，乘客座椅面距离地板面高度大于或等于450mm，结合GB/T 10000—2023中国成年人人体尺寸标准规定"适应不小于99%的男性坐姿人体尺寸高度468mm"，取客舱座椅面距地板高度为480mm。

考虑到客舱乘客存在"站在座椅上取行李架内侧物品"的情况，客舱从地板面至内饰顶板高度为2100mm。

（2）设备舱高度

参考现有交通运输工具电气设备，其设备高度约≤460mm；同时，为方便航行器的设备日常检修，设备舱检修门净高度必须满足设备日常拆装，设备检修空间≥210mm；设备安装空间预留30mm，因此，设备舱最小净空间高度约为700mm。

（3）风道、内装及结构高度

根据风道设计经验，当客舱风道高度约为110mm，风口宽度约为1140mm时，各出风口噪声约为28dB，不对客舱乘客产生影响。

客舱与风道之间设置隔热防寒材、降噪阻尼贴片和内饰结构体。其中隔热防寒材、降噪阻尼贴片至少需要50~60mm；内饰结构体整体安装高度尺寸需要约60mm；即从车顶结构内侧到内饰下表面高度约为120mm。

综上所述，车体高度方向轮廓线尺寸为乘客舱高度、设备舱高度、风道高度、内装高度及结构高度之和，约为3250mm。

2.4.2 悬浮架结构断面

高速飞车采用超导电动悬浮制式，超导磁体安装在航行器悬浮架两侧。参考日本山梨线高速磁浮列车悬浮架布局，暂定悬浮架超导磁体中心距2840mm，悬浮时支撑轮总成和导向轮总成均为收回状态，导向轮外侧横向间距3100mm，即悬浮架宽度3100mm；应急支撑装置距悬浮架上安装面1120mm。

综上所述，由于悬浮架宽度大于舱体宽度，因此航行器断面宽度3100mm。为应对故障工况下线路逃生，所以客舱地板面与轨道面平行，而悬浮架断面高度大于设备舱高度，悬浮架最高可以设置在客舱地板下表面位置。因此，航行器断面高度方向参数暂定为3670mm，航行器断面宽度及高度示意如图2-8所示。

2 顶层指标分析

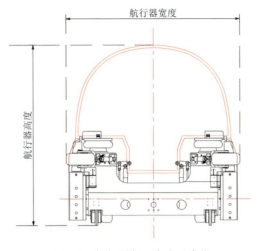

图 2-8　航行器断面宽度及高度

2.5 管道断面

管道断面内轮廓尺寸参数主要由系统阻塞比、系统动态限界和安全逃生要求等因素共同决定，管道内轮廓如图 2-9 所示、管道断面如图 2-10 所示。

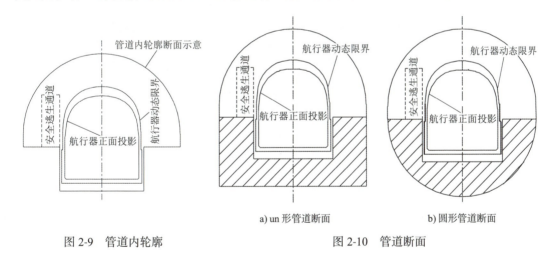

图 2-9　管道内轮廓　　　　　　图 2-10　管道断面

2.5.1 系统阻塞比

阻塞比一般是指航行器的正面投影面积与管道航行空间净空面积之比。航行器在有限空间管道内高速行驶会导致管道内气流壅塞，产生气动阻力。设置真空管道的主要目的在于降低气动阻力及噪声。超导电动悬浮轨道为 U 形梁，依照舱体断面尺寸、航行器几何限界、逃生通道，其几何约束对应的最大阻塞比不大于 0.6；从技术实现上，目前国内高铁隧道净空面积一般选用 $60m^2$、$80m^2$、$100m^2$，对应阻塞比为 $0.2 \sim 0.13$，国内盾构机能力最大开掘能力约为 15m，对应阻塞比约为 0.1。故阻塞比范围取 $0.1 \sim 0.6$。

经仿真计算,在阻塞比较大的情况下,航行器高速行驶会导致管道内气流壅塞效应,管道内激波多次反射会对航行器产生较大的气动阻力,影响系统总体性能。管道内壅塞效应压力云图如图 2-11 所示,阻塞比越大,壅塞效应越严重。

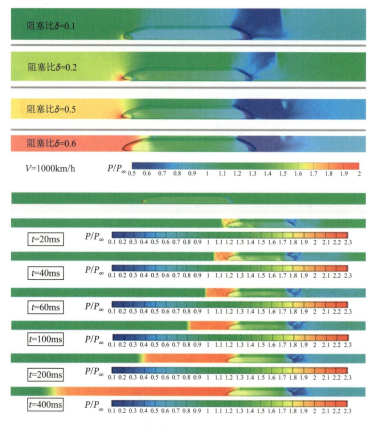

图 2-11　管道内壅塞效应压力云图

同时,阻塞比的取值直接影响管道内净空尺寸,阻塞比增加管道内净空减小,工程造价较低。对于 1000km/h 运行速度,在不同阻塞比下 30 年综合运营成本随真空度变化曲线如图 2-12 所示。由图可知,阻塞比对成本影响较大,应尽可能选择大阻塞比,但考虑到技术实现难度,阻塞比不大于 0.5 较为合适。

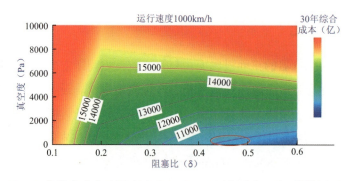

图 2-12　30 年综合成本云图(对于 1000km/h 运行速度,在不同阻塞比下)

综上，考虑气动阻力等系统性能，以及经济建设成本，系统阻塞比不大于 0.5。

2.5.2 系统动态限界

系统动态限界（图 2-13）兼顾了航行器动态限界、安全逃生及管内设备安装空间要求。航行器动态限界主要指的是航行器在管道内运行过程中，其各部分相对管道壁或固定结构的最大允许偏移或摆动范围。这个限界确保航行器在高速运行过程中不会与管道壁发生碰撞或干扰。由于车体上下偏移量在过弯时达到最大，根据系统动力学初步计算，车体上下偏移不超过 20mm。根据车体尺寸，考虑无线通信装置、监控装置、照明装置等其他设备的安装空间，以及后续功能拓展预留空间，管道最小内径设置 6m 左右为宜。

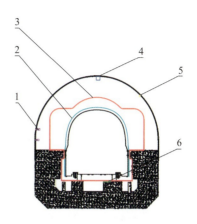

图 2-13 系统动态限界图
1-无线通信装置；2-航行器动态限界；3-设备限界；
4-监控装置；5-照明装置；6-定位测速装置

2.5.3 安全逃生要求

管道内空间需设置安全逃生通道、通风排烟等安全设备、应急照明、紧急出口等安全逃生设施，以确保在紧急情况下乘客和工作人员能够迅速、有序撤离。高速飞车系统参考《地铁设计规范》GB 50157—2013 要求管隧内安全逃生通道宽度不小于 700mm，最小高度不低于 2000mm。

2.6 加/减速度能力

加/减速度能力主要从乘客舒适性角度和走行距离角度两方面考虑。

2.6.1 从乘客舒适性角度

日本相关直线电机驱动车辆试验表明，在不产生较大的纵向冲击及身体只有很轻的支撑物体保护的情况下，采取 $1.5m/s^2$ 的加速度时，被试人员保持坐姿稳定；但如果加减速度达到 $2.0m/s^2$ 以上时，被试人员必须有支撑物，并且很难保持坐姿。在既有线列车上的试验结果表明，被试人员乘坐列车的频度不同对加减速度的评价也不一样，如图 2-14 所示。基于相关试验数据，对乘客纵向冲击的乘坐舒适度评价标准：大体上以低于 $2.0m/s^2$ 为性能良好，$3.0\sim4.0m/s^2$ 为一般允许达到的最大值，而高于 $5.0m/s^2$ 时旅客已有明显的不舒适感，$10m/s^2$ 以上则会对旅客造成伤害。

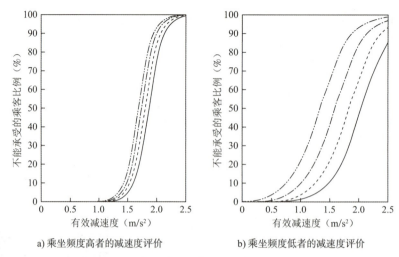

图 2-14 日本轨道车辆乘坐舒适性评价调查结果

基于乘客纵向舒适度标准,高速飞车的最大加/减速度不超过 2.0m/s²。

2.6.2 从走行距离角度

走行距离决定了系统平均加/减速度,紧急制动距离决定了最大制动减速度。参照类似采用电力驱动的交通工具的平均加/减速度和最大制动减速度。见表 2-5,正常行驶状态下,交通工具的平均加/减速度为 0.3~1m/s²。由于高速飞车速度快,其加速所需的推力与速度的平方成正比,更大的速度意味着更严苛的推力需求。

不同交通工具加/减速度对比　　　　表 2-5

交通工具	平均加/减速度（m/s²）	最大制动减速度（m/s²）
高速铁路	0.3	1.0
高速磁浮	1	1.5
中低速磁浮	0.8	1.3
超导电动悬浮（日本山梨线）	1	1.6
地铁	0.8	1.2

加速度的设计约束为合理的走行距离。根据高速飞车定位分析,取合理站间距 100~120km。类比高铁,走行距离与站间距的关系,合理站间距为走行距离的 2 倍左右。因此,高速飞车的走行距离约为 50~60km。不同速度高铁走行距离与站间距对比见表 2-6。

不同速度高铁走行距离与站间距对比　　　　表 2-6

最大速度（km/h）	250	300	350
走行距离（km）	16	26	35
合理站间距（km）	32	50~60	60~70

根据安全性要求，遇到紧急情况时，前车采取紧急制动，后车应在一个真空隔断区间即一个供电区间内停下，即制动距离不超过20000m，对应平均减速度不小于1.93m/s²。根据合理的走行距离，则高速飞车的加速距离为30～40km，对应的平均加速度0.966～1.288m/s²。根据表2-6可知，最大制动减速度为平均减速度的1.5倍左右，即不小于2.86m/s²。

综上，平均加速度范围0.966～1.288m/s²，设计时取1.1m/s²；平均减速度不小于1.93m/s²，设计时取1.96m/s²（0.2g）；紧急制动减速度不小于2.86m/s²，设计时取2.94m/s²（0.3g）。

2.7 爬坡能力

高速飞车在加速阶段，电机处于恒推力运行状态，功率与速度线性变化，推力基本保持恒定不变，因此在400km/h运行速度内电机可以满足1.96m/s²的正常最大加速度；在高于400km/h运行速度时，电机处于恒功率运行状态，电磁力与运行速度呈线性减小关系，其在400～1000km/h运行速度内正常平均加/减速度不小于1.0m/s²。

在0～400km/h速度区间内，爬坡时能够克服的重力沿坡道方向的分力（阻力）恒定，最大爬坡角度可以一直保持100‰坡度；当速度大于400km/h时，电机恒功率运行下推力下降，能够克服的重力沿坡道方向分力为电磁推力的减去空气阻力和用于加速的力，上述阻力均为定值，不随坡度改变，因此电磁推力下降必然导致爬坡度对应降低，在1000km/h速度降低到40‰坡度，路线坡度与时速关系如图2-15所示。

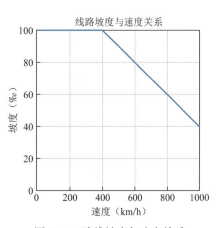

图2-15 路线坡度与速度关系

2.8 过弯能力

线路平面有非正线平面最小曲线半径，与航行器几何尺寸相关，是航行器对线路适应的极限能力；正线区间平面最小曲线半径（正线低速舒适限速通行），与通过速度、线路超高和未被平衡加速度相关。

2.8.1 非正线平面最小曲线半径

高速飞车采用超导电动悬浮制式，低速时航行器依靠支撑轮在线路上运行，支撑轮对航行器进行支撑，悬浮架本身就是一个小的双轴结构，悬浮架中心也要向曲线内侧偏移，取悬

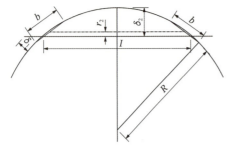

图 2-16 非正线平面最小曲线半径的偏移关系

浮架中心距 18000mm，航行器宽度取 3000mm 左右。在水平曲线上，悬浮架和舱体形成一个类长方体的整体，悬浮架距离轨道侧壁的距离保持不变，简化航行器和线路模型后非正线平面最小曲线半径的偏移关系如图 2-16 所示。

从线路轨道拟合误差和制造精度综合考虑，非正线平面最小曲线半径为 650m。

2.8.2 正线区间平面最小曲线半径

高速飞车以 600km/h 过弯，最小曲线半径为 7700m，与现有高铁相当；800km/h 过弯，最小曲线半径为 13650m；1000km/h 时，最小转弯半径为 21400m，略大于日本山梨线最大曲线半径（20000m）。

3

系统总体设计

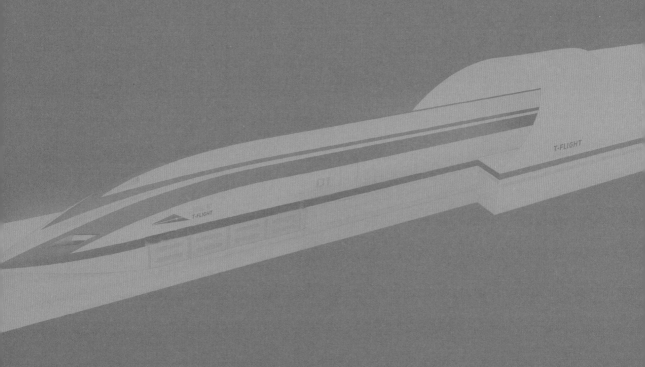

超高速低真空管道
磁浮交通系统

系统总体设计包括系统运行场景、系统组成、系统总体布局、系统安全性设计、系统经济性设计等内容。系统总体设计是确保系统能满足顶层指标的关键步骤，描述了各分系统之间如何协同工作，并为分系统的设计提供输入条件，以实现系统的安全高效运行。

3.1 设计原则

3.1.1 以"系统安全可靠"为设计目标

高速飞车作为载人地面交通运输工具，需将航行器运行的安全性和可靠性作为核心设计目标，确保乘客生命安全。依据高速飞车系统运行场景及运行流程，梳理航行器低真空环境下超高速运行时可能发生的故障场景，指导各子系统开展安全性设计，避免或削弱影响航行器安全的诱发因素，提升高速飞车系统的安全可靠性。

3.1.2 以"系统经济可行"为设计导向

高速飞车系统要面向群众实现商业化运营，要兼顾经济成本，以系统运营盈利为导向开展方案设计。高速飞车系统方案设计在满足技术可行、安全可靠的基础上，通过全系统优化设计，实现核心部件功能一体化集成，系统复杂度简化，设计方案综合最优，综合建造成本和系统运营成本降低，达到全寿命周期成本最小化的目标。

3.1.3 以"乘客旅行舒适"为设计约束

高速飞车结合了地面交通和航空运输的特点，其核心是满足乘客两地间的快速出行需求。在高速飞车系统总体方案设计过程中，要以旅客便捷出行为出发点，满足乘客乘坐舒适性、平稳性的体验需求，同时也要尽可能简化人员操作，开展人机工程设计，提供服务乘客的必备车载设施，提升乘客乘车体验。

3.1.4 以"沿用成熟技术、攻关关键核心技术"为设计方法

高速飞车系统由于其运行环境的特殊性以及超高速运行的需求，系统复杂度高、设计难度大，进行方案设计时，应采用成熟的技术作为基础，并对关键核心技术进行攻关。高速飞车系统方案设计应借鉴航空航天适应真空环境飞行器设计经验，参考高速铁路和高速磁浮等地面轨道交通设计标准规范，继承已有产品的成熟方案和技术成果；同时，对适应高速飞车系统低真空环境和满足超高速运行需求而衍生出的多项关键技术进行攻关，解决核心关键问题，提升系统总体方案的技术可行性和可靠性。

3.2 设计思路

根据高速飞车系统特点,梳理出总体架构,作为后续总体设计相关工作的基础,主要内容如下。

3.2.1 浮得起

高速飞车要实现贴地飞行,首先必须实现航行器的悬浮运行,减小摩擦和振动。一是要实现航行器在设定速度起浮,并在起浮速域以上实现稳定航行,在复杂耦合电磁环境和航行器尺寸重量约束下,开展悬浮/导向性能参数设计,如电磁气隙、机械间隙等;二是针对电动悬浮欠阻尼特性(图 3-1),开展适用于高速飞车系统的阻尼设计,确保航行器在全速域下的稳定运行;三是要开展航行器轻量化设计,如逐步开展材料、结构元件和航行器整体的轻量化设计研究,尽可能降低系统悬浮力要求,提高系统安全性和经济性。

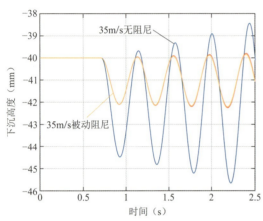

图 3-1 有无被动阻尼的振动情况

3.2.2 跑得快

为实现航行器达到设定的超高速速度值,一是要开展全速域速度和位置信息的闭环控制设计,能够精准实现航行器运行过程中位置信息监控反馈,进而实现对航行器全速域的控制;二是需足够的变流器输出容量,能够为航行器运行提供必要的推进力;三是需持续输出稳定可靠的推进力,实现航行器平稳运行;四是要实现低阻力气动外形,减小航行器在高速/超高速运行过程中的气动阻力,提高系统运行经济性。流线型低阻力气动外形示意如图 3-2 所示。

图 3-2 流线型低阻力气动外形

3.2.3 制得住

要实现航行器在高速运行时的各类正常/故障工况下的安全制动,一是在正常工况下满足乘客舒适性的要求,设计必要的制动策略;二是在牵引失效情况下航行器要有主动制动方式,航行器舱载机械制动如图 3-3 所示;三是在部分磁体失超工况下要有线路被动制动方式;四是系统需要设计完备的混合制动策

图 3-3 航行器舱载机械制动

略,进而确保航行器在各种工况下能安全停车,保证乘客安全。

3.2.4 保安全

要保证全系统在全寿命周期中的安全性,一是要保证设备安全,开展防失超设计、制动安全设计、防火设计、磁屏蔽设计和电气安全设计,确保设备安全性满足载人客运相关要求;二是要开展全系统安全预案和应急预案设计,明确在各种故障情况下乘客安全撤离的可行方案流程;三是针对关乎乘客安全的生保系统进行冗余设计或者应急系统设计,在极端恶劣情况下,为救援争取必要的应急时间。

3.2.5 低真空

要建立并维持大尺寸低真空环境,同时要求各系统在低真空环境中保持正常工作,一是要实现长大管道内真空环境的建立与维持,开展真空设备研制、管道材料及施工工艺等密封性设计,如图 3-4 所示;二是要完成管道内及航行器舱载设备的低真空适应性分析及改进,确保设备在低真空环境下长期稳定运行。

图 3-4 全尺寸管梁低真空试验台

3.2.6 稳运控

要实现运行控制系统在航行器运行全流程中的稳定可靠,一是要对系统全过程的控制对象进行分析,明确系统工作流程中各步骤的控制逻辑,做到系统运行各个环节的精准控制,如图 3-5 所示;二是要梳理各类故障场景,并制定应对各类故障的安全防护逻辑及应急预案。

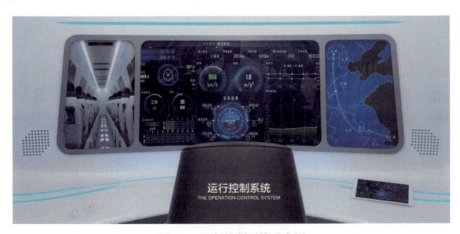

图 3-5 运行控制系统示意图

3.2.7 便运行

要实现系统运行的快速便捷，一是需要具备可视化功能的运行指挥系统，能够实时显示系统整个工作流程具体进展、航行器实时运行和停靠位置等；二是需要能存储、快速分析处理大数据的智能运维系统，实现系统在线数据监测和故障判读预警，在第一时间发现系统工作中的问题并快速定位故障，给出解决方案。

3.2.8 简保障

要实现系统保障的简洁实用，一是需要尽可能实现系统一体化、集成化、自动化设计，能够在航行器停靠站后实现快速保障维护；二是各系统设计时需要具备良好的测试性和维修性，便于快速检测系统，修复故障设备。

3.3 运行场景

高速飞车全系统运营采用"循环运行"模式，航行器应始终在右手方向行车。当航行器执行客运任务时，由运行控制和调度管理中心从车库调出指定编号航行器，航行器完成自检后由运行控制和调度管理中心向推进供电调度中心发出推进指令，航行器依靠悬浮架支撑轮及导向轮沿轨道低速进入真空管道过渡舱，并在过渡舱内由大气环境转换至低真空环境。航行器再次自检正常后驶入始发站站台指定位置，完成与换乘廊桥对接，安全员及乘务员登车再次确认车上安全状态后，向运行控制和调度管理中心发送乘客登车指令。车站对旅客及行李安检后，旅客通过检票口由工作人员引导登车，乘务员确认旅客登车完毕后，航行器舱门关闭，安全员向运行控制和调度管理中心反馈可以脱离换乘廊桥，进入发车准备阶段。安全员确认航行器状态，一切正常后向运行控制和调度管理中心发送可以发车指令，由运行控制和调度管理中心向推进供电调度中心发出推进指令，航行器在管道内运行。

航行器即将到站时制动减速由道岔从主线路驶离进入站台，乘客通过换乘廊桥快速下车，并由检票口出站，完成本次旅行。航行器停靠在中间站时，乘客换乘后由航行器安全员确认航行器状态，再由运行控制和调度管理中心向推进供电调度中心发出发车指令，航行器经道岔由车站驶入管道主线路。航行器停靠在终点站时，乘客下车后工作人员对航行器进行补给，航行器检测正常后乘客上车，由航行器安全员确认航行器状态，再由运行控制和调度管理中心向推进供电调度中心发出推进指令，航行器经道岔由车站驶入管道下行主线路；航行器检测异常后，向运行控制和调度管理中心发送暂停运行指令，航行器运行至过渡舱，复压完毕后驶出管道，进入车库和维保中心进行检修，同时运行控制和调度管理中心从车库调出新的编号航行器继续运营。

高速飞车运行场景如图3-6所示。

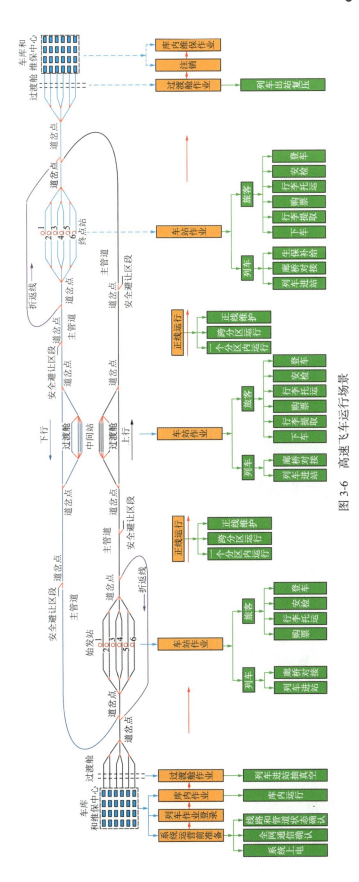

图 3-6 高速飞车运行场景

详细的作业流程主要包含库内作业、过渡舱作业、始发站作业、正线运行、中间站作业、终点站作业等流程。

3.3.1 库内作业

车库和维保中心在始发站、中间站、终点站均配套设置，库内铺设 U 形轨道并安装推进线圈，用于航行器日常调动、停放、检修和维护。航行器要执行当天运营任务时，先确认运行控制系统内部各单元设备工作状态及通信状态良好，对真空线路系统和悬浮推进系统各电气设备进行自检，确认各项设备正常工作。由运行控制和调度管理中心从车库调出指定编号航行器，航行器完成自检后由运控中心向推进供电调度中心发出行驶指令，航行器在地面推进线圈作用下依靠悬浮架支撑轮及导向轮低速出库并沿 U 形轨道运行。车库及轨道线路布局如图 3-7 所示。

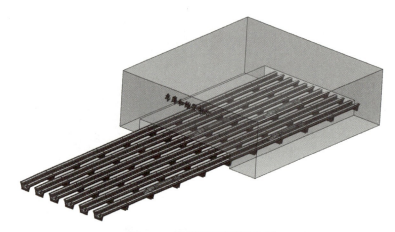

图 3-7 车库及轨道线路布局

3.3.2 过渡舱作业

航行器出库后，低速驶向过渡舱（始发站、终点站和中间站均设置），航行器在过渡舱内由大气环境转换为低真空环境。过渡舱为航行器创建低真空运行环境，需将过渡舱的闸板阀关闭并锁定，由管旁真空泵工作抽至低真空状态，打开靠近低真空管道一侧的闸板阀，航行器驶离过渡舱进入低真空管道主线内，随后靠近低真空管道一侧的闸板阀关闭并锁定，为下一航行器在过渡舱内进行真空转换做准备。过渡舱布局如图 3-8 所示。

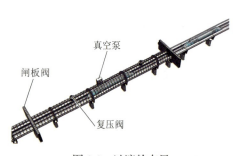

图 3-8 过渡舱布局

3.3.3 始发站作业

车站是旅客和航行器对接的重要窗口，航行器进入车站指定位置后与站内换乘廊桥完成密封对接，换乘廊桥上的复压阀打开将廊桥内的气压恢复至常压，换乘廊桥闸板阀和航行器舱门同时打开，等待乘客乘车。车站对旅客及行李安检后，旅客通过检票口由工作人员引导进入站台并经换乘廊桥完成登车。乘务员确认旅客登车完毕后，向运行控制和调度管理中心反馈，由运控中心控制航行器舱门关闭，换乘廊桥闸板阀落下并锁定，换乘廊桥与航行器分离后，航行器进入发车准备阶段。始发站线路布局如图 3-9 所示，站内换乘廊桥布局如图 3-10 所示。

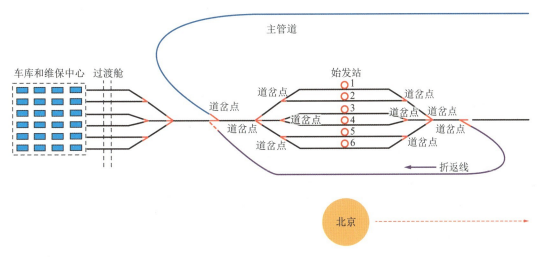

图 3-9　始发站线路布局

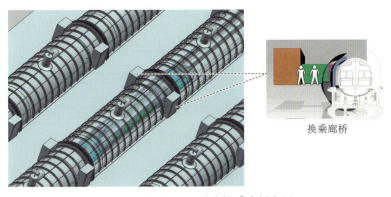

图 3-10　站内换乘廊桥布局

3.3.4　正线运行

低真空管道是航行器高速运行的基本条件，全线路铺设，采用桥墩及支座支撑。航行器在车站内由安全员确认航行器状态，正常后向运行控制和调度管理中心发送发车指令，由运行控制和调度管理中心向推进供电调度中心发出推进指令，航行器在真空管道内运行。航行器出站后沿真空管道先经道岔驶入主线路加速运行，当运行速度达到悬浮速度后，悬浮架上支撑轮和导向轮收起，航行器悬浮加速运行，运行速度达到 1000km/h 时，由地面运控中心和推进供电调度中心控制航行器匀速运行。线路道岔布局如图 3-11 所示。

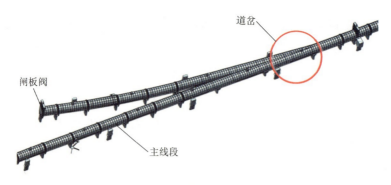

图 3-11　线路道岔布局

3.3.5　中间站作业

中间站与始发站具有相同的设备设施,均有车库、维保中心、过渡舱、站台、换乘廊桥等。当航行器需停靠在中间站进行乘客换乘时,航行器先由运行控制和调度管理中心控制减速运行,当航行器减速至一定速度后,悬浮架上的支撑轮和导向轮展开,航行器在运行控制和调度管理中心控制下低速通过道岔进入中间站,并与站台内的换乘廊桥对接;乘客完成上下车换乘后,航行器在地面运控中心和推进供电调度中心控制下驶出车站,经道岔驶入主线路。中间站线路布局如图 3-12 所示。

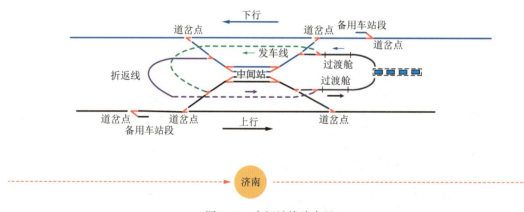

图 3-12　中间站线路布局

3.3.6　终点站作业

航行器执行完运行任务后,即将进入终点站时,由地面运控中心和推进供电调度中心控制前方道岔,航行器减速通过道岔,停靠在终点站指定位置后与站内换乘廊桥对接,完成乘客下车作业。乘客下车后,航行器向运控中心反馈回库信息,并在推进供电调度中心作用下沿折返线驶出车站和低真空主线路,驶入过渡舱进行复压,航行器复压后沿 U 形轨道驶入车库进行检修维护。终点站线路布局如图 3-13 所示。

当航行器在终点站完成乘客下车任务后,仍需执行运行任务时,需在车站内进行生保系统补给和废物回收,等待乘客登车,执行下一班次任务。

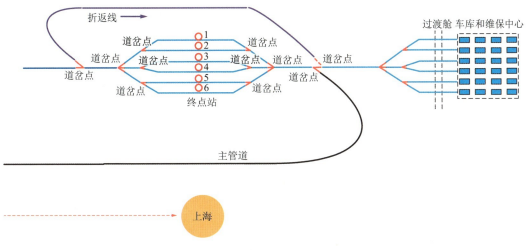

图 3-13　终点站线路布局

3.4　系统组成

按照复杂大系统工程思路，参照高速飞车运营全流程功能需求，将高速飞车系统分为航行器、真空管线系统、悬浮推进系统、运行控制系统、智能运维系统、智能调度系统、环境保障系统、安全保障系统、商业运行平台系统，共 9 个分系统，高速飞车系统组成如图 3-14 所示。

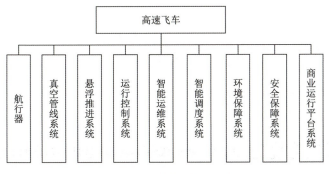

图 3-14　高速飞车系统组成

航行器为客运、货运、战略投送等提供运输载体，主要由舱体、悬浮架、环控与生保系统、舱载电气系统、内装与设备等组成。

真空管线系统为航行器提供运行的线路、低真空环境，主要由管线系统、真空系统、监测控制系统等组成。

悬浮推进系统为不同功能的航行器提供高速运行的动力，主要由悬浮导向与直线电机系统、轨旁供电系统、牵引变流系统、牵引控制系统和定位测速系统等组成。

运行控制系统用于为航行器运行控制及通信，主要由中央运控系统、分区运控系统、舱载运控系统和通信系统等组成。

智能运维系统用于运行期间数据存储与处理、管道巡检、状态监测和诊断决策等,主要由中央运维系统、舱载运维系统、地面运维系统和管线巡检装置等组成。

智能调度系统用于支持全系统的行车调度、运行管理、供电管理、航行器管理和综合维修等,主要由行车调度系统、运行管理系统、供电管理系统、航行器管理系统、综合维修系统等组成。

环境保障系统用于保障沿线轨旁及站场等的噪声、振动、电磁辐射、热辐射防护以及废物处理等,主要由噪声防护系统、振动防护系统、电磁防护系统、温/湿度控制系统、废弃物处理系统等组成。

安全保障系统用于真空管道、航行器、沿线设备的状态实时监测,保障系统的安全运行,用于故障情况下的应急逃生及救援保障,主要由沿线设备及设施状态监测系统、应急逃生系统、应急救援系统等组成。

商业运行平台系统用于支撑航行器实现客运、货运、战略投送等目标的服务体系,主要由旅客服务系统、物流服务系统、战略投送系统等组成。

其中,智能调度系统、环境保障系统、安全保障系统和商业运行平台系统是辅助高速飞车全系统正常运营所必需的保障条件。本书主要介绍高速飞车系统的技术方案,支撑高速飞车系统方案设计的技术可行性,不对以上支撑功能系统开展详细介绍。

3.5 系统总体布局

依据高速飞车系统组成,航行器超高速运行所需低真空环境由真空管道保障,从系统经济性和真空管道内航行器超高速运行气动特性考虑,目前线路采用单管单线和单管双线间隔布置(图 3-15)。

图 3-15 单管单线和单管双线间隔布置

高速飞车运行在真空管道内,管道架设于桥梁上或者隧道内,管道内铺 U 形混凝土轨道梁,用于地面线圈设备的安装,管道之间通过波纹管相连,保障长大线路管道的密封性。通过航行器上的超导磁体与轨道上的悬浮推进线圈相互作用产生航行器高速运行时所需的悬浮力和推进力,航行器上提供了供乘客舒适乘车的客舱环境以及供车载电气设备工作的设备舱安装空间,车载测速定位及通信设备通过与管道内壁上方配套的测速定位及通信设备功能匹配,保障了航行器高速正常行驶。沿线管道旁设有真空建立和真空维持的泵组,以及供地面线圈散热用的冷却泵组,同时沿线管道旁安装有切换开关,通过与牵引变电所相连,将沿线电网上的电能输送至轨道上以及轨旁的用电设备。运控中心设置在车站内,控制轨旁的供电切换以及航行器的测速通信,实时监控航行器的运行状态,同时对站点附近的过渡舱、换乘廊桥以及正线上的道岔等机构进行安全操控。高速飞车全系统总体布局如图 3-16 所示,真空管道线路布局如图 3-17 所示。

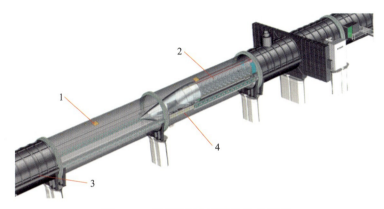

图 3-16　高速飞车全系统总体布局图
1-运行控制;2-航行器;3-真空管线;4-悬浮推进

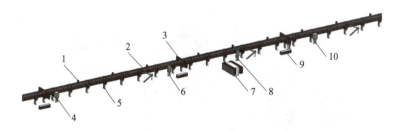

图 3-17　真空管道线路布局
1-复压阀;2-逃生门;3-闸板阀;4-真空建立泵;5-桥墩及支座;6-真空维持泵;7-高压变电所;8-地面制冷泵;9-切换开关;10-真空建立泵

从系统安全性考虑,管道上设有闸板阀、复压阀及逃生维修门等设施,用于事故时乘客紧急逃生。闸板阀等间距布置,每隔 30km 左右布置一个,与供电区间长度相一致。

3.6　系统安全性

安全是高速飞车稳定运营的前提和核心竞争力。航行器以超高速运行在低真空管道中,其高速度、高密度、强耦合等特性为安全运营带来了巨大挑战,开展安全性设计能有效规避危险的发生,同时制定安全有效的救援措施,保障系统故障情况下乘客的生命安全。高速飞车的安全性设计对推动高速飞车事业的发展有重要意义。

3.6.1　安全性设计

针对高速飞车的危险因素和危险场景进行了安全性设计,主要包括防超导磁体失超、防舱内失压、防火、防电磁辐射和防碰撞。

3.6.1.1 防超导磁体失超

针对超导磁体失超的安全主要从两个方面开展工作，一方面针对超导磁体本身，研究失超机理并针对性采取应对措施，尝试从根本上排除失超的可能性；另一方面从航行器安全性角度出发，假设发生失超情况并针对性采取应对措施，以使失超带来的损失最小化。

（1）超导磁体安全设计

为提高超导磁体抗失超能力，采用单线圈独立内杜瓦的设计结构，避免单线圈失超导致其他线圈失超，提高超导磁体故障隔离能力，同时单侧超导磁体采用镜像方式布置两个外杜瓦，每个悬浮架含4个独立的杜瓦结构（图3-18），使超导线圈间相互不干扰，降低多线圈失超概率。

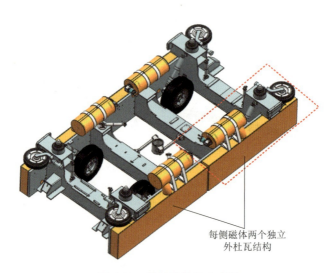

图3-18　超导磁体独立布置

超导磁体内预设传感器，设计失超检测装置，并合理设置失超预测阈值，缩小失超探测时间，且超导磁体设计有气体放空口，即使发生失超，也可以排出失超时由于温度上升而气化的氦气和氮气，从而保护超导磁体的安全。

（2）航行器防失超安全设计

为减少失超导致的航行器损坏，在航行器悬浮架上设计有应急支撑和导向装置。这些装置能够有效减小失超引发的跌落冲击，可以保护航行器及舱载设备免受冲击损坏，提高运行安全性。

3.6.1.2 防舱内失压

高速飞车运行在低气压环境下运行时，其舱内会为乘客维持一个常压环境。然而，如果遇到车厢破损或生保系统失效而无法及时补充气压等紧急情况，可能会导致舱内失压，危及乘客安全。为防范上述风险，高速飞车具有以下安全性设计：

（1）航行器方面

双层串联密封结构：为保证结构气密可靠性，采用双层串联密封结构（外蒙皮＋内饰安装层），如图3-19所示。

独立密封客舱结构：密封客舱设计，在舱内安装气压传感器，当检测到压降率大于设定值时，并根据压降率实测值控制航行器安全停车或继续运行。

内开式密封舱门：换乘舱门采用内开式结构，运行在低真空管道内时，因舱内压力大于舱外压力，避免舱门因误操作、故障等原因在运行过程中打开。

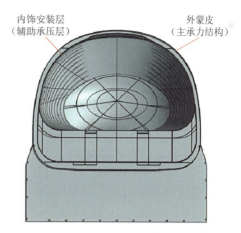

图3-19 双层串联密封结构

成熟密封组件：为保证结构气密可靠性，设计中舱门、端门、密封胶体采用民航客机、航天器成熟密封组件，保证密封可靠性。

应急供气系统：设计了应急独立供气系统，采用氧气面罩供气方式，满足安全时间内应急供氧。

（2）真空管线系统方面

快速复压设计：参照民航飞机设计，真空管线设计有隔断及复压系统，确保管道在短时间内完成复压，人员可以快速撤离。

（3）运行控制系统方面

具备定点停车功能：控制故障航行器停在固定停车点，可快速通过停车点的逃生门撤离。

3.6.1.3 防火

航行器运行在低真空环境中，可以有效避免管道内及舱体外部火灾场景，舱内的防火设计参照民航系统设计，从以下几个方面开展防火安全设计。

防火管理：参照民航要求，严禁携带引火物，如打火机、充电宝等进入航行器、航行器基地、车站、变电所等核心场所，对易燃物进行严格管理，杜绝起火隐患。

被动防火：结构选材严格按照民航或轨道交通成熟的防火要求采用难燃、阻燃材料进行设计。轮胎、内饰、座椅等非金属材料采用难燃、阻燃材料；液压油采用高熔点油阻燃油，油管采用耐热油压阻燃软管；盘式制动采用耐高温碳/陶复合材料；电气设备设置过载保护，线缆采用阻燃材料。

主动防/灭火：整车设计有火灾报警系统，在客舱、卫生间、功能室、电气柜等处设置烟火探测传感器，并在线缆槽布设感温电缆，对整车进行实时火灾监测；针对容易引发自燃的蓄电池设计有自灭火装置；客舱内按照国家标准设置足够数量的灭火器材；牵引变电所等大型设施按国家规定配备符合标准要求的FAS（火灾自动报警系统）机房并配备满足要求的灭火器及与消防系统关联；运行控制系统、智能运维系统所在航行器基地设置FAS，并配备满足要求的灭火器及与消防系统关联；运控系统具有自动故障线路规划功能，确保在发生故障时，航行器能够自动导航至安全的刹停区域，并靠近安全逃生门，此外，该系统还能主动启动灭火程序，以提高安全性。

3.6.1.4 防电磁辐射

高速飞车运行时存在高/低压电、高磁等恶劣电气环境，存在高压放电、电磁辐射等风险，电气安全性设计从以下几个方面开展：

（1）航行器方面

舱载设备通过专用接地线与地板或舱体上的接地点连接，同时通过支撑轮作为舱体静电卸放点；数据采用光纤传输，防止电磁干扰。

舱载大功率设备（如制冷压缩机、逆变器等）设计有自我保护功能，控制功能电路单独配置过流及短路保护的断路器；电气设备具有故障切除功能及降额运行功能，确保航行器的运行安全。

（2）悬浮推进系统方面

变电所/磁路开关站所的选址不设在地势低洼和可能积水的场所；牵引模块具有正常运行和维护所要求的安全防护功能；各类电缆采用低烟无卤阻燃电缆，且按照电压等级（高/低压）及用途（电力/控制/通信电缆）分开布设，线缆间距满足标准规定要求。

牵引变电所、磁路开关站等需配备符合标准要求的综合接地、防雷、防异物侵入系统，保障人员与设备财产安全。

地面模组采用环氧树脂灌封，采用F级绝缘耐温等级，产品交付前需进行工频耐受、雷电冲击和局部放电等电气性能试验，以确保模组电气安全；超导磁体励磁状态下进行检修维护作业时，人员进行电磁防护，确保人员安全，防止电磁辐射伤害。

（3）真空管线系统方面

基础、管道梁、走行轨、侧壁等均应可靠接地，轨道内及轨道外设备均应满足相应电磁环境的要求。

（4）运行控制系统、智能运维系统方面

运行控制系统、智能运维系统中的舱载及地面设备在设计中普遍采用电磁兼容性措施，抑制设备对外形成电磁干扰。同时提高设备自身的抗干扰性，在设计上通过正确使用接地、屏蔽、搭接、滤波等方法，选择符合要求的电连接器，合理敷设电缆且网络传输线尽可能采用光纤线缆，保证电气设备之间接口匹配，使系统电磁兼容性有一定的安全裕度。

运控等控制类设备、传输网络（包括地面运控运维网络、牵引控制网络、无线通信网络等）等应具有防止外部非法入侵功能，应具有网络加密、认证、识别和防火墙等安全信息防护功能。

3.6.1.5 防碰撞

高速飞车在运行过程中，可能会遇到管道中异物脱落或磁体失超等问题，这些情况都可能导致高速飞车与线路系统发生碰撞，存在安全风险。为了确保长期运行的安全性，必须从结构设计上保证足够的安全性，以满足耐久性的要求。为此，碰撞及结构安全从以下几个方面开展设计：

（1）航行器方面

开展航行器各种工况下的运行姿态设计，确保在失超等工况下，航行器仅应急轮与轨道发生碰撞，而其主体结构不与轨道发生碰撞。

（2）真空管线系统方面

桩基础、承台等结构根据地质勘查报告确定抗震级别，进行相应的抗震设计，并按规范标准要求进行配筋，完成恒载、活载、大气压、温度等荷载组合的强度校核；参考较为成熟的高速铁路混凝土梁设计经验，确保结构强度安全。

（3）悬浮推进系统方面

地面模组安装时采用多根高强度螺栓进行紧固，安装螺栓处施加足够预紧力矩，保证地面模组结构强度安全。

3.6.2 故障救援设施及应急救援策略

3.6.2.1 故障救援设施

考虑高速飞车在低真空管道内运行的安全性，布置了救援应急设施，便于危险场景下的人员应急逃生。

（1）单管单线逃生区间：运营正线采用单线、双线交替铺设，危险故障中，航行器可紧急停靠单管单线内（图3-20），在单线内紧急复压。有效地降低故障场景的应急响应时间，提升了高速飞车系统的安全性。

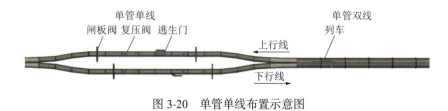

图3-20 单管单线布置示意图

（2）备用站点：长距离车站间设置备用站点（图3-21），方便人员快速疏散。

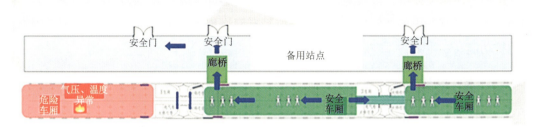

图 3-21　备用站点示意图

（3）紧急复压阀：在运营正线区段内设置复压阀（图3-22），在故障情况下可以完成危险区段的紧急复压，为航行器内乘客管内疏散提供正常环境。

（4）逃生门：在运营正线区段内设置逃生门（图3-23），在管线复压后人员可通过管内疏散，经逃生门撤离至管线外安全区域。

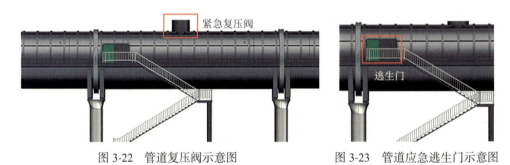

图 3-22　管道复压阀示意图　　　　图 3-23　管道应急逃生门示意图

（5）应急车间连接机构：航行器舱体之间设计了车间连接机构（图3-24），火情发生后乘员有效撤离危险车厢，通过贯通道前往相邻车厢避险。并关闭危险车厢端门，防止危险蔓延。

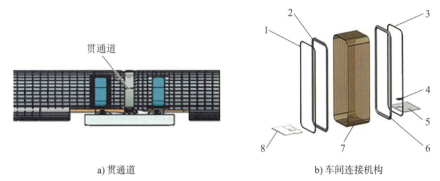

a) 贯通道　　　　　　　　b) 车间连接机构

图 3-24　应急车间连接机构示意图

1-密封条；2-车端连接法兰；3-密封条；4-连接扣板；5-渡板；6-车端连接法兰；7-承载主体；8-渡板

（6）冗余生保系统：研发了应急独立快速高压供气设计，满足 5min 应急保压；研发了应急独立高压气瓶供氧设计，满足 30min 应急供氧。

3.6.2.2 应急救援策略

高速飞车的危险源可分为轻微故障、危险式故障及灾难性故障 3 类，根据航行器的运行状态，可将故障分为可控式故障及不可控式故障。

（1）可控式轻微故障救援策略

可控式轻微性故障运行场景描述了当航行器运行过程中遇到"车内人员疾病及意外受伤""管道压力异常""牵引控制系统单点失效""舱内旅客携带的电子产品过热，造成单个产品起火，并产生有害烟雾"等轻微性故障时，整个高速飞车系统的运行状况已经接近事故发生的临界点，暂时还不至于造成人员伤亡、系统损失或降低系统性能，但需要引起高速飞车运行控制和调度中心的重视，实施必要的控制措施及时诊断并排除故障。

以"客舱乘客携带电子产品过热、起火，造成客舱产生烟雾"为例分析其具体操作流程如图 3-25 所示。

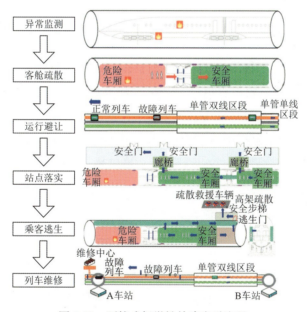

图 3-25　可控式轻微性故障应对流程

（2）可控式危险故障救援策略

可控式危险性故障运行场景描述了当航行器运行过程中遇到如"航行器生保系统失效""管道突然破损失压""前方轨道异物侵入限界""前方目标道岔转辙机故障"等危险性故障时，故障航行器还处于地面控制和调度中心的管控范围内，整个系统将会在短时间内造成舱内旅客伤亡或系统设备部分损坏，将面临降低运营效率或停运风险，需要全系统立即采取停车疏散应对策措施，规避、消除或降低旅客伤亡概率。

以"客舱电气柜电缆着火或设备舱锂电池组过热、起火，造成客舱或设备舱产生烟雾"为例分析其具体操作流程如图 3-26 所示。

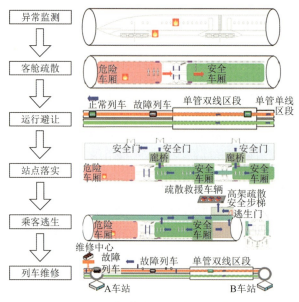

图 3-26 可控式危险性故障应对流程

（3）不可控式危险故障救援策略

不可控危险性故障运行场景描述了当航行器运行过程中遇到如"航行器生保系统失效""管道突然破损失压""前方轨道异物侵入限界""前方目标道岔转辙机故障"等危险性故障时，故障航行器与地面控制和调度中心失去联系，或故障航行器控制中心瘫痪，整个系统将会在短时间内造成舱内旅客伤亡或系统设备部分损坏，将面临降停运风险，需要故障航行器在正线上立即执行紧急制动停车，并采取疏散措施，规避、消除或降低旅客伤亡概率。

以"客舱乘客携带电子产品过热、起火，短时间内可烧穿舱体密封结构，同时造成客舱产生烟雾"为例分析其具体操作流程如图 3-27 所示。

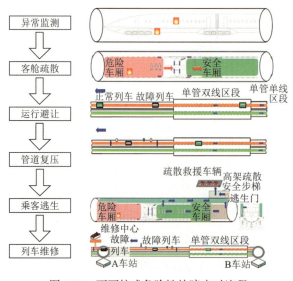

图 3-27 不可控式危险性故障应对流程

（4）不可控式灾难故障救援策略

不可控灾难性故障运行场景描述了当航行器运行过程中遇到"两车追尾""单航行器撞轨""航行器舱内受损大面积严重泄压"等小概率危险性故障时，故障发生瞬间已经造成车载旅客重大伤亡，以及对航行器全系统造成严重破坏，需要地面运行控制和调度中心果断安排事故后旅客救援和线路修复工作。

以"客舱乘客携带电子产品起火危险性事故基础上，客舱灾情进一步扩大，舱体大面积破损而失压"为例分析其具体应对流程如图 3-28 所示。

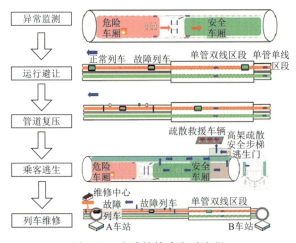

图 3-28　灾难性故障应对流程

当航行器在低真空管道正线上发生灾难性故障时，地面运行控制和调度中心须立即启动紧急救援预案，并根据系统最后事故发生的时间和维修等级，预判故障航行器在线路中的停靠位置，通告沿线市政救援部门，协助完成灾难性故障航行器救援工作。航行器将按照本流程，实现在短时间内完成对幸存旅客的救援任务。

3.7　系统经济性

高速飞车的社会经济效益，不仅表现在它本身的获利能力及其使用者在使用中获得的利益，而且表现在它对社会经济各宏观领域产生的影响。本节采用定量与定性相结合的方法评估高速飞车的经济效益与社会效益，进一步评价高速飞车对国家的宏观经济效益。

3.7.1　经济效益分析

高速飞车对经济和社会整体发展所产生的影响，是通过它与国民经济各部门和社会再生产各环节之间的技术经济联系和相互作用来实现的，其中有直接作用，也有间接作用，如对整体产业拉动、就业、土地增值、时间节省的影响等。

高速飞车的建设将会使都市圈之间旅行时间减少，城市间阻抗减低，可达性提高，可缩短城市间的最短时间距离和相对城市距离，使城市间空间经济联系更加紧密，从而加快人流、物流、信息流的速度，改善流动方向，为城市化带来契机，使都市圈城市化进程也向前迈进。城市的产业结构也会因人流物流信息流等流动因素产生一定变化，城市产业合作逐渐增强，产业结构相似度逐渐降低，从而使得都市圈中各城市发展各自优势产业，形成城市之间优势互补、差别竞争、协调分工、错位发展的局面，促进都市圈产业结构优化升级，从而带来经济总量的增长。

本节以高速飞车京沪线为实例进行分项建模计算相关各项对国民经济的拉动效应。高速飞车建设对国民经济拉动影响的六个主要方面如图3-29所示。

图3-29　高速飞车对国民经济的拉动

3.7.1.1　高速飞车对GDP的直接拉动

（1）分析方法

国内对于交通建设对经济的影响分析主要从两大类着手，第一类是对准备立项建设的新线路或建设完成运营时间不长的线路进行系统分析，主要的方法有费用-效益分析、经济潜力模型、类比法；第二类是对已经有一定的运营周期的线路进行分析和预测，主要的方法有对比法、投入产出法和系统预测法。

（2）研究范围及研究思路

以京沪通道作为研究对象，其工程建设对国民经济和宏观经济的带动也将主要体现在通道沿线及其周边地区。选择北京、济南、南京、上海这些京沪通道上的关键城市，可以确保各类指标在很大程度上准确地反映出这些城市的真实可达性水平。

本次计算思路参考世界银行项目《中国高铁区域经济影响分析》，建模的第一步划定评价范围的地理边界，计算范围的确定理论上应包含项目影响的所有地区，可能受到高速飞车项目影响的城市和城镇都应被纳入研究区域，但是实际中难度较大并且可能会夸大经济影响的效果。第二步要计算城市之间多种交通方式的综合广义交通成本，建议使用与随机效用理论一致的广义交通成本，避免经济潜力和运输成本之间的内生性问题。第三步应用经济潜力模型，根据城市规模及城市之间的广义交通成本计算高铁沿线城市的经济潜力。经济潜力是综合城市自身经济规模和到其他地区可达性的指标。最后，根据城市经济潜力的变化计算出高速飞车沿线区域的经济发展效益，即城市平均生产率的提升，数值上表现为对城市国内生产总值的贡献。将所有沿线城市的经济发展效益值相加求和就可得到高速飞车项目为沿线城市带来的总经济发展效益。

(3)对整个国民经济宏观经济的带动作用

①计算综合广义交通成本

$$g_{ij} = -\frac{1}{\lambda_{ij}} \ln \sum e^{-\lambda_{ij} g_{ij}^m} \tag{3-1}$$

式中：g_{ij}^m——每种交通方式的出行成本，对于每个被分析的交通方式，收集相关旅行的费用。所有的成本和时间均是门到门的，即包括"最后一公里"的本地交通和中转。

将广义费用带入计算公式我们分别得到无项目和有项目的情况下广义成本（后者比任何一个方式的广义成本低，因为它考虑到增加交通方式选择带来的好处）。随后计算调整因子，确保所有交通方式广义成本设置为零时，综合广义成本为零。距离越长，广义成本减少得越高，最终计算得到各区段广义成本。

②计算沿线城市经济潜力

经济潜力反映某一地区从空间其他地区获得专业化劳动力、中间投入和技术的能力，衡量了空间中某点对一定距离上的中间投入品、生产性服务活动、专业劳动资源及先进技术等供给要素的可获得性。城市的经济潜力按下式计算：

$$P_i = \sum_{j=1}^{n} \frac{M_j}{(g_{ij})^a} \tag{3-2}$$

式中：P_i——i 城市的经济潜力；

g_{ij}——两地之间的广义交通成本；

a——距离衰减参数，目前国际经验值采用 1，今后可根据不同地区的数据进行标定。

其中表示城市的经济规模即表示该经济区域的经济实力或对周边地区辐射力或吸引力，可采用 GDP 总值、人口总量或社会商品销售总额等指标。这里采用 GDP 总值来计算。对 GDP 的预测，根据交通强国战略研究，采用生长率法预测。

③计算集聚效应对经济总量（GDP）的影响

在计算出 Z 地区基准年、有项目 W 及无项目的经济潜力后，发展效益计算模型如下：

$$W_j^{A/B} = \left[\left(\frac{P_j^A}{P_j^{B_0}} \right)^{\gamma_j} - \left(\frac{P_j^B}{P_j^{B_0}} \right)^{\gamma_j} \right] \times \text{GDP}_j^B \tag{3-3}$$

式中：j——地区，如城市或其他行政区域；

$W_j^{A/B}$——集聚效应—有项目（A）相对于无项目（B）；

$P_j^A P_j^B P_j^{B_0}$——有项目 A、无项目 B 和无项目基年，B_0 对应的经济潜力；

γ_j——地区 j 的生产力弹性系数；

GDP_j^B——无项目时的 GDP 规模（如：没有高速飞车项目）。

国际研究文献中逐步将生产率弹性系数 γ 的范围缩小到约 0.05～0.20。世界银行在广

东进行的研究显示 $\gamma = 0.14$，高速飞车作为高新技术行业，对 GDP 的拉动相比一般行业更高，本次计算中，按照 $\gamma = 0.14$ 进行计算。

（4）计算结果分析

通过对集聚效应计算，低真空管道磁悬浮高速飞车项目能够对促进线路沿线经济的发展，若 2035 年能够运营成熟，该项目对北京、济南、南京及上海的 GDP 推动作用分别为 0.95%、1.31%、1.04%、1.05%。

3.7.1.2　高速飞车对相关产业的拉动

（1）高速飞车带来的经济要素流动速率提升对区域经济增长的带动作用

经济要素是指一个国家的经济制度、经济结构、产业布局、资源状况、经济发展水平以及未来的经济走势等。高速飞车的建设运营将会对区域经济结构、产业布局、经济发展水平以及未来的经济走势等产生显著影响。

我国的经济发展呈现不均衡状态，不利于我国未来的经济稳定发展。高速飞车的建成和运营，将于区域间经济的均衡发展发挥着重要的作用，促进区域间人员的流动，提高生产要素的集约程度，使得生产要素能够得到充分利用，经济发达的地区能够扩大发展范围，促进经济的整体提升发展。

与传统的交通基础设施投资相比，高速飞车的前期建设将需要大量的资金支撑，投资效应更加明显。增加高速飞车投资将会带动区域不同产业发展，扩大对内经济需求，对沿线区域起到一定程度的经济拉动作用，高速飞车建设时，这些经济要素的投入能够通过乘数的作用影响社会其他产业或其他部门的经济增长。高速飞车通车后，区域内人口频繁流动，加速信息、知识和技术在区域内的流通。经济发展较快的城市可以向相对欠发达的城市输入资金、信息、技术等要素，而欠发达的城市可以向其他城市提供劳动力资源，这样就有利于区域内资源合理利用，从而加速区域内经济流动，促进区域内的经济协调发展。

（2）高速飞车对于传统产业的影响

对于上游经济，高速飞车工程建设涉及高速飞车轨道、桥梁、隧道、路基等的建设，桥梁、隧道和路基等工程建设过程中，需要新型钢筋混凝土、防水混凝土等材料制成复杂的内部结构，在此过程中，需要消耗大量钢材、水泥、机械设备等原材料，对建筑材料、钢铁、非金属矿物制品、专用机械设备产业等具有明显的拉动作用。参照我国高铁动车组，我国新一代的高铁动车组独立的技术系统超过 260 个，设计生产动车组零部件的核心企业也超过 100 家，形成了一个庞大的技术研发系统，对于电气机械制造业、通信设备产业、运输设备制造业、机械设备制造业均产生十分积极的拉动作用。高速飞车运输服务主要功能是提供客运服务以及航行器运输组织，在客运服务过程中，需要建立旅客服务系统和票务系统，采用核心技术有计算机技术、网络技术、移动互联网技术等，这对于计算机设备、信息传输、软件服务等产业产生了拉动作用。运输组织主要进行日常调度指挥和运输计划编制工作，在此过程中，同时促进了轨道运输业的发展。并且，工程建筑、设备制造、运输服务技术均需要进行前期的研发设计，这对科学研究和技术服务业有着较大的影响。

对于下游产业，高速飞车的开通运营会对沿线旅游业、物流业、房地产、金融业等下游产业有明显的影响。针对旅游业，高速飞车实现出行方式和时间的变化，高速飞车具有较强的时间优势，为旅客出行提供了更多的选择，从而推动了旅客数量的增长。高速飞车的开通，可以改变旅游客源市场的空间格局，有效增加一日、两日游游客的数量，周末游市场显著扩大。此外，高速飞车开通推动了旅游业投资，实现旅游资源的优势互补，带动商务投资规模增加，增加发达地区旅游业的投资。针对物流业，高速飞车的开通可以促进不同区域间的货物流通，进一步使既有铁路线路的货运运能得到释放，运输能力明显提高，从而促进物流业的发展。针对金融业，由于金融业是人才密集型产业，人口流动和知识溢出能够促进金融业的发展，高速飞车开通后，时空距离的压缩带来了相应的投资机会，有利于资本市场的进一步发展。此外，通过促进人员和信息的加速流动，降低了信息不对称，有利于企业信息的流通传播，投资者获取信息的成本也随之降低，促进金融市场更加稳定，从而对金融业产生了前向推动作用。

（3）高速飞车对于新技术相关产业的影响

一个产业的发展往往是以某一核心产品为中心，带动一系列的相关企业，形成产业群，从而逐步提高创新能力，提高核心竞争力，进一步推动整个产业的发展。因此，我国高速飞车的研制和投入使用，首先对增强交通运输装备自主创新能力产生了重要影响，其次将形成以高速飞车为技术为核心的高新技术产业链，同时运输速度的提升还将对宏观经济、交通运输业以及交通运输产业自身产生一系列的拉动作用。低真空管道高速飞车系统是轨道交通领域面向未来的颠覆性技术，它既是一个超大型的系统工程，也是一个复杂巨系统，具有投资和工程规模大、技术难度大、层次和接口关系复杂、涉及学科领域众多的特征，其发展将带动大批新技术相关产业发展。低真空管道及真空产业，高速飞车及装备制造、通信产业，运控系统及电子通信产业，均为低真空管道高速飞车系统可能产生的新经济产业。我国高速铁路的庞大的市场需求将为相关高新技术产业的形成和发展提供有力的产业化保障。

（4）高速飞车对产业拉动的量化计算

利用投入产出模型，通过直接消耗系数、完全消耗系数、增加值系数量化计算体现高速飞车产业经济影响力。对于前向关联效应，产业的发展将会对交通运输业、金融业、批发零售、房地产、教育、商务服务等产业的发展有明显推动作用，与高铁、普通铁路的相比，高速飞车产业对于第三产业的影响更为明显。高速飞车的开通运营压缩了区域的时空距离，提高了可达性，大幅缩短了旅行时间，从而创造了更多的交易机会和工作机会，增加了沿线区域客流、吸引投资，从而为第三产业的发展提供更多机会，可以促进如旅游业、金融业、房地产业的发展。同时，高速飞车通过分流高铁、民航的客流量，有效释放了普通铁路的货运能力,进而促进了物流业的发展。由于高速飞车提升了运输服务质量并增强了运输能力,这也进一步促进了铁路运输业的繁荣。

高速飞车新一代交通产业,投入产出比相较传统交通领域更高。可以得到,总产出变化最多的前十个行业分别为铁路运输业、货币金融和其他金融服务等,在全部行业总产出变化的占比 65.32%;其次,所有产业部门中属于第二产业的部门在全部产业部门产出总增加量的占比为 59.43%;旅游、商贸、餐饮、购物、文化等第三产业部门产出在全部产业部门产出总增加量的占比为 39.28%,可见,第三产业部门的产出变化会受到高速飞车产业每单位新增投资更大的带动作用。高速飞车的建设投资会产生大量的市场需求,进而带动相关产业的产量增加、收入增长,促进整个国民经济的增长。

3.7.1.3 高速飞车对就业的拉动

高速飞车对劳动就业机会的增加主要表现在以下几个方面:

一是建设高速飞车本身需要投入大量的劳动力。参考铁路工程概论预算定额的统计分析,新建 1km 铁路需要投入 10 万个劳动工日。而高速飞车的施工更加复杂,需要投入的劳动力数量更多。

二是建设高速飞车需要投入大量的材料和机械设备,这种需求可以刺激社会生产力的发展。修建高速飞车需要大量的超导材料等原材料,这对于带动相关产业发展、并促进这些产业吸收更多的就业人数。

三是高速飞车的运营和维护也需要新增岗位和部门。

四是高速飞车的建设,必将带动电子、信息、超导磁浮、非稳态移动信号切换等前沿技术的发展,带动新能源汽车、新能源发电、高速轴承、无人驾驶等工业领域的创新发展。从而带动相关产业吸引更多的人就业。

五是高速飞车运营后,可以改善旅行条件,节省旅行时间,提高地区的通达性,从而改善投资环境,吸引更多的外资,创造更多的就业机会。以京沪通道为例,其沿线有许多全国著名的风景名胜和文物古迹,这势必带动这些沿线地区旅游产业的发展,从而带动相关产业就业发展。

预计高速飞车京沪线每年将带动超过 210 万人就业,包括 80 万个直接就业岗位和 130 万个相关产业就业岗位。

3.7.1.4 高速飞车对土地的增值

大型快速交通运输设施的建设对交通体系、产业结构布局、生产要素流通、资源节约和人类生活方式等产生了深远的影响。这些设施的建成显著提升了节点城市经济聚集度,进而推动了沿线土地价值的提升和房地产价格的增长。随着区域可达性的提高,区域铁路节点中心城市将逐渐发展为经济增长极,从而带动整个区域的经济发展,使得城市空间中土地价格的分布格局发生新的转变。铁路的运营使土地利用性质发生变化、土地开发强度增强。高速飞车建成后，在推进沿线经济腾飞的同时，还将显著提升高速飞车沿线城市土地经济价值。可达性的变化导致沿线城市区位发生变化，而区位的优劣又直接影响土地经济价值、生产力布局等。此外，高速飞车等轨道交通的建设对于形成城市发展轴线具有积极的推动作用，同时也带动城市中心区的强化作用，推进旧城改造和土地置换，提升沿线城市土地的经济价值效应。

假设2035年高速飞车建设开通运营，那么运营后沿线土地价值提升可分两部分计算：一是土地升值；二是房地产升值。

（1）计算土地升值

基于高速飞车建成后各个城市的广义交通成本，构建土地经济价值模型。如下：

$$M_i = \frac{P_i}{S} \times \frac{1-[1/(1+R)]^n}{R} \tag{3-4}$$

式中：M_i——城市 i 土地经济价值；

P_i——城市 i 广义交通成本；

S——城镇人均住房建筑面积，2018年城镇人均住房建筑面积为39m²（数据来源于住建部）；

R——中等风险程度建筑物年收益还原率，根据参考文献选取13%；

n——土地产权使用年限，取70年。

由此计算高速飞车沿线各城市广义交通成本、高速飞车建设沿线各城市的土地经济价值。

（2）计算高速飞车带来的沿线土地经济价值升值

高速飞车的建设势必会促进城市土地价值的升值，设高速飞车站升值区域为沿线车站的3km半径圈内，其价值可上升50%~200%。如果沿线综合开发做得好，会形成新的城市副中心，从而拉动当地社区经济和社会的全面发展。按照每个城市建设一座高速飞车车站，则可辐射升值区域约为9km²，按照升值150%计算，则升值土地约有13.5km²。则2035年高速飞车带来的土地经济价值增值为272.36亿元。

（3）计算房地产升值

在时间上，铁路对沿线房产价值的影响由大到小依次为运行期、建设期和规划期，并且随着运营程度和时间长度的增加而增强。有研究结果表明，铁路开工和竣工运营是影响房地产价格幅度的两个重要时间峰值点。在空间维度上，铁路运营期对房地产价格空间影响范围较大，而运营和规划期的空间影响范围较小；同时，越是经济不发达、基础设施不完善的城市，其房地产价值受到高速飞车建设的影响越大。

每个城市一座高速飞车车站可辐射升值区域约为9km²，按照升值150%计算，则升值土地约有13.5km²。若可升值土地上的平均建筑容积率为3，则可建筑面积为0.41亿m²。

假设北京、上海、南京有高速飞车后的房地产可增值 800 元/m²，济南开通高速飞车后的房地产可增值 1000 元/m²，则高速飞车建设带来的房地产升值为 1394 亿元。

综上，如果高速飞车 2035 年开通运营，那么将带来土地价值提升 1666.36 亿元，将增值平均到 15 年，相当于年创效益 111.09 亿元。

3.7.1.5　高速飞车对时间价值的节省

旅行时间价值的研究在交通运输项目中具有非常重要的经济意义，它是国民经济评价的一个重要方面，在交通建设项目投资中，整个可计算效益中相当大的一部分是以时间节约形式体现的。

（1）出行时间价值模型

生产法、收入法是目前应用较为广泛的出行时间价值计算方法。此处将生产法和收入法相结合，综合计算旅客的时间价值。

假设固定职业者的工作、商务出行所占比例为 β，则固定和非固定职业者的非工作出行比例为 $(1-\beta)$，时间价值的票价可以表示为：

$$R = \text{GDP}/(P \times T) \times \beta + \text{INC}/T \times (1-\beta) \tag{3-5}$$

式中：GDP——国内生产总值，元；

　　　P——年均就业人数；

　　　T——个人年均工作小时数，小时；

　　　INC——个人年收入，元；

　　　β——固定职业者的工作、商务出行所占比例；

$(1-\beta)$——固定和非固定职业者的非工作出行比例。

（2）出行时间价值计算

按照全国平均水平（即数据来源于全国统计数据），根据生产法和收入法计算得到高速飞车旅客的综合时间价值。此外，不同地区经济发展水平、人均收入不同，每个人的时间价值也会存在差异性。根据目前已有相关研究和文献，利用各城市统计公报以及网络数据统计人均 GDP、居民年末储蓄存款、在岗职工平均工资、职工平均工资、城镇居民可支配收入、人均社会消费品零售额等指标，进行聚类分析计算得出各档中心城市的人均时间价值。按照已经建立的模型，利用生产法和收入法计算沿线城市旅客出行时间价值。

根据历年国家 GDP 增长率与人均可支配收入增长率来看，基本上增长幅度相近。未来随着国家经济的持续增长和人均收入的提高，可以预见人们的出行时间价值会越来越高。

（3）2035 年客运量预测

根据高速飞车 2035 年客流需求预测，届时高速飞车年均客流需求约 4379 万人次，这些客流量主要来自：原来选择高铁转为高速飞车的乘客、原来选择航空转为高速飞车的乘客、高速飞车本身吸引的乘客。

(4）时间节约计算

根据统计可得到，面向各设站区间，选择高速飞车出行比选择高铁、航空出行节约的时间，以及快速性、便捷性、舒适性对应时间。快速性为城市 A 到城市 B 选择某一交通工具的行驶时间；便捷性为在城市 A 到城市 B 市内交通的乘坐时间与车站（机场）的进出站、候车等时间等；舒适性指疲劳恢复时间。

（5）时间价值效益计算

若 2035 年高速飞车建成运营，则仅每年乘客由高铁、航空等转乘高速飞车这一项所带来的时间节约效益计算公式和结果如下：

$$C = Q \times R \times T \tag{3-6}$$

式中：C——时间节约效益；

Q——城市由高铁或航空转乘高速飞车的客运量；

R——时间价值的票价；

T——由高铁或航空转乘高速飞车所节约的出行时间。

根据沿线各站点之间的客流预测、各站点间的旅客出行时间节约时间以及 2035 年旅客出行时间价值计算，若 2035 年高速飞车开通运营所能够带来的时间节约效益约为 118.34 亿元。

3.7.1.6 高速飞车对经济地理重塑作用

高速飞车相比传统交通方式，在运行速度上有进一步的提升，通过打造新的时空认知，对社会经济地理起到了重塑作用。

一方面，带来新的生活方式。高速飞车使城市边界进一步被打破，空间距离进一步被淡化。借助市内交通的有机衔接，大幅缩短点到点的旅行时间，从而深刻改变沿线城市居民的工作与生活方式。沿线城市共同打造"同城"高铁公交化通道，使得人们的活动范围、资源分配和利用范围拓展到整个城市群，改变人们活动空间的认识和对传统城市边界的理解。根据相关研究和预测，高速飞车开通后出行频率强度逐渐增加，特别是高端商务出行，每天和每周商务出行的人数明显增多。在未来出行频率强度的分类中，预计每月往返 2~3 次、每周往返 1 次、每周往返 2~3 次，这三类的高端商务出行人群增长最多，分别增长 8%、7%、5%。此外，在可承受的时间成本与资金成本下，都市圈一体化效应增强，使得在大城市工作，在小城市生活成为可能，高速飞车带来的快速、便捷的交通连接，全面覆盖主要城市群之间商务出行交通圈，从而构成人们新的生活方式。

另一方面，资源获得重新分配。高速飞车将加快人流、物流和资金流在城市间/城市群间的流动，各类资源在交通节点、交通干线、交通圈内重新分配，且随着高速飞车影响半径的延长，区域内的经济联动更加密切。高速飞车的建设和运营将极大地提高区域内外进行社会经济和技术交流的机会与潜力，其"轴"状的连接，不仅会加强沿线中心城市和边缘城市的联系，扩大中心城市影响力，还为不同地区经济发展创造条件。其建设发展，不仅能够消化过剩产能，拉动经济增长，增加就业机会，而且能够带动关联产业转型升级，形成高速飞车产业集群，提高我国相关产业在全球价值链中的地位。此外，高速飞车的建设和运营还将为推动我国产业结构优化升级发挥重要作用，通过"倒逼机制"促进城市综合服务以及整个旅游产业链的完善。高速飞车促使不同区域、部门、企业之间产生同城化和一体化效应，有助于协同分工与合作，使得生产要素更容易突破原有传统行政区域的限制，实现在一个更广阔的经济区域内的流动和优化配置。

3.7.2 社会效益分析

中国铁路尤其是高速铁路迅猛发展，取得了举世瞩目的成就，在铁路事业只争朝夕、快马加鞭的发展中，带给了全国人民群众实实在在的幸福感，也极大地增强了他们的获得感。2019 年我国铁路全年完成旅客发送量 36.6 亿人次，比上年增长 8.4%，旅客周转量 14706.60 亿人公里，增长 4.0%；全国铁路完成货物总发送量 43.2 亿吨，比上年增长 7.3%，货物总周转量 30074.70 亿吨公里，增长 4.4%。由以上数据可知铁路的发展在人便其行、货畅其流中起到至关重要的作用。我国地域辽阔，铁路运输以其绿色环保、运量大、全天候、受环境气候影响小等特点，很好地满足了不同地区人民群众的出行需求和物流运输。随着我国铁路建设步伐的加快，铁路网日益密集和完善，尤其是中西部地区，铁路的发展对于推动地区经济的增长和帮助人民群众脱贫致富起到了显著的带动作用。未来，高速飞车的建设和运营将为人们提供更快速、更便捷、更全面的出行方式和体验，对于促进我国经济社会发展、提升人民生活质量以及增强国家综合实力产生重要影响，具有显著的社会效益，势必进一步加强人民生活的幸福感和民族自豪感。

（1）高速飞车将极大地缩短时空距离

高速铁路线路就是经济发展带，我国高铁经过多年的持续快速发展，从跟跑者成功实现弯道超车，目前已经成为世界高铁领域的领跑者。高铁网络的延伸极大地缩短了不同地区之间的时空距离。展望未来，高速飞车将利用其速度优势进一步打破空间障碍、显著缩短时空距离、实现沿线地区的快速通达，改善人们的生活；同时将承担起促进周边地区经贸发展、区域文化交流、国际合作等重要任务；有利于促进各地区之间的人员流动和经贸往来，促进国家的长期繁荣稳定和沿线地区间的优势互补、互助协作和一体化发展。

（2）高速飞车为人民提供更快速安全的出行体验

高速飞车作为高速磁浮和管道运输的结合体，未来公铁水航的部分客货运输均可由其完成，而且与普通高速铁路相比速度更快，比飞机效率更高；其运行环境为低真空密闭环境，受暴风、雨雪等恶劣天气影响较小，车内和外界噪声低，航行器运行可靠性、安全性更高。未来高速飞车将成为其他运输方式的补充或功能的延伸，承担较大比例的客货运输任务，提升全社会的整体效率，通过提供前所未有的交通服务，为人民提供更加快速、平稳、安全的出行体验，同时对经济社会发展产生重大作用和深远影响。

（3）高速飞车的建设将丰富人民的生活

交通的速度和效率是决定国家和区域人民生活圈规模的关键因素。在城市活动中，道路的通畅程度和交通系统的工具选择直接影响着居民生活圈范围。未来，高速飞车将缩短沿线中小城市与大城市之间的距离，促进沿线城市的交流，从而改变人民的生活方式、工作方式和学习方式，使得一部分大城市居民考虑周边卫星城市或二三线城市的职业，实现两城一家的生活方式。高速飞车不仅有助于缓解大城市人口压力和环境治理问题，还将降低人民的生活成本、提高生活质量。高速飞车的快速出行能力将提高人民业余时间的利用率，周末及节假日就可以实现地区间探亲、访友、踏青、赏花、旅游等，从而提升人民的幸福指数。总的来说，高速飞车的发展将为人民的日常生活带来深远的积极影响，推动社会向更高效、更宜居的方向发展。

（4）高速飞车为人民提供更优质的出行服务

铁路的快速发展伴随着服务模式的不断创新，高科技产品的应用日益广泛。如今，通过刷脸快速进站、电子客票、移动支付、高铁外卖直接送达座位，以及无人商城、无人餐厅的推出，使人们的旅途体验变得丰富多彩。当今时代，是智能科技飞速发展的时代，未来的高速飞车将整合智能科技和尖端新技术，以适应多元化的市场需求，围绕智能组织调度、电子交易、智能服务等优质项目，进一步提高服务理念、服务水平，根据人民需求与时俱进，积极探索"智能+"的多方面的应用。在站车服务方面，增加智能车站、智能化服务设施、网络服务应用等，将给人民带来更优质便捷的出行服务，进一步提升人民的幸福感。

4

航行器

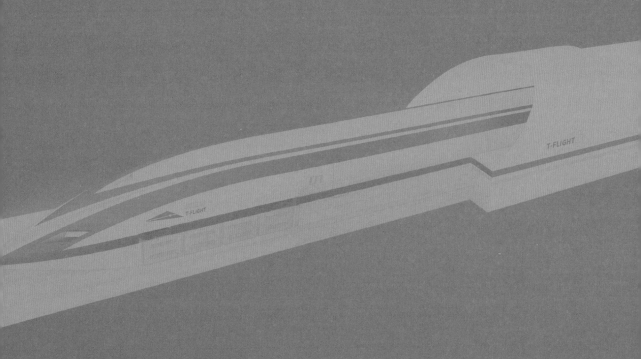

超高速低真空管道
磁浮交通系统

4.1 概述

航行器是高速飞车的分系统之一，相比于传统轨道交通，航行器具有超高速、低真空航行、强磁场、超导电动悬浮等技术特点。航行器在运行控制系统指挥和安全防护下，根据预设的运行场景，通过地面悬浮推进系统实现高速运行，同时为乘客提供安全、舒适的乘坐环境。航行器由舱体系统、悬浮架系统、舱载电气系统、环控与生保系统及内饰与设备五大系统组成，如图4-1所示。

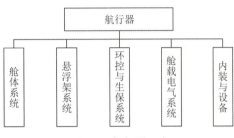

图 4-1 航行器组成

4.2 航行器总体

航行器可单节或2～8节灵活编组在真空管线系统提供的低真空管道内运行。运行加速过程中，悬浮推进系统的地面模组与超导磁体相互作用提供牵引力，航行器速度较低时，电磁悬浮力和导向力尚不足以支撑航行器悬浮和导向，此时航行器利用悬浮架上的支撑导向系统提供机械支撑力和导向力；当加速至起浮速度时，运控系统发出起浮指令，支撑导向系统收起，航行器在重力作用下下沉，达到电磁悬浮力和导向力的平衡，实现悬浮运行；减速过程中，悬浮推进系统提供电制动力，当减速至降落速度时，运控系统发出降落指令，支撑导向系统放下，航行器在电制动力和支撑导向系统的机械制动力作用下实现精准制动。

航行器各系统主要功能如下：

舱体系统：在满足美观的同时具备低阻力气动外形；舱体具有低漏率、高密封性，采用隔热降噪的结构设计为舱内乘客提供常压旅行环境并为舱载设备提供装载接口；通过磁屏蔽设计使舱内乘客区磁场强度符合国家标准的规定；设置补给维护接口便于冷媒补给、磁体励磁与抽真空等操作。

悬浮架系统：传递牵引、制动、支撑、导向等载荷，在低速阶段为航行器提供机械支撑和导向能力，紧急工况下缓冲吸能并提供临时机械支撑与导向能力，在全速域范围内隔离和衰减航行器因线路不平顺、磁轨力波动等外界激扰而产生的振动，保证航行器的运行稳定性和平稳性。

舱载电气系统：通过无线传能和蓄电池保障航行器用电，具备应急供电功能满足航行器应急供电要求；地面运控通过舱载运控设备将指令发送至航行器控制和管理系统，实现航行器的自动运行控制，同时为客舱提供照明、娱乐、信息显示、充电等服务。

环控与生保系统：为乘客提供生理活动所需氧气、维持客舱内环境总压，将来自舱内的回风进行一定的温度、湿度和流量调节，与新风进行混合后送入客舱实现温湿度调控，保证乘客的热舒适性及设备正常工作，同时对客舱内污染气体进行净化过滤。

内装与设备：为乘客提供舒适、便捷的旅行空间的同时，还提供优质的广播、图文、视频信息服务。

典型的整体布局如图 4-2 所示，其客舱为一个独立的密封区间，包含控制设备安装区、功能舱区、乘客区等；乘客区座椅采用"2+2模式"布局，每节舱体可根据需求设计成商务客舱或普通客舱；客舱区顶部和底部为环控与生保系统的送风和回风道，顶部两侧区域设计两列小型行李储物柜，供旅客在旅行过程中单独储存个人随身物品；悬浮架嵌入舱体内，其两侧形成凸台，凸台上安装设备，凸台中间为便于设备检修设有人行通道；在乘降门区域设置大件行李架，航行器在停靠换乘时，通过站台区设置的接驳廊桥与航行器各节舱体换乘区的换乘舱门密封连接，建立常压环境后乘降门打开，旅客可以由此实现快速上下；舱体两端设置有设备安装区，用于安装运控设备、舱载电源设备、航行器网络控制和管理设备、舱载功能服务设备；部分设备安装在舱体底部的非密封舱。

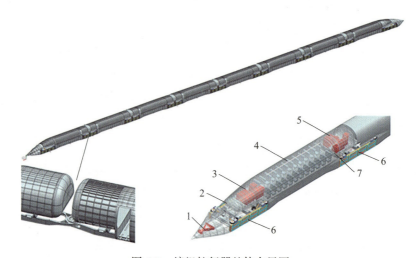

图 4-2 编组航行器整体布局图

1-钩缓装置；2-球盔框；3-控制设备安装区；4-乘客区；5-悬浮架上方设备安装区；6-悬浮架；7-乘降门

4.3 舱体系统

4.3.1 组成与功能

舱体系统包括航行器头舱、尾舱、中间舱以及舱间连接装置，系统组成如图 4-3 所示。

舱体系统各组成主要功能如下：头舱/尾舱/中间舱：在满足外形美观的同时具备低气动阻力功能，气动冲击满足悬浮力和导向力波动要求；各舱采用的密封客舱具备低漏率、高密封功能，头舱高温区具备热防护功能；具备磁屏蔽功能，乘客区磁场强度符合国家标准的规定；满足轻量化要求的同时具备承受各向载荷的功能，同时为舱载设备的安装、检修提供接口。

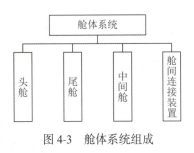

图 4-3 舱体系统组成

舱间连接装置：具备柔性密封连接功能，实现前后舱之间的密封连接；具备舱间载荷传递功能，实现前后舱之间的牵引、制动等载荷的传递，同时满足曲线通过要求。

4.3.2 气动外形

航行器以高亚声速在管道约束空间内运行时，其主控流动特征是航行器与管道高速相对运动导致的气流壅塞效应，这与高铁等轮轨类交通工具流动特性差异较大，导致航行器面临着气动阻力、气动热、气动噪声、气动载荷的急剧增大等一系列空气动力学问题。气动布局优化设计是航行器设计过程中必须考虑并解决的关键技术问题。

管道内气流壅塞的产生主要受到阻塞比、航行器运行速度等因素影响，航行器高速运行过程中在管道内形成的典型壅塞流动结构如图 4-4 所示。航行器高速运动诱导产生的激波、稀疏波等复杂波系沿着管道空间传播，极大延展流动的空间、时间尺度，形成以航行器为中心可绵延百公里级的复杂流场。

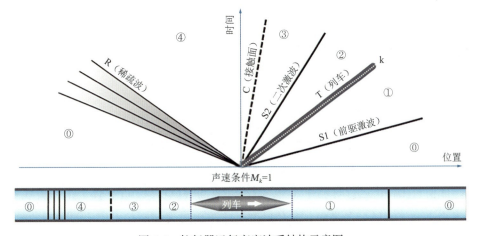

图 4-4 航行器运行壅塞波系结构示意图

航行器气动布局设计必须充分考虑气流壅塞带来的新型气动力/热/噪声/载荷等复杂问题，还应该广泛吸收高速列车以及各类先进飞行器的设计经验，国内外典型的高速列车设计外形如图 4-5 所示，其气动布局设计表现出了较强的共性特点：外形与装载空间的协调，气动性能参数的匹配，外观的美学属性。

a) 日本山梨线 L0 系列超导磁浮列车

b) 中车四方高速磁浮列车

c) 中车长客高速磁浮列车

d) 西南交大高速磁浮列车

图 4-5　国内外高速列车气动外形

基于航行器对装载、性能、美学等设计要素的需求，航行器气动布局的设计需要遵循以下基本原则：

流线型设计：头型设计应符合流线型原则，航行器曲面光滑过渡以满足平顺性要求，并充分考虑空气动力学性能，减小航行器的气动阻力、气动升力、气动噪声、气动载荷等。

承载性设计：航行器头型和整流罩需考虑结构具有良好的传力路径，同时避免内部结构直接遭受气流冲击，设计同时要考虑内部的乘员/货物等装载特性，满足航行器功能化要求。

美观性设计：航行器设计要充分考虑民族情感，注重文化和技术融合，从几何线条及涂装设计的角度呈现科技感、未来感、速度感及安全感，塑造具有人文精神的表达。基于上述原则设计的航行器气动布局概念图如图 4-6 所示。在减阻设计方面，采用尖前缘的头部外形，有利于在高速运行时破开气流，减小迎风面气流积聚；在整体上采用流线型造型，有利于气流平顺流过航行器表面，避免局部气流阻碍过大；底部采用从前到后的整体平面造型，使气流在底部流动过程中的流通面积变化不大，避免气流积聚。在降噪设计方面，对航行器头型进行气动噪声优化设计，对气流进行分流，改善流场分布情况；通过增大头部流线型部分的长细比及优化头部断面形状来改善气动性能，进而在一定程度上降低航行器气动噪声；对悬浮架区域进行流线化和平顺化处理，使其与舱体部分光滑过渡，减弱分离涡的尺度和强度，进一步降低航行器的气动噪声。

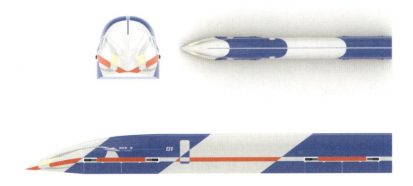

图 4-6 航行器气动布局概念图

4.3.3 结构设计

舱体系统结构具备载客、设备装载和载荷传递功能，同时需确保满足结构密封、磁屏蔽等性能要求，参考现有交通工具，可采用的结构方案包括金属舱体方案和复材舱体方案。

4.3.3.1 金属舱体

金属舱体（图4-7）由密封客舱、非密封设备舱、乘降门、贯通梁及整流罩等组成，头舱、尾舱整体布局相比中间舱增加了气动外形。客舱框梁结构安装在贯通梁上，蒙皮与客舱框梁结构通过铆钉连接并利用密封胶密封，内饰结构安装层与框内缘条铆接，球盔框安装于客舱端部，贯通梁端部设置铰接盘和枕梁，前后舱体通过铰接盘铰接安装后通过枕梁支撑在悬浮架空气弹簧上。

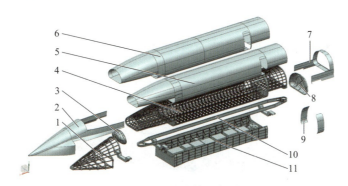

图 4-7 金属舱体示意图

1-整流罩框架；2-整流罩（前）；3-球盔框（前）；4-框架结构；5-内饰结构；6-蒙皮结构；7-整流罩（后）；8-球盔框（后）；9-乘降门；10-底部纵梁；11-设备舱及设备

金属舱体由长桁和框组成的框梁结构承受总体载荷并保持航行器外形，贯通梁纵贯整个舱体，起到传递纵向载荷并承担舱体垂向载荷的功能，贯通梁末端通过枕梁与悬浮架空气弹簧连接，实现横向和垂向载荷传递。

蒙皮采用铝合金材料，构成航行器客舱外形，并承受分布的气动载荷及内压，同时亦是承受扭转的主要构件。为进行轻量化设计，根据区域所受载荷的不同采用不同的蒙皮厚度。

舱体对密封有较高要求，将密封客舱的密封等级定为绝对密封，要求所有的孔、缝隙、下陷、接合处以及紧固件进行密封处理。密封结构借鉴民航飞机采用的聚硫型密封胶体密封方式，根据舱体的不同结构形式，按照贴合面密封、填角密封以及紧固件密封等方式进行密封。

为获得足够的承载/推进/制动能力，超导体磁体中心磁场强度高，根据国家标准的规定，人员长期暴露的安全磁场强度限值为 40mT，如果考虑心脏起搏器等人体携带的特殊电子设备，磁场强度需降到 0.5mT 以下，因此需要舱体具有磁屏蔽功能以保证乘客的安全。增加磁屏蔽层后，客舱及悬浮架上方区域磁场强度分布满足指标 0.5mT 要求（图 4-8）。

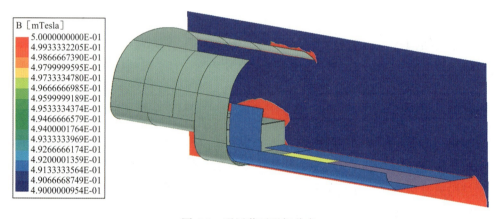

图 4-8　磁屏蔽后磁场分布

4.3.3.2　复材舱体

复材舱体（图 4-9）采用三段式全密封设计，由密封头尾舱、密封客舱、头罩、乘降门、磁屏蔽结构等部分组成。具备各向承载、整流维形、保压密封、隔热降噪、磁屏蔽、检修维护等能力。

图 4-9　复材舱体示意图
1-头罩；2-密封头尾舱；3-密封客舱；4-磁屏蔽；5-乘降门

密封客舱（图 4-10）采用全密封式结构，舱内通过高模量碳纤地板分隔客舱与设备舱，地板底部设置设备吊装接口，前后端底部隔离出非密封段，装载部分设备。主体结构采用"碳纤蒙皮框梁＋泡沫"填充形式，环向布置纵梁、纵向均布环框形成网格骨架结构，蒙皮框梁与泡沫一体固化，形成整体结构。主密封舱前后端框、二位侧乘降门框、底部检修口盖周向预埋不锈钢板做加强对接法兰，法兰加工双层密封槽用于结构密封。舱体头、尾、底部螺接碳纤一体成型牵引座，纵向载荷直接传递到舱体底部纵梁。

密封头舱与尾舱结构形式相同，除主体密封段外，头部位置设置一小段非密封段，与密封段径向对接。密封段头部设置球盔面结构满足内压承载。结构本体采用碳纤蒙皮框梁＋泡沫填充结构，与主密封舱结构形式一致。舱体底部设置空气弹簧接口，传递悬浮架垂向力，如图 4-11 所示。

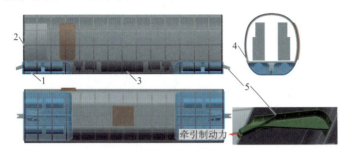

图 4-10　密封客舱示意图
1-非密封段；2-密封法兰；3-密封设备舱；4-客舱地板；5-牵引座

图 4-11　密封头/尾舱示意图
1-空簧接口；2-非密封段；3-球盔面；4-隔框；5-密封法兰；6-纵梁；7-对接面

4.3.4　舱间连接装置

编组航行器之间通过舱间连接装置连接，舱间连接装置主要包括柔性密封贯通道和钩缓装置/铰接装置。柔性密封贯通道将前后舱体密封连接起来，同时适应航行器在曲线、振动等因素作用下产生的相对位移；外侧风挡用于保持航行器气动外形，若前后舱体之间不进行贯通，可只安装外侧风挡保持外形。钩缓装置/铰接装置用于前后舱体之间载荷的传递，可根据航行器的总体设计进行灵活选择。

4.4　悬浮架系统

4.4.1　组成与功能

悬浮架系统由悬挂系统、构架、支撑导向系统以及超导磁体及附属设备组成（图 4-12），超导磁体及附属设备归属于悬浮推进系统，安装在悬浮架上。

悬浮架系统的主要功能如下：

悬挂系统：在全速度范围内为航行器提供减振功能，实现悬浮架与舱体的弹性连接并传递各向载荷，保障航行器运行稳定性与平稳性。

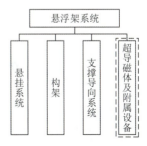

图 4-12　悬浮架系统组成

构架：承载并传递航行器运行时的传递牵引、制动、支撑、导向等载荷，为舱体系统、超导磁体以及悬浮架各子系统等提供安装结构。

支撑导向系统：在低速阶段为航行器提供机械支撑和导向功能，紧急情况下缓冲吸能，并临时提供支撑与导向功能，同时具备常用机械制动、紧急机械制动、驻车制动以及接地功能。

超导磁体及其附属设备：与地面模组相互作用，为航行器提供牵引力、电磁悬浮力、导向力、电制动力。

4.4.2 悬挂系统

悬挂系统在全速域范围内隔离和衰减航行器因线路不平顺、磁轨力波动等外界激扰而产生的振动，保证航行器的运行稳定性和平稳性。日本在超导磁浮试验车上对多种悬挂方式进行了研究，结果表明传统的两级被动悬挂应用在超高速电动磁浮上时其舒适性存在改进空间。为了提高超高速运行时的乘坐舒适性，可采用两种主要的改进措施，第一种措施是将超导磁体与构架弹性连接，即在超导磁体和构架之间安装空气弹簧和减振器；第二种措施是在超导磁体上安装阻尼线圈并在悬浮架和舱体之间安装主动/半主动悬挂装置，两种方案均被证明可提高乘坐舒适性，其拓扑可简化如图 4-13 所示。

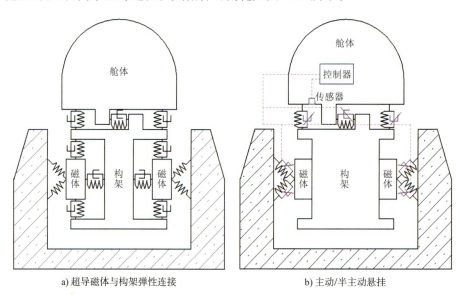

a) 超导磁体与构架弹性连接　　　　b) 主动/半主动悬挂

图 4-13　悬挂系统改进措施

超导磁体与构架弹性连接存在系统结构复杂、增加簧下质量等缺点，同时其难以降低一系悬挂自然频率附近区域的加速度增益，采用主动/半主动悬挂可同时降低一系悬挂和二系悬挂自然频率附近区域的加速度增益，在较大的频率范围内有减振效果，考虑到高速飞车运行速度更快，其悬浮架系统可考虑采用该种悬挂方式。

可供参考的主动/半主动悬挂系统由空气弹簧装置、横向止挡、中央牵引装置、横向被动减振器、垂向被动减振器、横向半主动减振器、垂向主动作动器、可控阻尼线圈以及采集控制系统组成。空气弹簧装置通过高压供气装置供气，采集控制系统安装在舱体设备舱内，其根据采集到的航行器状态信息按照控制策略进行计算，使得悬挂装置能够根据被控对象的运行情况动态调整阻尼和施加作用力，调节系统的响应从而满足期望的性能要求。

4.4.3 构架

构架是悬浮架的主承力结构，用以联系悬浮架各组成部分和传递各向载荷。高速动车组或常导磁浮多采用 H 形、日字形或口字形构架（图 4-14），原因在于这些结构属于"柔性"结构，当有集中载荷作用到构架上时，"柔性"构架能通过自身的变形将集中载荷传递到其他部分，防止应力集中导致裂纹出现。

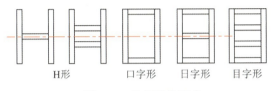

图 4-14 构架结构形式

高速飞车构架需要兼顾低速滑跑、高速悬浮、应急防护等复杂工况，其载荷复杂、安装机构与设备数量较多，宜采用承载能力强且便于设备布置的目字形构架，由于高速飞车悬浮运行，其应力集中情况较轮轨车辆有显著改善，同时通过结构优化设计解决薄弱部位的强度问题。以一种可选的目字形构架为例（图 4-15），该构架由端梁、横梁、侧梁以及若干安装座组成；其端梁、横梁由型材和板材焊接而成，焊缝均为对接焊缝，同时降低了焊缝数量；侧梁为整体机架，其接口处起筋与横梁、端梁形成对接焊缝，在提高焊缝许用强度的同时降低了焊缝处的应力集中。

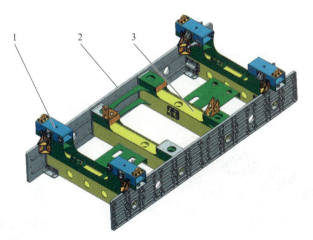

图 4-15 目字形构架示意
1-端梁；2-侧梁；3-横梁

4.4.4 支撑导向系统

支撑导向系统包含常用支撑导向系统和应急支撑导向装置，常用支撑导向系统在正常运行时为航行器提供机械支撑、导向以及制动功能,应急支撑导向装置在故障时缓冲吸能并提供临时机械支撑与导向功能。

4.4.4.1 常用支撑导向系统

航行器采用超导电动制式,低速运行时电磁悬浮力和导向力尚不足以支撑航行器悬浮和导向,需利用可收放的常用支撑导向装置提高支撑导向力,在达到起浮速度后常用支撑导向装置收起,同时在减速阶段提供机械制动力。

由于承载大、运行速度高、制动能量高且需要收放,常用支撑导向系统宜参考飞机起落架系统开展设计。一种可选的常用支撑导向系统由支撑轮总成、导向轮总成、支撑导向液压装置以及支撑导向驱动控制装置组成,其中支撑导向控制装置安装在舱体设备舱内。

支撑轮总成由收放作动筒、机轮(含制动装置)、轮胎、摇臂、轮轴、接地装置等组成,导向轮总成(图4-16)由伸缩作动筒、轮叉、机轮、轮胎等组成。总成各部件均采用不导磁材料,制动盘采用碳/碳复合材料,轮胎采用航空无内胎轮胎,可在低真空强磁场环境下正常工作。

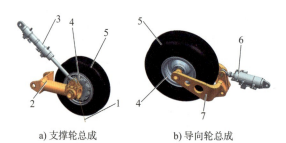

a) 支撑轮总成   b) 导向轮总成

图 4-16 支撑轮总成和导向轮总成示意图
1-接地装置;2-摇臂;3-收放作动筒;4-机轮;5-轮胎;6-伸缩作动筒;7-轮叉

支撑导向液压装置(图4-17)包含电机泵组件、增压油箱、阀组、同步马达等部件。支撑导向驱动控制装置接收舱载运行控制系统指令后,驱动并控制支撑导向液压装置各部件作动,完成收轮、放轮、制动、驻车等指令,并将工作状态信息上传。

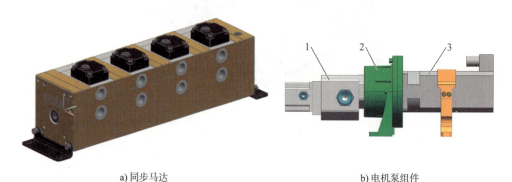

a) 同步马达   b) 电机泵组件

图 4-17 典型液压设备示意图
1-双联泵;2-钟形罩;3-中机

4.4.4.2 应急支撑导向装置

航行器在故障工况如失超时损失部分电磁悬浮力和导向力，存在撞轨风险，由于常用机械支撑导向系统最大使用速度一般不超过 500km/h，无法覆盖航行器的整个运行速域，此时需要利用应急支撑导向装置缓冲吸能并提供临时机械支撑与导向能力，速度降低到许用范围后常用支撑导向系统可介入工作，实现安全制动。

应急支撑导向装置（图 4-18）可分为滑橇式和滚轮式，滑橇式的应用一般对轨道精度要求较高，如火箭橇等；滚轮式对轨道精度要求低于滑橇式，应用时需解决轴承在磁场中高速旋转带来的涡流热、电蚀、油脂固结等问题，同时航行器需依靠其他方式提供制动力。以滚轮式应急支撑导向装置为例，应急支撑轮和应急导向轮安装在悬浮架端梁四角，其均采用陶瓷轴承并外套金属橡胶衬套缓冲吸能。

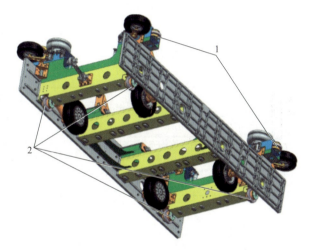

图 4-18 应急支撑导向装置安装示意图
1-应急支撑轮；2-应急导向轮

4.5 舱载电气系统

4.5.1 组成与功能

舱载电气系统由舱载供电系统、航行器控制和管理系统、辅助系统组成（图 4-19）。

舱载电气系统各组成功能如下：

舱载供电系统：为航行器各用电系统、设备提供足够的电能，具备应急供电功能满足航行器应急供电要求。

控制与管理系统：根据运控或人工指令对航行器各主要系统进行逻辑控制并对其状态信息进行监测，同时具备故障诊断、数

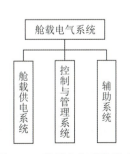

图 4-19 舱载电气系统组成

据记录等功能。

辅助系统：具备视频监测功能，实时检测舱内及重要设备状态；服务与娱乐功能，提供照明、影音娱乐、状态信息显示、乘客引导、充电、广播等服务；应急保障功能，提供紧急对讲、火灾报警、紧急广播、应急照明、安全指示标识等服务，在紧急情况下确保乘客生命安全。

4.5.2 舱载供电系统

4.5.2.1 功能与组成

舱载供电系统为航行器中悬浮架系统、环控与生保系统以及内装与设备系统等所有舱载用电设备提供电能，保证航行器正常航行和故障航行时所需要的电能。

舱载供电系统包括了发电装置及蓄电池储能系统、供配电系统等相关部件及设备组成（图4-20），其中发电装置包括无线传能、谐波发电等两种技术途径。供配电系统根据航行器运行工况，动态调整供电模式，为航行器所有用电设备进行供电。

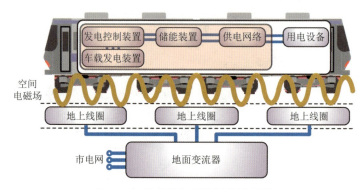

图4-20 舱载供电系统组成示意图

4.5.2.2 技术特点

航行器与传统轮轨列车不同，航行于低真空管道中，且航行器高速航行的时候，处于悬浮状态，此时与飞机航行状态相似，因此无法通过传统的受电弓、集电靴等从地面接触网获得电能，只能考虑采用自备电源的"能量孤岛"型供电模式或者非接触式供电方式。

（1）长续航、大功率的用电需求与轻量化的矛盾

一方面随着旅客对旅行舒适性的要求越来越高，舱载设备用电功率越来越大，另一方面，考虑长达干线中途应急供电（紧急停车、求援等待、求援运行等）的需求，导致舱载供电系统输出容量大幅度增加；供电容量增加，导致设备重量和体积也同步增加；而磁浮悬浮重量有限，必须尽可能降低设备的重量。因此，舱载供电系统在设计过程中在满足功能性能需求的条件下，系统方案设计要尽可能简洁和轻量化。

（2）复杂场景的安全可靠与控制逻辑

舱载供电系统需要覆盖全线路运行过程，以确保航行器供电可靠安全，但是航行器在运行过程中要经历过渡舱、正线以及车站复压等环境，环境对设备提出更加苛刻的要求，同时航行器实际运行条件存在临时放行、强制制动、关闭电网、干扰运行等应急场景，对供电系统的控制管理要求很高，必须采取合理的控制措施和接入时机，保证航行器供电的安全性和可靠性。

基于以上技术特点，舱载供电系统的设计思路如图 4-21 所示。

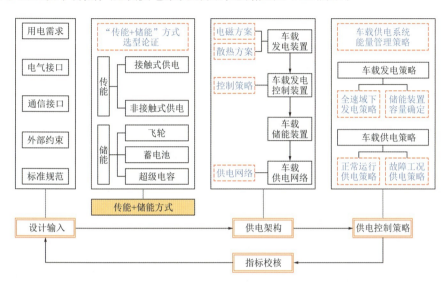

图 4-21 舱载供电系统设计

4.5.2.3 电网架构

舱载供电系统主要有集中式和分布式等两种供电架构。舱载供电系统为 2~8 节铰接灵活编组的航行器中全部用电设备供电。集中式供电采用集中单一发电装置进行独立供电，无论航行器编组数量多少，供电电源均放置于首节或末节。在 8 节铰接的情况下，首、末节会由于供电电源的重量增加造成航行器各节重量分配不均，且中间节供电距离较长，线路压降较大。分布式供电架构由多个小功率发电装置并联供电，将航行器供电系统按照编组数量均匀布置于各节，有利于模块化设计。此外，航行器的发电装置主要采用无线传能和谐波发电等技术，均匀分布在悬浮架或者车厢底部，较为适合使用分布式电网，将各个发电设备接入电网中，不存在供电线路压降大的风险；分布式架构可以将各节母线并网处理，当单个发电装置故障，只需切除故障单元，而供电不会发生跌落和断电，从而提高供电可靠性。因此，航行器应采用技术更加先进的分布式供电架构，形成功能自愈的微型电网，如图 4-22 所示。

根据分散供电架构设计思路，航行器形成 DC600V 直流网、AC380V 交流网和低压控制三层电网架构。DC600V 直流网由蓄电池和发电装置进行电能供给，AC380V 交流网由逆变电源将 DC600V 转换为 AC380V 进行电能供给，低压控制网由直流变换电源将 DC600V

转换为低压进行电能供给。

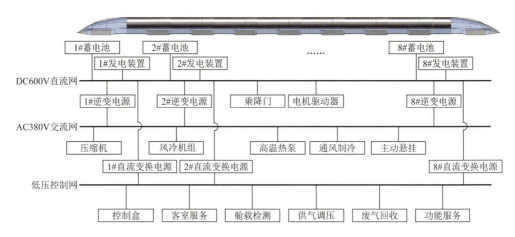

图 4-22 航行器分散供电架构

DC600V 直流网用电设备通常为逆变类负载，例如电机驱动器；AC380V 交流网用电设备通常为交流电机类负载，例如压缩机、热泵等；低压控制网用电设备通常为检测控制类负载，例如控制盒、舱载检测设备等。

4.5.2.4 无线传能系统

无线电能传输技术基于电磁感应原理，通过在发射线圈中通入高频电流，在空间中激发高频电磁场，在接收线圈中产生感应电动势，从而实现电能从发射端无接触传输至接收侧。目前大功率无线传能技术主要有电磁感应式、电磁共振式、电场耦合式和辐射式等形式，如图 4-23 所示。

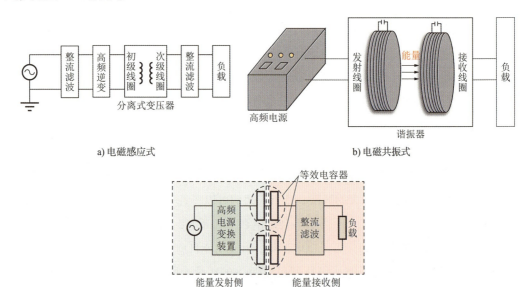

图 4-23 无线传能分类

在现有技术条件下,电磁感应式无线传能技术可用于航行器,满足系统用电功率需求,见表4-1。无线传能技术应用于管道磁浮交通系统(图4-24),其中地面变流器安装于管道外部,变流器安装于航行器内部,因此仅地面发射线圈、地面补偿电容和接收充电板安装于低真空环境中。

不同传能方式的比较　　　　　　表4-1

项目	非接触式供电			
	电磁感应式	电磁谐振式	电场耦合式	辐射式
功率等级	百kW级	kW级	W级	W~kW级
传输距离	cm级	cm级	mm级	—
速度限制	—	—	静止式	—
能量传输效率	中	中	中	中
技术成熟度	高	中	中	中
机械磨损	无	无	无	无
可靠性	高	高	高	高
电气安全性	绝缘	绝缘	绝缘	绝缘
人体可承受程度	√	√	√	×
静态适应性	√	√	√	√

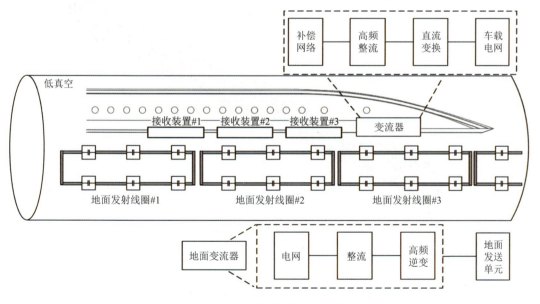

图4-24　无线传能系统示意图

4.5.2.5　谐波发电系统

谐波发电技术是航行器舱载供电中非接触试供电的另一种重要供电方式,在航行过程中，在地面推进线圈提供电磁推力的情况下，载有超导线圈的航行器以一定速度通过悬浮线圈并产生感应电流。根据电磁感应原理，航行器航行速度越高，集电线圈中产生的电能越多，在航行器高速航行时，航行器可开启谐波发电供电模式，由谐波发电系统为航行器所有用电设备进行供电并为舱载蓄电池进行充电补给（图 4-25）。

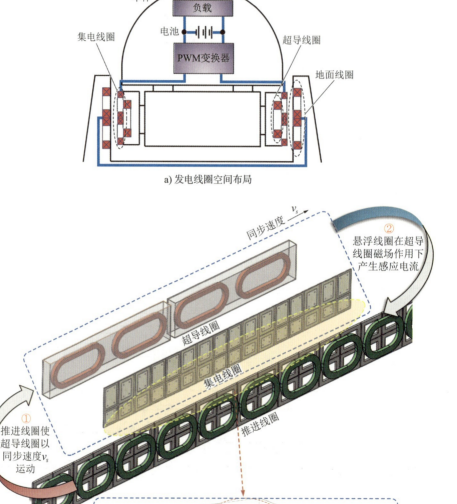

图 4-25 谐波发电原理示意图

直线谐波发电机的结构示意图如图 4-26 所示。悬浮架单侧共计 16 个集电线圈，且每个超导线圈正对 4 个集电线圈。直线谐波发电机单元电机的排列相序依次为：U、V、W、U、–U、–V、–W、–U。

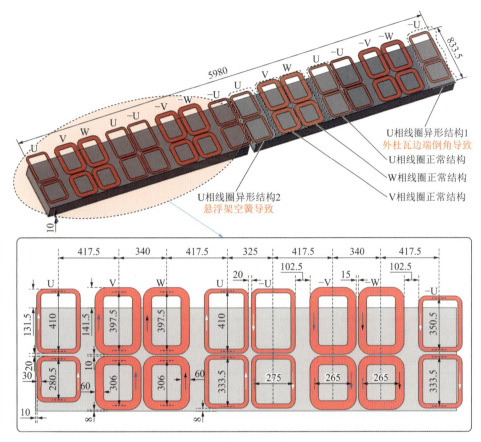

图 4-26 直线谐波发电机结构示意图（单位：mm）

4.5.2.6 蓄电池系统

蓄电池系统是航行器舱载设备供电的主能量来源，具有能量密度大，可充放电，放电时间长的特点。电池储能包括铅蓄电池储能、锂电池储能、镍铬电池储能、镍氢电池储能等。各种类型的电池的性能参数对比见表 4-2。

不同类型电池性能参数对比　　表 4-2

项目	铅酸电池	镍铬电池	镍氢电池	锂电池
能量密度（Wh/kg）	40~50	40~60	60~70	100~300
功率密度（W/kg）	150~200	150~350	200~450	200~1000
充电时间（h）	8~12	4~8	4~6	2~3
循环次数（次）	400~800	600~1200	600~1200	3000~4000

综合比较各类电池性能，车载供电蓄电池应该选用能量密度高、循环寿命长、放电

时间长的电池。锂离子电池与其他传统蓄电池相比，是比能量较高的一类化学电池储能技术，同时还具有额定电压高、倍率性能好、自放电率低等优点。锂离子电池比能量（200Wh/kg）是铅蓄电池的 5 倍左右，单体工作电压因材料体系不同而在 3～5V 之间，循环效率可以达到 95%以上。市场上大型储能电站，考虑到安全性，多采用磷酸铁锂电池；乘用电动车受制于政策和能量密度影响，镍钴锰酸锂电池占比较高；钛酸锂一般用于对充放电特性、环境特性、安全性等要求很高的场合，成本较高。三种锂离子电池性能参数对比见表 4-3。随着未来电池技术的不断更新，在满足航行器使用要求的前提下，蓄电池的体积和重量会大幅降低，安全性会显著提高，从而降低供配电系统的设计难度。

三种锂离子电池性能参数对比 表 4-3

项目	磷酸铁锂电池	钛酸锂电池	镍钴锰酸锂电池
技术成熟度	商用	示范～商用	商用
能量密度（Wh/kg）	150	110	220
功率密度（W/kg）	1500～2000	3000	3000
能量转换效率（%）	90～95	＞95	＞95
持续发电时间	1s～1h	1s～1h	1s～1h
自放电率（%/月）	1.5	2	2
安全性	中	高	略差
服役年限	8	10	8
循环次数（次）	3000～5000	6000	5000～6000
启动时间	毫秒级	毫秒级	毫秒级
响应速度	毫秒级	毫秒级	毫秒级
优点	稳定性高、循环寿命长、材料便宜、安全性好	可快速充放电、安全性好、循环寿命长、环境适应性好	比容量高、能量密度高、循环寿命长
缺点	低温性能略差	能量密度低、价格高	安全性略差

4.5.2.7 供配电系统

供配电系统为航行器所有用电设备进行电能合理分配，对一次用电故障进行隔离。其中最核心的供电设备是逆变电源（DC/AC）和直流变换电源（DC/DC），两者均利用电力电子技术进行电能变换，把高压直流电转换交流电和低压直流电压。逆变电源（DC/AC）和直流变换电源（DC/DC）常见拓扑如图 4-27 所示。随着电力电子技术以及电力电子器件的发展，逆变电源和直流变换电源朝着小型化、一体化和轻量化的发展方向。

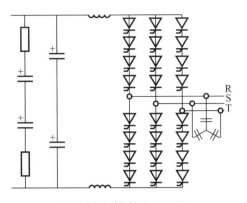

a) 两电平主电路拓扑（DC/AC）

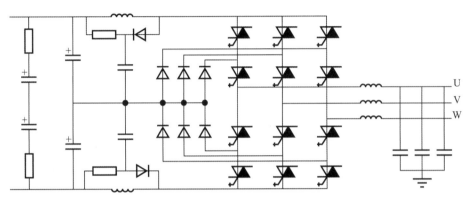

b) 二极管中性点箝位三电平拓扑（DC/AC）

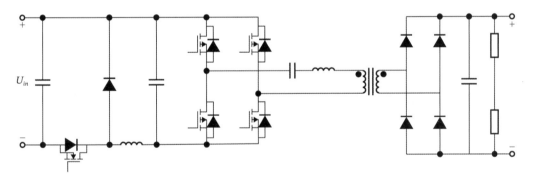

c) BUCK + LLC（DC/DC）

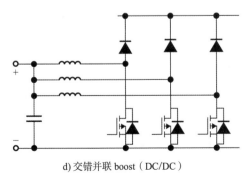

d) 交错并联 boost（DC/DC）

图 4-27　逆变电源（DC/AC）和直流变换电源（DC/DC）常见拓扑

4.5.3 控制与管理系统

4.5.3.1 工作原理

航行器控制与管理系统（TCMS）是航行器的神经中枢，采用分布式控制方式，是保障航行器高速安全运行的关键系统之一，集成了控制、监视和诊断功能。TCMS 采用两层网络架构，分为航行器骨干网和航行器编组网，实现与各子系统通信；通过远程输入输出模块（RIOM）实现与各子系硬线信号的采集和输出，中央控制单元（CCU）通过网络和硬线实现对航行器各子系统的控制，同时对航行器主要设备的运行状态和故障信息进行采集、记录和显示。TCMS 系统网络架构（以三编组为例）如图 4-28 所示。

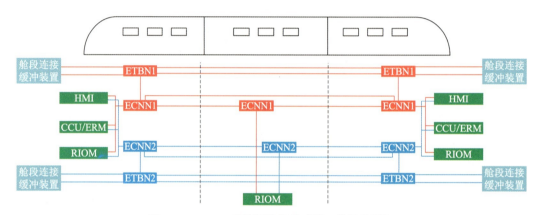

图 4-28　TCMS 系统网络架构（以三编组为例）

4.5.3.2 系统方案

TCMS 是航行器控制核心，具有控制、设备管理及通信、状态监视、故障诊断、交互式显示、数据存储和用户支持等功能。主要由中央控制单元（CCU）、事件记录仪（ERM）、远程输入输出模块（RIOM）、骨干网交换机（ETBN）、编组网交换机（ECNN）、人机交互单元（HMI）组成。骨干网交换机组成双归属线形拓扑，通过电子舱段连接缓冲装置实现编组航行器重连和解编分配全局 IP 和通信；编组网交换机组成独立双环形拓扑，各子系统通过网口分别接入每个环网，综合承载控制网、维护网、舱载监测网，TCMS 系统方案拓扑如图 4-29 所示。

各组成主要功能如下：

中央控制单元机箱：主要装有 CCU 和 ERM 板卡，CCU 是以太网总线的主设备，ERM 具备数据和故障监控、记录功能。CCU 通过以太网总线与 RIOM、ERM 等设备交换数据。CCU 主要实现以太网总线管理、逻辑控制、状态监视、故障诊断等功能。

远程输入输出模块机箱：用于硬线信号的采集和输出，包括数字量输入、数字量输出、电压/电流模拟量输入、电压/电流模拟量输出、脉冲宽度调制（PWM）输入等。

交换机机箱：包含骨干网交换机、编组网交换机，组成航行器骨干网和编组网，实现航行器级和编组级数据通信。

人机交互单元：控制数据、监测数据、维护数据等显示，同时可由维护人员发布舱载设备控制操作指令。

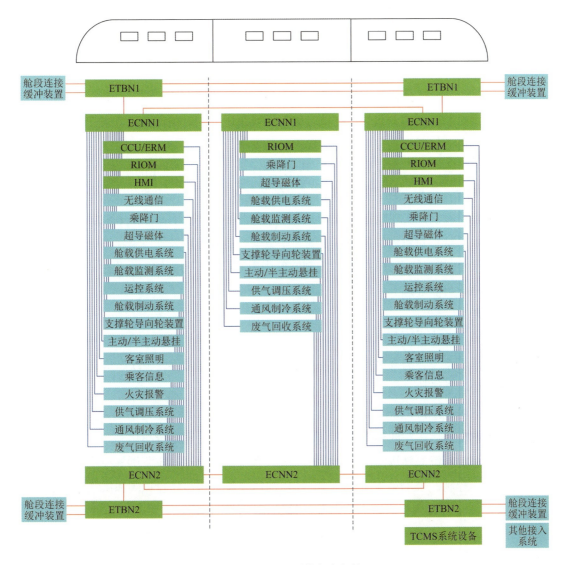

图 4-29　TCMS 系统方案拓扑

4.5.4　辅助系统

辅助系统为航行器客运服务提供保障，主要包含但不限于服务与娱乐、应急保障以及视频监测等功能。服务与娱乐功能包括内外部照明、报站与广播、状态信息显示、动态地图、影音娱乐等设备，应急保障功能包括火灾报警、应急照明等设备，视频监测功能对舱内及重要设备状态进行监测。

4.6 环控与生保系统

4.6.1 功能与组成

环控与生保系统作为航行器的重要组成部分,承担客舱内人员的生命保障功能和舱室的环境控制功能,系统包括供气调压、通风制冷和废气回收三部分,如图 4-30 所示。

图 4-30 环控与生保系统组成

环控与生保系统各组成部分功能如下。

供气调压系统:舱载气源经过降压和流量调节,为乘客提供生理所需的氧气、维持客舱内环境总压,同时确保在应急条件下乘客用氧需求,以保障舱内乘客生命安全。

通风制冷系统:将来自舱内的回风进行一定的温度、湿度和流量调节,然后与供气调压子系统的新风进行混合,再将一定流量的温湿气流送入对应航行器舱室,实现舱室的温湿度调控,保证乘客的热舒适性及设备的正常工作。

废气回收系统:对舱内回风空气中的固体微尘、微粒等颗粒性污染物进行过滤,实现空气中 CO、CO_2 等气体成分的净化,实现空气中甲醛、苯等污染物的净化过滤,实现客舱内污染气体净化过滤处理。

4.6.2 供气调压系统

供气调压子系统,为乘客提供舒适的压力环境,包括正常供气模块、应急供气模块、超压泄压模块三个模块。

正常供气时,舱载气源经减压过滤、冷却/加热、减湿/加湿等处理后送入客舱,客舱与人体及设备热交换后,污浊热空气由回风口引至废气回收处理系统净化,净化后的空气与供气系统提供的新鲜氧气按比例混合后再次进入客舱循环流动;应急供气模块采用环控计算机进行总压控制,采用氧气面罩供气;超压泄压模块采用泄压自锁阀和供气调节器实现超压保护,防止客舱内压力过高,避免舱体结构因过压而损坏。供气调压方案如图 4-31 所示。

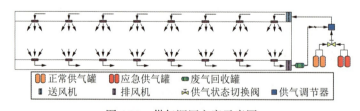

图 4-31 供气调压方案示意图

(1) 正常供气模块

航行器供气调压系统的氧气储备量从正常情况、应急情况和设计安全裕度三个方面考虑。正常情况下氧气储备量影响因素包括乘员耗氧、客舱泄漏；应急情况下氧气储备量影响因素包括应急时间内乘员耗氧、应急时间内客舱泄漏；设计安全裕度对氧气储备量影响因素主要包括剩余残余量需求。

由此系统所需的氧气气源总量为如式(4-1)所示。

$$m_{O_2} = m_{O_2}^{(1)} + m_{O_2}^{(2)} + m_{O_2}^{(3)} \tag{4-1}$$

式中： m_{O_2} ——氧气气源总量；

$m_{O_2}^{(1)}$、$m_{O_2}^{(2)}$、$m_{O_2}^{(3)}$ ——分别为正常情况氧气消耗量、异常情况氧气消耗量、设计安全裕度量。

航行器供气调压系统中的氮气储备主要用于补漏，其储备量主要从泄漏和安全残余储备两个方面计算。

系统所需的氮气气源总量如式(4-2)所示。

$$m_{N_2} = m_{N_2}^{(1)} + m_{N_2}^{(2)} \tag{4-2}$$

式中：$m_{N_2}^{(1)}$、$m_{N_2}^{(2)}$、m_{N_2} ——分别为客舱泄漏量、安全残余储备量、氮气气源总量。

（2）应急供气模块

参考《运输类飞机适航标准》CCAR25.1447（c）（1）中规定：必须有接在供氧接头上可供每个乘员就座时立即使用的分氧装置，并且在每个厕所至少要有两个接在供氧接头上的分氧装置；分氧装置和供氧口的总数必须比座位数至少多10%，多余的分氧装置必须尽可能均匀分布在整个座舱内。

因此氧气面罩数量计算如式(4-3)所示。

$$n = [1.1N_{CK} + N_{JS} + 2n_{GX}] \tag{4-3}$$

式中： n——氧气面罩数量；

N_{CK}、N_{JS}——分别为乘客数量、安全员数量；

n_{GX}——盥洗室数量；

[ ]——表示取整。

（3）超压泄压模块

超压泄压模块中设置排气调节器用于客舱内压力超压时泄压，排气调节器的工作介质为空气，排气调节器的气体流量受泄压速度限制。

4.6.3 通风制冷系统

航行器客舱是乘客集中区域，对舱内环境温度、湿度以及气流速度有较高要求，需对客舱进行通风制冷设计以期获得较好的热舒适性；设备舱存放大量电气设备，热负荷较大，需对设备舱进行散热设计以保证设备处于合适的温度范围。航行器通风制冷系统（图4-32），包括调温模块、调湿模块、送风模块和监控模块。

（1）调温模块

包括加温单元及降温单元，加温元件对流过加温系统内部的空气进行加温，实现冬季条件下舱内环境的快速升温；降温模块通过座舱换热器将热量转移至向外部冷源，主要用于夏季客舱制冷或设备散热。

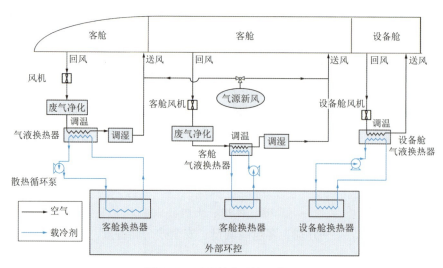

图 4-32　通风制冷系统示意图

（2）调湿模块

调湿模块包括喷水加湿单元及加热除湿单元，通过向空气中喷射水蒸气改变空气的湿度，结构简单，操作维护方便，加湿效率高；除湿单元采用固体吸附除湿方法，吸湿能力稳定，对空气有过滤杀菌作用，同时考虑除湿单元的加热再生。

（3）送风模块

送风模块主要是由管路、送回风道和风机组成，为航行器通风散热子系统提供气流动力和流通空间。

客舱风道（图 4-33）采用常见的上送下回的气流组织形式。主送风道采用静压腔均匀送风原理进行设计，并在每排乘客上方设置顶部送风口；回风道在客舱底部，回风口设置在乘客座椅下方，使得舱内气流均匀进入回风管路。

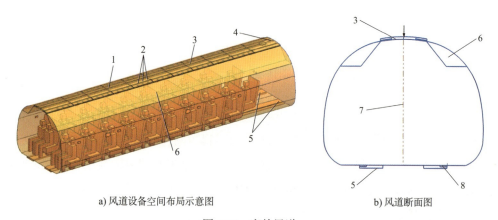

a) 风道设备空间布局示意图　　b) 风道断面图

图 4-33　客舱风道

1-风道隔板；2-舱顶送风口；3-主送风道；4-主送风口；5-主回风道；6-行李架；7-对称面；8-舱底回风口

4.6.4 废弃回收系统

废气回收处理系统主要实现空气中固体微尘、微粒等颗粒性污染物的过滤；实现空气中 CO、CO_2 等气体成分的净化；实现空气中甲醛、苯、污染物等的净化过滤。客舱区域的空气经废气回收处理子系统净化除尘后直接返回回风管道，回风管道气流与供气调压子系统输送的新鲜空气混合调温调湿后送入客舱。废气回收处理系统同时对系统中关键设备前后的气体成分进行监测。废气回收系统主要包含净化处理模块、过滤模块和杀菌净化模块。

（1）净化处理模块

净化处理模块主要包含 CO_2 净化装置和 CO 净化装置。

航行器客舱内的 CO_2 质量主要与客舱乘客代谢产生量、客舱初始 CO_2 质量、客舱泄漏三方面因素有关，其中客舱乘客代谢 CO_2 产生量包含正常代谢产生的 CO_2 质量和应急条件下乘客代谢产生的 CO_2 质量。

航行器客舱内的 CO 产生量计算考虑客舱本体的 CO 产生量（指客舱内结构、漆、内饰等产生的量）、客舱乘员代谢产生的 CO 质量和客舱 CO 泄漏量三部分。

（2）过滤模块

过滤模块设置粗除尘过滤器用于客舱回风的大颗粒污染物（皮屑、头发、衣服纤维、食品飞沫、植物花粉等，一般粒径 ≥ 10μm）过滤；设置细过滤器用于过滤舱室内空气中的细小灰尘颗粒、细菌和病毒等。

（3）杀菌净化模块

杀菌净化模块包含光等离子空气净化器，能够快速主动净化空气中的甲醛、苯及其他挥发性有机物污染（TVOC）、微粒等，在净化过程中将污染物还原成 CO_2 和水。

4.7 内装与设备

4.7.1 组成与功能

内装与设备由乘客区和功能服务区组成，如图 4-34 所示。

内装与设备各组成功能如下：

乘客区：为乘客营造舒适的乘坐环境，隔热并降低客舱噪声，同时提供影音娱乐、商旅出行信息等多方位个性化服务。

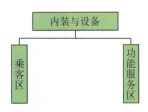

图 4-34 内装与设备系统组成

功能服务区：设置卫生间、消防设施、茶水炉、盥洗池以及安全员室等设施，以提供便捷服务。

4.7.2 总体布局

乘客区与功能服务区采用白色、浅灰色及蓝色作为整体色调，底部在深色的地板革上采用亮蓝色勾勒出线条细节，整体简约明快且具有科技感，在地板上铺设橡胶地板布，具有防滑、耐磨、抗撕裂、防火、防水等特性，同时壁面可采用"铝合金型材＋多种吸声材料＋约束阻尼材料"的组合方案，以进一步隔热和降低客舱噪声（图4-35）。

a）商务舱　　　　　　　　　　　　　　b）一等座舱

图4-35　客舱区总体方案示意

乘客区设置商务舱、一等座舱和二等座舱，在保证运量的同时兼顾不同旅客的乘坐需求。商务舱内设置商务座椅，可实现坐姿及躺姿的无级调节，整体空间较大，整体由蓝白色系相互交错，与内装整体色系呼应，烘托了整体的奢华大气感。商务座、一等座、二等座上均设置触摸屏，可为乘客提供影音娱乐、商旅出行信息等多方位个性化服务。

乘客区与功能服务区通过双开式贯通门（图4-36）隔开，门框采用浅灰色，门板为白色，辅以蓝色的科技感线条，整体色调与内装和谐统一。

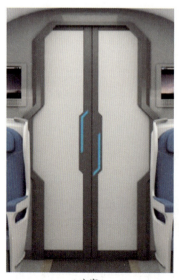 

a）方案一　　　　　　　　　　　　　　b）方案二

图4-36　贯通门方案示意

功能服务区内设置卫生间、安全员室、盥洗区、消防设施、茶水炉等便捷设施（图4-37），卫生间和安全员室设置推拉门，安全员室内设置控制主机，可实时向客舱内广播重要信息或显示航行器关键状态信息，并能在紧急情况采取安全措施。

a) 盥洗区　　　　　　　　　　　　　b) 茶水炉及消防设施

c) 安全员室　　　　　　　　　　　　d) 卫生间

图4-37　功能服务区总体方案

5

真空管线系统

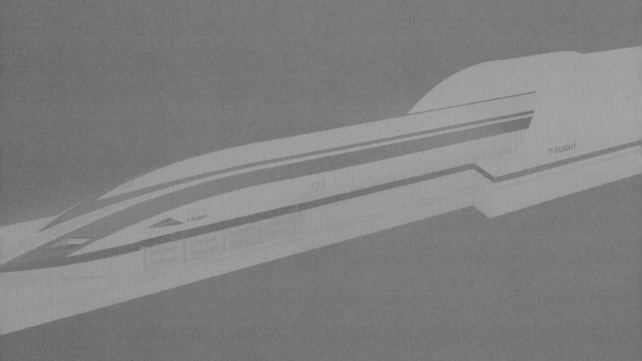

超高速低真空管道
磁浮交通系统

5.1 概述

真空管线系统作为高速飞车的分系统之一，其使命任务是搭建航行器运行的基础设施平台，为航行器提供稳定的低真空环境、优质的线形和平顺的轨道，以降低航行器所受空气阻力和噪声，保障航行器在高速运行时的安全性和平稳性，并为线上设备装载提供接口。真空管线系统（图 5-1）作为高速飞车的运行基础，主要由管线系统、真空系统和监测控制系统组成（图 5-2）。为了实现高速飞车组网及载客运营，应同时开展道岔及接驳的研究。

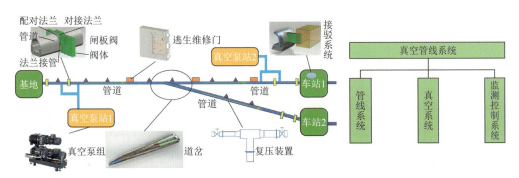

图 5-1　真空管线系统概况　　　　图 5-2　真空管线系统组成

管线系统采用密闭截面形式，通过监测控制系统对各真空设备进行智能调控，从而构建出满足要求的低真空运行环境。考虑高速飞车的运行场景，需设置接驳系统以满足乘客乘降需求。同时，为了保证高速飞车的成网运营，道岔系统必不可少。

5.2 系统工作原理

真空管线系统由管线系统提供密封环境，真空系统将管道内空气抽出，形成低真空环境，并由真空设备维持管道内的低真空环境，通过监测控制系统实现对管道内真空环境的实时监测并对各种真空设备进行自动控制，从而对低真空环境的建立与复压等运营状态实现智能调控。工作原理如图 5-3 所示。

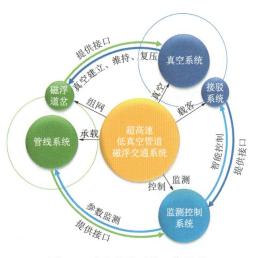

图 5-3　真空管线系统工作原理

5.3 管线系统

5.3.1 系统功能及组成

管线系统是低真空管线的主承载结构,并形成密闭管道空间,具备承载及线形保持功能,同时为相关设备提供装载接口以实现线上各系统集成。管线系统可以分为桥梁、隧道、路基段线路三种实现形式,桥梁采用高架管梁的方式;隧道可以穿越地形复杂区域;路基段线路可以满足桥梁与桥梁、桥梁与隧道之间的连接需求。

5.3.2 系统特点

管线系统是高速飞车的重要基础设施,需要满足长寿命周期的使用需求,同时可兼顾各类型航行器运行。不同于传统轨道交通系统,高速飞车的管线系统主要有以下特点。

5.3.2.1 管道密封性要求高

运行速度 500km/h 以上的交通工具在地面常压高速运行时,阻力和噪声均大幅增加,对系统经济性、环境适应性带来了极大挑战,低真空管(隧)道形式,能有效降低阻力及噪声影响。管道结构应从设计、施工、运营多环节出发,对整体密封性能做出严格要求,而高密封性要求也为管道结构带来诸多挑战:管道结构设计中应尽量减少拼接缝的数量;管道材料满足低真空环境维持所需的漏率要求;管道伸缩变形过程中位移补偿装置不能发生泄漏;管道施工过程中密封质量要有保证;运营过程中具备漏点识别功能等。

5.3.2.2 管道结构磁阻力小

高速飞车高速运行过程中超导磁体强磁场会在导磁导电材料上产生涡流阻力和磁阻力,该涡流阻力和磁阻力会影响系统的推进、悬浮、导向性能。管道结构内的钢材及内部钢筋选材、布置应充分考虑电磁特性影响,管道对航行器产生的纵向磁阻力、悬浮向磁阻力、导向磁阻力应满足航行器运营动力需求,并综合考虑不同速率下的阻力限值。

5.3.2.3 封闭管道内空气环境要求高

管道为密封作业空间,因此在设计、施工、维修和养护阶段均需要考虑有害气体的影响,保证作业安全。应深入研究管道建筑材料在低真空环境下的有害气体析出问题,并探索合理有效的措施,同时运营过程中加强对管道内有害气体的监测,管道内有害气体最高容许浓度可参考《工业企业设计卫生标准》(GBZ 1—2010)中对车间空气有关要求。在管道设计中应设置引流通风装置,以保证管内维修和保养工作安全开展。

5.3.3 管梁

管梁是磁浮交通系统桥梁形式的主要模块单元,管梁与管梁直接相连或者通过波纹管相连,形成密闭管道。从保证线路的线形平顺、沉降可控、节省土地、降低建设运营成本等方面考虑,高架管梁是高速飞车未来的优选结构形式之一,综合了真空管道与桥梁主要特性,在低成本的条件下,既实现低漏率特性,保障真空环境的稳定运行,又满足承载要求,保障航行器安全平稳运行,同时具备低导电/低导磁性能。

5.3.3.1 管道材料

目前,国内外低真空管道按材料分类主要有全钢管、钢-混组合结构和混凝土结构。

美国 Hyperloop Alpha 系统及加拿大 TransPod 超级高铁方案(图 5-4)均计划采用钢制管道,并通过数值模拟证实了钢制管道的可行性。全钢管管道具有施工方便、结构轻盈等优势,但其温度效应、电磁阻力等问题有待深入研究。

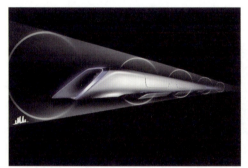 

图 5-4　Hyperloop Alpha 及 TransPod 超级高铁设想

德国慕尼黑工业大学(TUM)的 Hyperloop 研究小组,建立了欧洲第一个全尺寸 Hyperloop 测试段,该试验管道长 24m,直径 4m,主体结构采用混凝土材料(图 5-5)。混凝土材料具有经济性好、材料性能稳定等优点,但混凝土材料在低真空环境下的长期服役性能需进一步研究。

图 5-5　TUM Hyperloop 全尺寸混凝土管道

高速飞车大同试验线采用 un 形钢-混组合结构，如图 5-6 所示，下半部分采用外包钢壳的 u 形预应力混凝土梁，上半部分采用 n 形钢壳。该方案刚度大、稳定性好、电磁阻力较低，是目前较优的结构截面形式。

图 5-6　un 形钢混组合梁

对比国内外低真空管道材料应用情况，可以看出无论是全钢结构还是组合结构，均能通过合理的结构设计满足高速飞车运行环境要求，现有材料技术条件足以支撑高速飞车的管道建设。

5.3.3.2　管梁方案

为了满足航行器运行环境需求，管梁在具备承载功能的同时应具备低漏率、低磁阻的技术特点。从国内外的高速磁浮项目经验来看，管梁拓扑结构主要分为全圆管梁截面和 un 形钢混组合管梁截面，如图 5-7 所示。

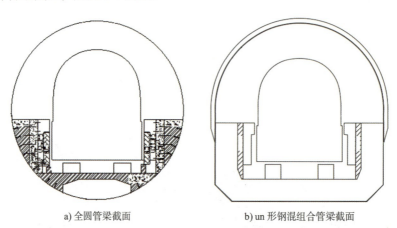

a) 全圆管梁截面　　　　b) un 形钢混组合管梁截面

图 5-7　管梁拓扑结构

全圆管梁方案以钢圆管结构作为管梁主要受力结构，混凝土结构仅作为轨道承托结构；un 钢混组合管梁方案以下部外包钢壳 u 形预应力混凝土梁作为管梁主要受力结构，上部 n 形钢盖为航行器运行提供低真空环境，同时部分参与管梁受力。un 钢混组合管梁与全圆管梁相比，有以下四个方面的特点。

一是 un 钢混组合管梁相对全圆管梁竖向挠度值较小，在线形控制方面具有较明显优势，力学性能较优。

二是全圆管梁因质量较低（每延米约为 un 钢混组合管梁的 60%），在相同运行速度下，其振动加速度值明显高于 un 钢混组合管梁，所以 un 钢混组合管梁在结构动力响应方面比全圆管梁更具优势。

三是真空性能方面，相同焊接质量水平情况下，管梁气密性主要取决于焊缝的数量，整体式全圆管梁的焊缝数量一般少于分体式 un 钢混组合管梁，故全圆管梁气密性优于 un 钢混组合管梁。

四是磁阻性能是低真空管道磁浮交通系统区别于高铁梁桥的重要性能，同等尺寸情况下，un 钢混组合管梁磁阻性能优于全圆管梁。

5.3.3.3 管梁间伸缩装置

高速飞车管线系统高密封性的特点要求管梁间伸缩装置在满足变形补偿功能的同时要保证管梁间密封不受影响。

常规的桥梁伸缩装置在材料和结构方面，多采用橡胶或弹性体材料等高分子材料来实现变形协调。高分子材料随时间会发生老化，出现松弛、蠕变、丧失弹性、强度降低等现象。高速飞车管梁间伸缩装置需要承受近一个标准大气压的荷载，在此荷载下，需要实现较为良好的密封性能，对橡胶等高分子材料嵌固结构、弹性体与混凝土的黏结强度均提出了极高的挑战，且在高应力下材料会加速老化，进一步丧失密封能力。因此，真空管梁间伸缩装置较为理想的方案是采用金属材质伸缩装置。高速飞车大同试验线上采用的是金属波纹管的形式，波纹管两端与管梁外部钢壳焊接连接，中间金属波节能适应管梁伸缩变形。

5.3.3.4 轨道板

轨道板功能类似于高速铁路板式轨道，其作用是为电机模组提供安装接口，安装后的电机模组形成高速飞车的轨道。为保证轨道的平顺性满足航行需要，对轨道板安装精度提出较高要求。轨道板可采用预制后安装的建造方式保证轨道板自身精度可控，但安装工艺较复杂。结合国内外研究经验，增加轨道调整措施及可调量、减小精度调整工作难度是轨道板优化提高的主要方向，以此确保轨道保持高精度状态，提升轨道的技术经济性。

轨道板为靠近磁体的主要承力构件，其磁阻性能对航行器航行影响较大，因此轨道板应选择无磁或低磁材料。日本山梨线（图 5-8）与国内高速飞车大同试验线的轨道板均采用低磁材料制作。

图 5-8　日本山梨线轨道板

5.3.4 隧道

与高架形式相对应，隧道也是高速飞车管线系统结构的主要形式之一。为与高速飞车总体布置相适应，隧道可穿越山脉、河流、城市等地形复杂或拥挤的区域。

根据管道与隧道结构的关系，可以分为合建方案和分建方案。管隧合建方案：管道与隧道合为一体，隧道结构自身既承受外界荷载，又能实现低真空环境；管隧分建方案：将管道结构设置于隧道内，由管道结构实现低真空环境，隧道结构为常压环境下的常规隧道结构形式。

5.3.4.1 管隧合建方案

隧道兼做真空管道使用，承担各种荷载的作用，轨道板敷设在隧道底部。为了保证航行器在真空环境中高速稳定运行，要求隧道衬砌的密闭性优良。为此，隧道衬砌可以设计为两层或多层的"三明治"衬砌（图5-9），通过在衬砌中设置夹层钢板实现密封。

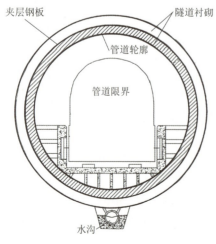

图 5-9　合建法隧道断面图

从目前国内的隧道统计的情况来看，隧道漏水现象较普遍，且瓦斯隧道的渗漏情况也依然存在，隧道的防水及气密尚未完全实现。理论上通过混凝土结构内粘或预埋钢板可以实现隧道的密封，但考虑到隧道内实际条件和当前的技术工艺水平，对于在隧道内现场安装、焊接钢板和焊缝气密检测等工作任务量大，技术难度较高。

采用"三明治"形式隧道衬砌实现真空环境能有效控制隧道施工断面，然而，该方案的技术难点在于隧道空间内钢板组装、焊接以及焊缝气密检测工艺复杂，且夹层钢板一旦发生泄漏，维修难度大。

5.3.4.2 管隧分建方案

分建方案的隧道结构（图5-10）可采用普通交通隧道形式，在隧道施工完成后，再将管梁铺装到隧道内。该方案隧道至管梁之间为常压环境，管梁结构内为低真空环境，在隧道至管梁之间沿线路设置贯通的检修疏散通道。隧道结构承担各种荷载，真空管道承担内外气压差。

分建法将真空管梁敷设在隧道内，隧道作为永久结构承担外侧荷载，隧道内保持常压环境，真空管梁通过可调高支座架设在隧道内，可根据监测数据及时调整支座高度，保证线形的平顺性满足要求；真空管梁外部荷载作用主要来自大气压力，有利于优化真空管梁尺寸，减小管梁制作成本。

图 5-10　分建法隧道断面图

5.3.4.3 管隧方案选择

结合周边条件、地质情况及施工工艺水平等因素管隧分建（图 5-11）与管隧合建（图 5-12）方案均可以采用单洞单线断面或单洞双线断面。

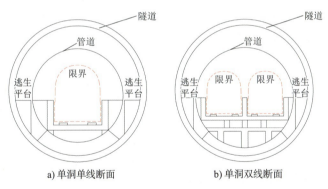

图 5-11　管隧分建方案

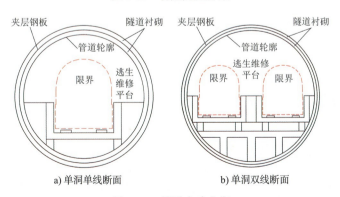

图 5-12　管隧合建方案

（1）断面选择

同条件下单洞双线方案空间利用率大于单洞单线方案，在实施性、经济性等方面优于单洞单线方案，故隧道部分可优先选取单洞双线方案。

（2）方案选择

管隧分建方案中隧道结构无须做特殊处理，施工技术成熟；管道容积较管隧合建容积小，建立真空环境时间及紧急复压时间较短。其缺点在于隧道截面积较大，施工工程量较大。而管隧合建方案相比分建方案隧道面积小，施工工程量较小，但隧道结构需做密封处理，工艺复杂，且密封失效位置整改难度大；管隧合建容积较大，建立真空环境时间及紧急复压时间较长。

基于以上隧道断面和建设方案的主要优缺点分析，结合当前隧道工艺技术水平，优选分建方案。

5.3.5 路基段线路

路基段线路指与地面高差较小的线路段，地面经开挖或填筑而形成支撑管道结构的结构物，适用于真空管道的构造形式，一般多位于桥梁与隧道、桥梁与桥梁之间的连接地段。结合高速铁路建设经验，路基基床应采用刚性结构。在保证地基沉降要求的情况下，将真空管梁设置于刚性基床结构上，并采用自密实混凝土层找平，以满足变形、受力、动力特征等要求。路基填方段（非埋入式桩板结构）典型横断面如图5-13所示，路基挖方段（埋入式桩板结构）典型横断面如图5-14所示。

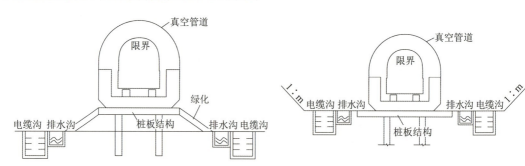

图5-13 路基填方段（非埋入式桩板结构）典型横断面示意

图5-14 路基挖方段（埋入式桩板结构）典型横断面示意

5.4 真空系统

5.4.1 系统功能及组成

真空系统主要是指与低真空环境直接相关，实现低真空环境的构建维持、紧急/设定状态下低真空环境隔断及压力恢复、实现人员便捷进出真空管道等功能的系统，主要包括真空获得与维持装置、复压装置、逃生维修门、真空隔断装置等。

真空获得与维持装置：按照运营需求实现全线低真空环境建立并稳定维持，主要由真空泵、阀门等组成。

复压装置：使真空管道具备恢复常压功能的设备，管道内设备维护检修时、设备故障及紧急救援时，可使管道在要求时间内由低真空环境恢复至常压。

逃生维修门：管道内设备需要维修维护时，地面维修人员可快速进入管道内目标位置；在紧急救援时，航行器内乘客可快速从管道内到达地面。

真空隔断装置：真空管线节段实现独立建立低真空环境、恢复至常压环境的装置。

5.4.2 系统特点

5.4.2.1 快速真空获得

高速飞车的航行器在低真空环境中运行，因此全线真空建立应在尽量短的时间内完成，需通过大抽速设备使全线快速建立真空，缩短真空环境建立时间可使全系统运营效率更高。航行器进出真空环境时，需通过小节段管线在真空-常压之间过渡，因此快速真空获得可增加航行器进出真空环境的效率。

5.4.2.2 低功率长期稳定维持

真空管线系统建立真空后，无故障情况下，只需长期稳定维持真空度即可。维持过程中，需综合考虑真空维持设备能耗、全线气动阻力波动要求等，实现低功率的真空度维持，可使全系统更具有经济性。

5.4.2.3 快速复压

当管线内设备损坏、航行器救援等紧急情况时，对相应管线段进行快速复压，可缩短设备维修、航行器救援等中断运营的时间。

5.4.3 真空获得与维持装置

5.4.3.1 功能用途

真空获得与维持系统的主要功能是对管线抽空至低真空状态，并根据运营需求稳定维持低真空压力值。系统抽空状态下为全功率运转状态，在规定时间内将管线从常压抽空至目标压力值；维持状态时，进入低功耗工作状态并保持低速抽空，实现管线低真空维持状态。

5.4.3.2 设备组成

真空获得与维持装置主要由真空建立泵、真空维持泵和冷却设备组成。

真空建立泵：使管道快速获得低真空的真空泵，根据系统所要求的目标真空度进行选用。

真空维持泵：管道低真空环境建立后，用以维持管道内低真空压力值稳定在较小波动范围内的真空泵。

冷却设备：真空泵涉及大功率长周期运转，需对泵组进行冷却，保障其正常运行。

5.4.3.3 工作原理

真空泵按工作原理分为气体输送泵和气体捕集泵两种。

气体输送泵是一种能使气体不断排出泵外以达到抽气目的的真空泵。目前常用的气体输送真空泵有螺杆真空泵、罗茨真空泵、水环真空泵等。

螺杆真空泵：螺杆真空泵是利用一对螺杆，在泵壳中作同步高速反向旋转而产生排气作用的抽气设备，能抽除含有大量水蒸气及少量粉尘之外的各种气体，具有抽速范围宽、结构简单紧凑、抽气腔元件无摩擦、寿命长、能耗低、无油污染等优点，在制药、化工、半导体等对清洁真空要求较高的领域得到广泛应用。

罗茨真空泵：简称罗茨泵，是泵内装有两个相反方向同步旋转的叶形转子，转子间、转子与泵壳内壁间有细小间隙而互不接触的一种变容真空泵。罗茨泵在石油、化工、塑料、农药等行业，以及汽轮机转子动平衡、航空航天空间模拟等装置上经过长期运行验证，同时也广泛用于石油、冶金、纺织等多个领域。

水环真空泵：简称水环泵，是一种粗真空泵。水环泵也可用作压缩机，又称水环式压缩机，是属于低压的压缩机。水环真空泵最初用作自吸水泵。

气体捕集真空泵是一种将被抽气体吸附或凝结在泵内表面上的真空泵。目前常用的气体捕集真空泵有分子筛吸附泵及低温真空泵。

分子筛吸附泵：分子筛吸附泵是一种利用分子筛材料对气体进行吸附实现抽气的真空泵。分子筛吸附泵结构简单、无油污染、无振动噪声，是获得无油真空常用的真空泵，常用作无油真空机组的前级泵或超高真空机组的维持泵。

低温真空泵：简称低温泵，是利用低温表面冷凝气体的真空泵，又称冷凝泵。低温泵可以获得抽气速率最大、极限压力最低的清洁真空，广泛应用于半导体和集成电路的研究和生产，以及分子束研究、真空镀膜设备、真空表面分析仪器、离子注入机和空间模拟装置等多个领域。在低温泵内设有由液氦或制冷机冷却到极低温度的冷板。它使气体凝结，并保持凝结物的蒸汽压力低于泵的极限压力，从而达到抽气作用。低温抽气的主要作用是低温冷凝、低温吸附和低温捕集。

可通过泵的规格选型或不同型号不同数量的组合形式实现低真空环境建立及维持需求，再根据密封体积和运营抽速需求，设计抽空泵组台数及抽速功率方案；根据管道密封方案及实际压升率监测，设计形成维持模式泵组工作方案。

5.4.4 复压装置

5.4.4.1 功能用途

当管道需要维持低真空环境时，复压装置关闭，提供可靠的密封边界条件，维持低真空环境；当管道需要从低真空环境恢复至常压环境时，复压装置打开，使外部空气进入真空管道，真空管道由低真空状态恢复至大气压。复压装置可布置于管道顶部，减少对管道的气流冲击，确保高速气流不损坏管道本体及管道内的设备。

5.4.4.2 设备组成

复压装置应包含复压阀本体、过滤装置、防雨罩等部件。复压阀本体为一种电动阀门机构，主要由以下几个组件构成：

阀体：为阀板等提供运动空间，与阀板一起实现密封。
阀板：运动实现阀门开闭，与阀体一起实现密封。
电机：复压装置的驱动装置。
丝杠：用于移动阀板运动的连接装置。

5.4.4.3 工作原理

复压装置可设计采用 2~3 个复压阀组合的形式，包括过滤装置、控制系统、复压阀等，其中复压阀为核心工作构件，如图 5-15 所示。复压阀工作原理为：利用电机的动力推动丝杠，带动驱动体运动，当定位板运动到止动块时，停止移动，支撑面和密封面压紧，阀门被完全关闭，实现密封功能；当驱动体向后反向运动时，

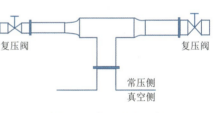

图 5-15 复压装置示意

离开密封面，使阀门完全打开，气体在两侧压差下自然产生流动，实现管道内真空恢复至常压。

5.4.5 真空隔断装置

5.4.5.1 功能用途

真空隔断装置主要作用是使真空管线节段能够独立实现建立低真空环境、由低真空恢复至常压。在不破坏全线低真空环境的条件下使航行器快速从大气环境过渡进入低真空环境；日常维修、航行器遭遇突发紧急情况时，隔断管道节段，对隔断的管道节段独立进行复压，保证乘客的人身安全和故障段的维修。

5.4.5.2 设备组成

真空隔断装置主体为闸板阀，闸板阀由阀体（分为左、中、右阀体及导向槽四部分）、

阀板、替换轨道、传动系统、控制系统、密封装置和电动执行器等组成。阀体（图 5-16）为分体结构，可采用三段阀体连接的形式。当阀门关闭时，替换轨道在左阀体，阀板在中阀体，右阀体为空腔；当阀门打开时，替换轨道在中阀体，阀板在右阀体，左阀体为空腔。闸板阀密封件材质采用丁腈橡胶。真空隔断装置与管梁接口如图 5-17 所示。

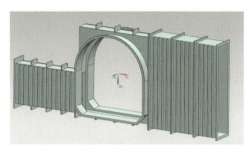 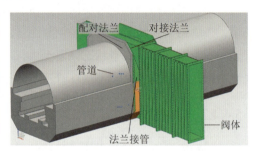

图 5-16　阀体示意　　　　　　　　图 5-17　真空隔断装置与管梁接口示意

5.4.5.3　工作原理

闸板阀采用本地和远控两种方式，采用平衡压差法开启，底部设有排污口，便于清洗、打扫，后盖上设有人孔，便于在不拆卸阀门的情况下进行维护和保养。卧式三工位闸板阀结构与运动方式如图 5-18 所示。

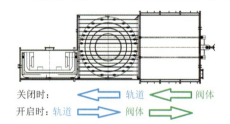

图 5-18　卧式三工位闸板阀结构与运动方式示意

闸板阀关闭时，电机通电后通过带离合器的联轴器带动丝杠转动，接驳装置与框架小车另一端相连，丝杠带动框架小车连同接驳装置做直线运动。框架小车通过上下多组四连杆机构与两个阀板连接，当阀板通过框架小车的运动到达密封位置时，通过限位装置使两个阀板不再运动，将两个阀板紧紧压在位于阀体上下板处的密封件上，实现真空密封。同时框架小车前端的接驳装置触发阀体前板上的行程限位开关使电机断电，同步电机制动以防止阀芯反弹。当闸板阀开启时，框架小车整体运行方向与关闭时相反，在控制系统的作用下，接驳轨道及阀芯同时动作，阀芯在主电机驱动下做直线运动（与阀门关闭时运动方向相反）接驳轨道在其驱动装置作用下，依靠控制系统的控制指令，沿直线至完成阀门两侧轨道接驳，同时阀芯开启到位并触发行程开关，电机停止。

采用 PLC 控制柜对闸板阀进行自动化控制，实现对闸板阀的自动控制和手动控制，并能由中控建立设备联锁，实现远程控制。

5.4.6　逃生维修门

5.4.6.1　功能用途

逃生维修门关闭时，可为管道提供可靠的密封边界条件，维持低真空环境；正常检查维护和紧急情况逃生时，逃生维修门开启，可为人员和物品等进出管道提供通道。

5.4.6.2 设备组成

逃生维修门布置在管道侧部，与管道内逃生平台联通。逃生维修门主要可分为五部分，分别为电动执行器及手轮、逃生维修门本体、传动系统、阀芯及电动阀板。

电动执行器及手轮：电动执行器为逃生门电动启闭时的驱动元件，执行器本身设置有手轮，在断电情况下可以通过手轮启闭逃生维修门。

逃生维修门本体：逃生维修门本体（图 5-19）为非真空密封腔体，其主要功能是为各部件的运行提供载体。逃生门的配对法兰一端与逃生门通过方形法兰连接，另一端接管侧与管道外表面焊接连接。

图 5-19　逃生维修门本体结构图

传动系统：传动系统是驱动阀芯部分运动的部件，在电动执行器旋转时通过滚珠丝杠带动丝母移动，从而实现逃生维修门的电动启闭。

阀芯及电动阀板：阀芯（图 5-20）由双阀板、框架车组成，框架车上设置有行走导向轮轴系统，用以实现阀芯整体在门体内部的导向行走功能。

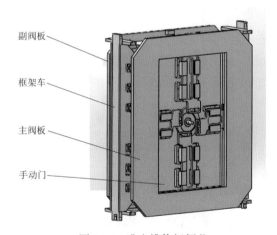

图 5-20　逃生维修门阀芯

5.4.6.3 工作原理

在电动执行器旋转时通过滚珠丝杠带动丝母移动，实现逃生门的电动启闭，在断电时手动转动执行器手轮时，同样通过此传动系统实现逃生门启闭。传动系统是驱动阀芯部分运动的部件。阀芯上设置有行走导向轮轴系统，用以实现其整体在门体内部的导向行走功能。当逃生门关闭时，阀芯向逃生门接口方向移动，当两个阀板运行到密封位置时，在限位定位装置的作用下阀板不再向前移动，主阀板上的密封件牢牢压在密封面上，副阀板反向抵住体内侧的密封面，实现对单侧的真空密封。

5.5 监测控制系统

5.5.1 系统功能及组成

监测控制系统集成了真空管道结构和环境参数在线监测，实现了真空及管线设备集成化控制的功能，具体包括：数据监测、查询统计、数据分析、精准预警、远程控制和视频监视。

监测控制系统主要由参数监测系统、设备控制系统、照明与视频采集系统三个子系统组成。参数监测系统由采集仪和参数监测传感器组成；设备控制系统由控制器、工控机和管线监控电缆网组成；照明与视频采集系统由照明装置和视频采集装置组成。

5.5.2 系统特点

5.5.2.1 多系统集成控制

监测控制系统需将系统工作状态与真空设备工作状态、真空设备工作逻辑和多设备联锁逻辑进行融合集成，兼顾真空泵、复压装置、闸板阀、运控系统等多系统之间的数据传输与控制策略，实现真空设备多系统集成控制。监测控制系统还需兼顾传输参数，将监测系统数据、真空设备、视频监控等状态信息发送给各系统，各系统交联关系如图 5-21 所示。

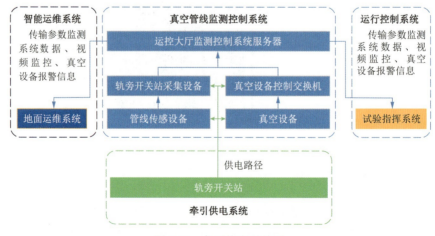

图 5-21 各系统交联关系

5.5.2.2 分点布置、独立线路

监测控制系统采用"分点布置、分布监测、光纤传输、集中采集、远程控制"的工作原理，由现场层、控制层、网络层、监控层、运行运维层等多层架构集合而成，各层之间

采用 GPS 时钟进行时间同步。

监测控制系统中参数监测系统使用一路独立光纤传输链路，设备控制系统使用一路独立光纤传输链路，照明与视频采集系统使用一路独立光纤传输链路，共计三路光纤传输链路，相互之间形成不同的传输环路，相互独立、互不干扰。监测控制系统原理架构如图 5-22 所示。

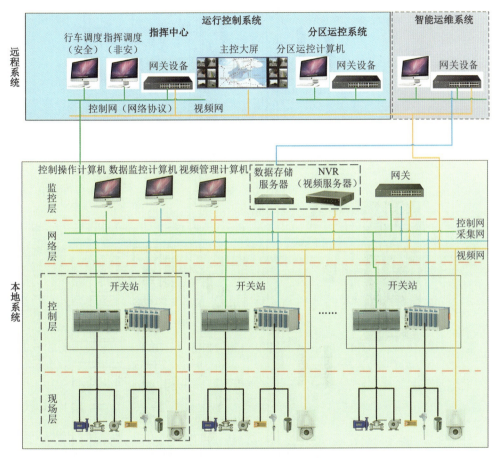

图 5-22　监测控制系统原理架构

5.5.3　参数监测系统

5.5.3.1　系统架构

参数监测系统的设备包括传感器、摄像机、数据采集仪、串口服务器、供电设备、光纤解调仪、光纤交换机、服务器和显示终端等设备（图 5-23），传感器和摄像机的布置方式兼顾管道内外两侧信息采集，每个测点位置一般包括梁端、跨中以及其他兴趣点或应力集中点。数据采集仪和串口服务器放置在测点管道外，并采用电磁防护盒进行防护；供电设备、光纤解调仪、光纤交换机等设备可以放置在测点附近的轨旁开关站内；服务器和显示终端布置在运控大厅。

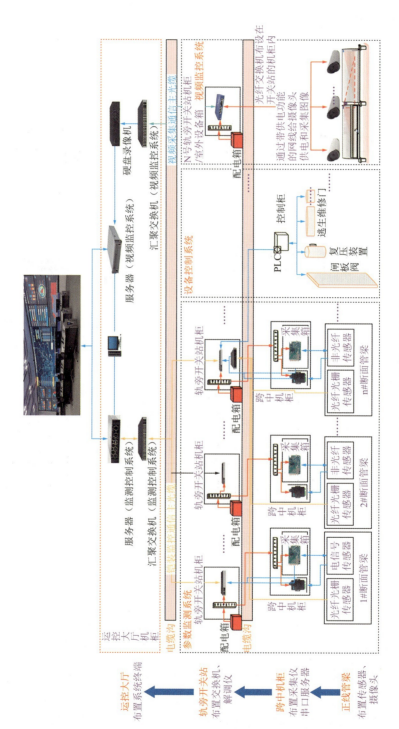

图 5-23 参数监测系统架构

5.5.3.2 系统工作模式

由于真空管线尺寸大、距离长、接口多、荷载作用类型复杂，真空设备数量类型繁多，因此为实现监测及控制功能，需要能够对多样数据源和不同数据结构的各类数据进行采样和集成，形成监测控制系统。多源异构的动静态监测及集成控制系统包括以下工作模式：

（1）静态监测场景

获取真空管线系统工作状态，研究不同季节、不同时段内管梁结构的性能演化规律，24h 在线监测采集相关数据，并进行规律研究。

（2）动态检测场景

为研究多类试验工况，常压、各级低真空环境，航行器在不同速度下，引起管梁的混凝土和钢结构发生的状态变化，需在航行试验期间，进行动态检测，高速采集相关动态变化量，并进行频谱分析、规律研究。

（3）真空设备集成化控制场景

为实现真空环境系统化控制，需实时掌握分布在沿线的被控真空设备的状态，同时采集管梁状态实时输入设备控制系统进行集成化控制。

从数据传输路径来看，前端传感器从传感器、信号线、采集仪多个环节均应考虑电磁屏蔽效果，保证监测参数采集的可靠性；低真空环境下可采用真空密封件固定信号线，保证信号传输的可靠性。实时监测的高精度采集系统模式保证数据的准确性，可采用分布式采集方式以实现数据级联同步采集。最后应用的监测软件可实时查看监测参数的趋势图及当前量值大小。参数监测系统控制模式下的数据流传输如图 5-24 所示。

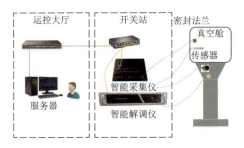

图 5-24 参数监测系统控制模式下的数据流传输

各类工作场景中，监测参数主要包括管梁静应变、动应变、振动、倾角、梁端位移、温度、真空度、噪声、粉尘、氨气等参数（图 5-25）。

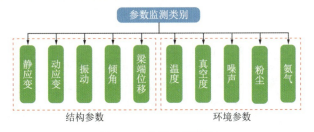

图 5-25 参数监测类别

5.5.3.3 系统应用

（1）数据监测

数据监测采用分层分布式软件架构和模块化结构，支持后续监测数据接入处理功能及算法的扩充。系统可以实时监测多种类型传感器，传感器数据按断面同步采集后上传服务器，并存储至服务器的数据库中，通过可视化截面查看最新数据波形图和设备状况，并可进行历史数据波形叠加对比显示，可设置刷新周期。此外，系统还可以多种方式展示全部监测数据及状态，支持列表方式显示各测点的基本信息和实时数据。

（2）查询统计

建立多条件查询功能，可以分断面、分传感器类型、分时段等查询条件，进行显示、分析和统计处理，对于多参量原始波形或数据可单独或汇总打包下载。

（3）数据分析

系统可按指定时间间隔，存储监测信号的某些指标量，对于动态信号，包含最大值、最小值、峰峰值等多种监测指标量值，可对动态信号进行滤波、加窗、去趋势等前处理，可进行快速傅里叶变换（FFT）频谱分析，可自动生成监测报告。

（4）精准预警

系统通过配置监测量的超限阈值和超限等级，可实时对监测数据进行超限判断，输出超限类型、超限值、超限等级信息，可以精准发现各个区域异常数量，并将超限数据存入数据库中供查询分析。

5.5.4 真空设备控制系统

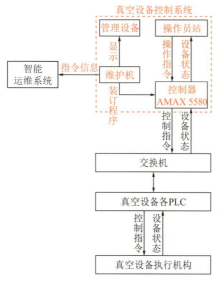

图 5-26 真空设备控制系统架构图

5.5.4.1 系统架构

设备控制系统主要是包含真空建立维持系统、复压装置、逃生维修门、闸板阀等真空设备的控制系统，以上设备是保证密封的必要条件。所有真空设备在出厂时需配备本地控制模块和信号交互功能，通过信号交互接入顶层安全控制系统，实现各真空设备的远程控制功能、联锁防护功能、状态显示功能、操作日志功能及升级维护功能。

根据功能要求及被控对象分析，真空设备控制系统（图 5-26）主要由操作员站、控制器和维护机组成。

操作员站：根据指挥人员口令下发对应的真空设备操作指令，并对接收控制器反馈的状态信息在人机界面上进行显示；对操作指令进行日志记录。

控制器：真空设备安全控制系统的核心部件，主要负责接收操作员站下发指令，并通过内部的联锁逻辑，实现真空设备的远程控制及防护功能。

维护机：负责控制器操作指令的存储并传递指令至运维系统进行数据分析；控制器软件的升级维护；具备真空设备安全控制系统电源状态监测功能。

真空设备控制系统实现了真空设备远程控制功能，并可添加联锁防护逻辑，同时对真空设备的关键状态信息进行监控。

5.5.4.2 系统工作模式

真空设备控制系统根据各阶段使用情况，可以将真空设备控制系统分为试验/运营模式和单控模式。

试验/运营模式：根据试验或运营场景，确定每个操作步骤中各真空设备的制约关系，通过控制器的联锁逻辑实现设备的远程控制及防护。

单控模式：非试验/非运营阶段（试验前准备、试验后维护、故障工况、运营时间外检修维护等），根据需求进行真空设备的动作或维护检修操作，可实现设备的单独操作。

切换条件：试验/运营模式与单控模式之间由操作人员根据试验场景或指挥员下达指令进行人工切换。

另外，对于真空设备自身而言，还存在一个就地模式。在人工确认无误且单控模式情况下，操作员可通过真空设备的 PLC 控制箱旋钮切换为就地模式进行本地控制，在此种情况下，真空设备安全控制系统控制器会通过物理通路封锁其到真空设备 PLC 的命令通道，就地控制转为远程控制后，控制器将不再对真空设备 PLC 发送动作指令，从而起到保护作用。

真空设备安全控制系统控制器启机默认为单控模式，在具备条件后人工转入试验/运营模式；就地模式的切入和切出需指挥人员和操作员共同确认执行。

5.5.4.3 系统应用

设备控制系统应用于实现真空泵开关、真空泵抽速、闸板阀开关、复压阀开关、逃生门开关等设备的控制功能，并实时显示真空设备的关键参数，对异常状态进行报警提醒和应急响应处理。

其设备控制系统控制策略的制定与应用的场景紧密相关。真空设备安全控制系统主要工作处于单控模式时，依据指挥员口令下发相关真空设备的作动指令；针对低真空运营，准备阶段工作在单控模式，正式运营工作在试验/运营模式。

真空设备安全控制系统软件工作流程如图 5-27 所示。

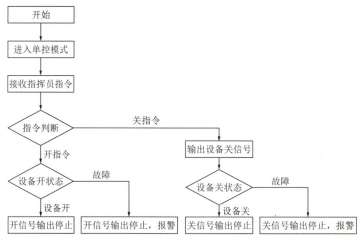

图 5-27　真空设备安全控制系统软件工作流程

低真空试验/运营模式是在单控模式的基础上叠加了航行器的上下行运行。在准备阶段和检修维护阶段，真空设备安全控制系统工作于单控模式，听从指挥员的指令进行调试、检修等操作；而进入正式运营阶段，真空设备安全控制系统工作于试验/运营模式，此模式中进行了动作指令的自动化及设备间的联锁。

5.5.5　照明与视频采集系统

5.5.5.1　系统架构

为了提高系统稳定性、降低传输延迟和充分发挥摄像球机图像处理功能，可将视频监测系统建立为二层网络架构（图 5-28）。

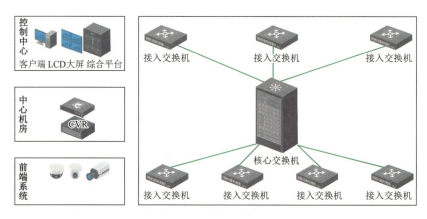

图 5-28　二层网络构架图

（1）核心层

核心层控制主要设备是核心交换机，作为整个网络的大脑，核心交换机需具备高可靠性及高稳定性，在可靠性配置上需具备双电源和双引擎，在稳定性配置上需选择合适的背板带宽及高性能的板卡。

（2）接入层

前端资源接入：前端网络采用独立的 IP 地址网段，完成对前端多类监控设备的互联。前端设备通过 IP 传输网络接入运控中心机房进行汇聚。对于传输距离小于 100m 的情况，采用六类屏蔽双绞线直接接入交换机；对于传输距离大于 100m 的情况，可采用一对光纤收发器实现点对点接入或者采用无源光网络（PON）实现点对多点接入。

用户接入：对于用户端接入交换机部分，监控部署千兆接入交换机提供用户查看视频业务。管道环境的前端视频资源及用户，采用视频码流直接上传至运控中心进行视频显示及控制。

5.5.5.2 系统工作模式

照明与视频采集系统主要分为照明装置和视频采集装置两部分，管道内照明装置可设计布设于管道侧面或顶部，工作模式为试验、维养、检修期间全部开启，为管梁提供可视条件，支撑试验、维护、设备安装等工作。

视频采集系统主要实时监控管道内试验人员、关键位置、机电设备、环境变化等状态，实现管道内部全景的高清、连续、无缝视频监控、图像采集、处理与显示，并可与测控数据在视频画面上融合显示。视频监控需保持"7×24"无间断工作模式。

5.5.5.3 系统应用

照明与视频采集系统中，数据接入交换机的 POE 供电系统能够实现供电输出，通过选用带供电功能的网线同时可实现监控摄像头的供电与数据采集功能，数据接入交换机布置在轨旁开关站及增设的设备箱内，各个数据接入交换机的监控摄像头具体接入数量可结合现场实际情况接入。

照明与视频采集系统实现了管道内部全景的高清、连续、无缝视频监控、图像采集、处理与显示，监控管道内涉及的人员、结构关键位置、机电设备开关状态、特殊设备和环境变化，并可在视频画面上同步显示，保障了设备的运行和安全。视频监控应用如图 5-29 所示。

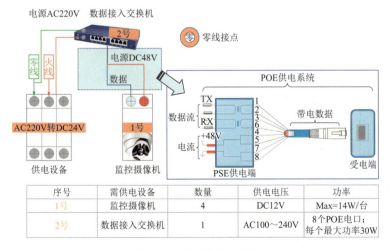

图 5-29 视频监控应用图

5.6 接驳系统

高速飞车运行过程中,真空运行环境下的接驳是除航行器行驶外最耗时的部分,因此接驳的效率直接影响运行效率。当前主流的接驳方案有管段复压和接驳廊桥。管段复压是通过封闭一段管道,并将该管段复压至大气压后,乘客进出航行器;接驳廊桥是指通过廊桥与航行器对接,形成密封通道,航行器通过廊桥与外界大气联通,乘客通过廊桥进出航行器。接驳廊桥方案相较于管段复压方案具有复压空间小、接驳速度快、效率高、成本低等优点。

5.6.1 系统功能及组成

接驳系统在管道整体保持真空环境的条件下,为乘客进出航行器提供通道,其由位移补偿系统、定位驱动系统、支撑对接系统以及智能监测分析系统组成。

5.6.2 系统特点

真空-常压环境适应性:接驳系统在乘客换乘时维持通道的常压环境,且隔绝真空管道与车站内大气环境的连通,维持管道的真空状态。

多向位移补偿及可靠密封:为确保在接驳时与舱门精准对接,需要其能够补偿航行器停靠位置存在轴向、竖向、横向偏差,实现精准对接;在实现多向位移补偿对接的同时还需要确保其可靠密封。

5.6.3 工作原理

廊桥接驳系统如图 5-30 所示。在廊桥接驳时,廊桥腔舱门对接口与航行器运行管道连通,廊桥腔站台口利用真空阀门密封,使廊桥腔与管道同为真空状态(图 5-31),当航行器进站停靠结束后,廊桥腔舱门对接口与舱门对接密封(图 5-32),廊桥腔复压至大气压力,此后舱门开启,站台真空阀门开启,旅客出航行器。航行器出站时,舱门关闭,站台真空阀门关闭,并利用真空泵对廊桥腔抽真空,当真空度达到与运行管道真空度相同时,廊桥腔舱门对接口与航行器脱离并撤回至初始位置。

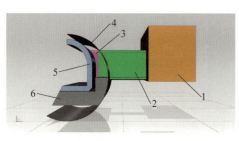

图 5-30 廊桥接驳系统组成图
1-候车室(出站口);2-进出航行器通道;3-伸缩式廊桥;
4-真空管道;5-航行器;6-轨道

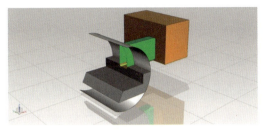 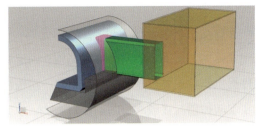

图 5-31 航行器运行时，廊桥处于收缩并锁死状态　　　图 5-32 航行器到站后，廊桥解锁伸出与舱门连接并密封

5.6.4　接驳廊桥

5.6.4.1　位移补偿系统

接驳廊桥位移补偿系统由金属膨胀节、结构接管以及连接法兰组成，作用是补偿接驳廊桥与航行器对接过程中产生的位移，保障密封。

膨胀节在工业上常用于补偿管道受温度变化产生的热胀冷缩，其适用于各类流体输送管道，具有很好的气密性，同时兼顾了位移补偿的功能。因此宜采用单层复式矩形膨胀节作为接驳廊桥的位移补偿的主体结构。

为提高膨胀节整体安全性、可靠性及使用寿命，可利用电缸位移监测数据作为膨胀节位移数据，进行膨胀节疲劳寿命分析。同时，位移补偿系统可以在上述的基础上，将单层金属波纹管更换为每层厚度更薄的双层金属波纹管，在双层之间配备层间压力传感报警装置。压力传感报警装置实时监控膨胀节的运行状态，并可在其中一层发生泄漏时发出报警信息，提醒维护人员对膨胀节进行及时维护，同时不影响当前膨胀节工作状态，及时评估膨胀节的安全风险。

5.6.4.2　定位驱动系统

定位驱动系统由驱动电缸（图 5-33）、密封压紧机构、条码定位机构和相关支架组成，有以下三个作用。

一是确保接驳廊桥与航行器舱门的对接位置在指标的误差范围内，为支撑对接系统进行下一步动作提供激励信号，从而提高接驳廊桥运行的安全性。

二是提供给支撑对接系统的前移和后退的动力。

三是为密封系统提供所需要的压紧力，并保证压紧后推进缸能自锁。

5.6.4.3　支撑对接系统

支撑对接系统是接驳廊桥中与航行器直接对接的部分，航行器未停靠之前处于收回状态，当航行器停靠后，在支撑系统作用下进行高度调节，然后由定位驱动系统驱动实现前进、贴合、压紧动作，完成与航行器舱门部位的快速对接密封，为形成完整的密封对接通道提供条件。

支撑对接系统（图 5-34）主要由壳体、固定廊体、支撑组件、踏板组件和密封副组成，其中壳体为对接部分的主体框架结构；固定廊体是接驳廊桥系统通向站台的主体空间；支撑组件提供支撑、廊桥高度调节与导向；踏板组件为乘客在廊桥内行走提供支撑与保护；密封副实现航行器与接驳廊桥的动密封。

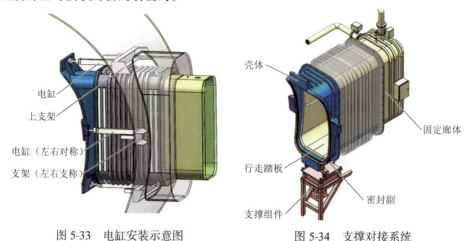

图 5-33　电缸安装示意图　　　　图 5-34　支撑对接系统

5.6.4.4　智能监测分析系统

接驳廊桥是高速飞车实现高效上下客的关键设备，而智能监测分析系统是廊桥可靠运行的有力保障，是整个接驳廊桥系统的重要组成部分。智能监测分析系统通过对廊桥运行过程中设备及传感器数据进行分析处理，评价廊桥是否健康运行，实现廊桥运行过程的预/报警及维护提醒，提高廊桥运行的安全性、可靠性和稳定性，保障乘客上下客过程的安全。智能监测分析系统工作流程如图 5-35 所示。

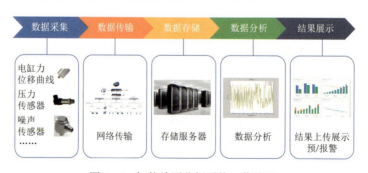

图 5-35　智能检测分析系统工作流程

智能监测系统数据是通过采集密封补偿系统、定位驱动系统及支撑对接系统上传感器或设备的数据，通过内嵌的数据分析模块完成计算，一方面将结果反馈接驳廊桥电控系统，控制接驳廊桥动作，另一方面将减容后的数据上传到车载控制系统，为高速飞车调度和运控提供建议。

智能监测分析系统分析数据主要包括：廊桥复压后保压数据、驱动电缸力-位移曲线、波纹膨胀节数据等,传感器位置如图 5-36 所示。通过建立廊桥健康评价特征量、故障的预/报警及定位、维护提醒、误差补偿等,形成接驳廊桥安全评估的智能分析系统。同时,为保障传感器监测数据的安全可靠,需安装两个压力传感器,防止传感器失效引起安全问题。

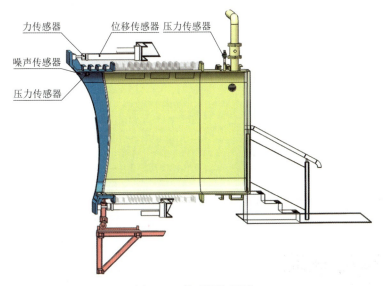

图 5-36　传感器位置图

5.7　道岔系统

未来长大干线瞄准超大城市群间连接需求,以"千公里"级长度线路为高速飞车目标基线,线路沿线设多座车站,线路尽头端设过渡舱,为方便航行器日常检修维护,设置车库与维保中心。车站设置若干组道岔,方便航行器停靠落客;线路尽头端设渡线道岔,方便航行器折返;车库与维保中心设置车库道岔方便航行器驶入不同的区域。未来运营长大干线总体布局示意如图 5-37 所示。

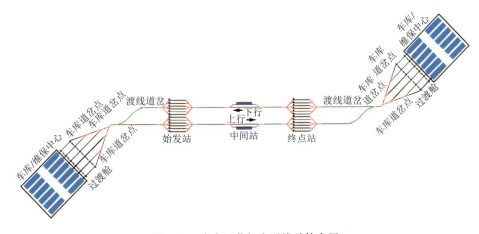

图 5-37　未来运营长大干线总体布局

5.7.1 系统功能及组成

高速飞车最终目标是成网运营，为了保证高速飞车具有灵活的运行模式，需要道岔结构实现航行器在不同线路之间的转辙。根据轨道交通系统道岔研究经验及低真空使用环境产生的特殊要求，高速飞车道岔系统主要由梁体结构、真空密封结构、驱动走行、锁定和机电控制系统组成。道岔系统主要功能组成如图 5-38 所示。

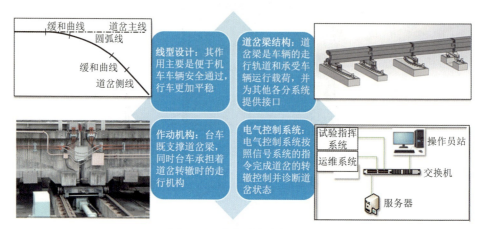

图 5-38　道岔系统功能组成

5.7.2 系统特点

高速飞车道岔系统具有如下特点。

5.7.2.1 低真空环境作动

道岔为航行器轨道的一段，使航行器通往不同轨道，因此道岔需在低真空环境下完成解锁、横移、锁定等作动。

5.7.2.2 通过速度高

高速飞车航行器运行速度为千公里/小时级，因此道岔的直线通过的能力应与普通轨道相同，保证航行器行驶过程平稳性。

5.7.2.3 转辙时间短

道岔转辙时间应能保证在任何情况下，综合高速飞车发车间隔，使连续通过的两组航行器具有足够的安全运行距离。

5.7.3 工作原理

高速飞车的道岔（图 5-39）可采用横向关节式道岔（多节段转动式道岔），由一组直道岔梁组成，通过梁段的转动或平移实现与正线和侧线的衔接。道岔主体由多段可活动混凝土梁铰接组成，相邻梁体共用一个带驱动装置的平板台车。转辙时所有驱动装置一起作动，将多段梁体横移到目标位置后锁死。整个道岔区域放置于管道中以保证密封。

考虑每段梁之间需要布置梁缝和曲线内外侧梁缝的增减，相邻梁之间转角不宜过大，且梁长过长不利于线型控制。

5.7.4 道岔形式

5.7.4.1 道岔线型

道岔线型是指实现轨道从一个方向转向另一方向的曲线形状，主要包括圆曲线和缓和曲线（图5-40）。

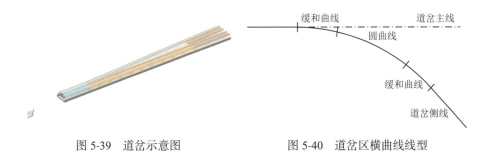

图5-39　道岔示意图　　　　图5-40　道岔区横曲线线型

（1）圆曲线

圆曲线的主要参数为半径，决定半径的主要因素包括乘客舒适度相关的未平衡加速度和工程施工可实施性。曲线半径应根据不同设计速度，不同设计横坡等具体线路技术条件选用合理的数值。

航行器在平曲线上运动时，要产生离心加速度，而曲线上设置的外轨超高，要产生向心加速度，二者抵消时的超高称为均衡超高。当实设横坡不足时，航行器舱内乘客将承受一定大小的未被平衡的离心加速度；若实设横坡过大，航行器舱内乘客将承受一定大小的未被平衡的向心加速度，这两种未被平衡的横向加速度不能超过旅客舒适所允许的限度。由于高速磁浮航行器可实现主动控制，对来自线路的激扰较不敏感，旅客承受的振动加速度较小，可将轮轨铁路舒适度控制值适当提高作为控制限值。圆曲线半径还受工程工艺实现、维护要求等影响，半径选用过大的值时，曲线长度大，对曲线梁的制造、安装和维护要求过高，因此曲线半径取值还应考虑航行器的构造要求及轨道梁工程技术要求。

（2）缓和曲线

道岔线型中一般采用缓和曲线实现直线到圆曲线的平滑过渡，圆曲线之前和之后的缓和曲线，一般采用回旋曲线的形式（图5-41）。

回旋线的线型复杂，其定义公式为参数化公式，工程上常用相似线型模拟法确定回旋曲线形状和参数（图 5-42）。

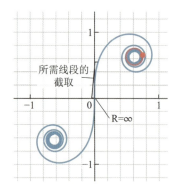

图 5-41　回旋曲线的线段截取

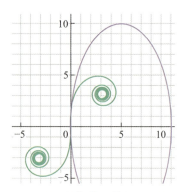

图 5-42　相似线型模拟法展开回旋曲线

5.7.4.2　道岔梁

道岔梁是航行器的走行轨道和承受航行器运行载荷的装置，它对航行器行驶方向起导向和稳定的作用，并能承受住预期的各种冲击载荷的作用。

梁体分段应综合考虑道岔线型实现精度要求、驱动台车能力及效率，节段梁长度增大，实现相同转角所需道岔长度会增大，驱动台车能力要求提高。参考日本山梨试验线关节型道岔宜采用小型驱动台车，节段梁不宜过重。

5.7.4.3　作动机构

机械式道岔通过台车驱动梁体移动实现不同线路间的转辙，台车既支撑道岔梁，也支撑梁上所有的荷载，包括航行器运行载荷和自身荷载（图 5-43）。同时，台车承担着道岔转辙时的走行机构。

图 5-43　移动台车结构示意

台车走行是由道岔驱动的装置的驱动力作用，与道岔梁固定，一起转辙运动。

5.7.4.4 电气控制系统

为保证道岔安全、可靠地工作，道岔系统可划分为集中控制、本地控制两种模式。两种控制模式通过转换开关应能方便地相互转换，操作简单。其中本地模式又分为本地联动控制、本地单动控制、本地手动控制。

（1）集中控制方式

由运控系统控制实现道岔的转换。运控系统向道岔控制系统发出转换指令，道岔控制系统自动完成解锁、转换和锁闭，并判断转到的位置是否与给定位置一致。当确认转换到位后，向运控系统输出位置信号，切断给定信号，完成转换过程。

（2）本地控制方式

一般用在安装、维护及维修阶段。在这种模式下，道岔能在现场进行操作。

本地联动控制：由道岔控制系统就地完成道岔的连续作动转换。在运控系统授权就地操作后，操作人员利用控制柜上的开关和按钮发出道岔转换指令，使道岔自动转换到所需的位置，并向运控系统反馈位置信号。

本地单动控制：由道岔控制系统就地实现道岔各运行机构的单步操作。在授权的情况下，操作人员使用控制柜上开关机按钮，对道岔运行机构进行单步操作，完成解锁、转换、锁闭，生成信号，实现对每一台运行电机单独操作。此种控制方式主要用于就地维修和调试。

本地手动控制：在获得授权的情况下，切断电源后，由操作人员手动对道岔进行解锁、转换、锁闭等操作，使道岔转换到需要的位置。

6

悬浮推进系统

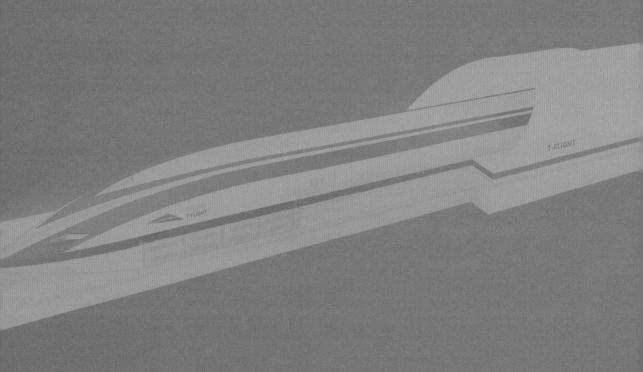

超高速低真空管道
磁浮交通系统

6.1 概述

悬浮推进系统是高速飞车的"动力源",承担着航行器的悬浮与导向、牵引与制动、速度控制等核心功能,是高速飞车高速运行的基石。

悬浮推进系统采用超导电动悬浮(EDS)制式,具有悬浮导向间隙大、悬浮导向被动自稳定、电机功率因数与效率高等优点,为航行器提供足够的能量以及合适的牵引力与制动力、悬浮力与导向力,同时为沿线地面设备和航行器提供辅助用电。具体功能如下:

(1) 悬浮与导向功能:提供高速飞车航行器运行所需的悬浮力和导向力,保证航行器稳定悬浮运行。

(2) 牵引与制动功能:提供高速飞车航行器在启动和有限的制动距离范围内充足的牵引力与制动力,实现加减速以及航行运行。

(3) 控制功能:根据运控系统的调度指令,对航行器进行实时化、高精度的牵引管理和控制,对具备关键参数的信息进行监控与调整,保证航行器安全稳定运行。

(4) 供电功能:为线路悬浮推进系统各地面设备和车载电气设备提供稳定的电源。

(5) 定位测速功能:可提供航行器的绝对位置、超导磁体的磁极位置以及航行器全速域范围的速度信息,满足安全运行控制系统和牵引控制系统的控制需求和防护需求。

(6) 监控与诊断功能:悬浮推进各子系统具有自我监控与诊断功能,支撑线路运行维护保障工作。

悬浮推进系统包含了悬浮导向与直线电机系统、轨旁供电系统、牵引变流系统、牵引控制系统和定位测速系统五个分系统(图6-1)。

图6-1 悬浮推进系统组成

6.2 系统原理及架构

悬浮推进系统采用"超导电动悬浮(EDS)+长定子直线同步电机"分段供电牵引形式,用于为航行器提供足够的牵引力与制动力、悬浮力与导向力,实现航行器运行精准控制。

悬浮推进系统拓扑组成结构如图6-2所示,轨旁供电系统接入电网制式,通过牵引变流系统和轨旁供电设备,为高速飞车航行器提供稳定的动力来源。牵引控制系统接收调度指令,结合定位测速系统识别的位置信息,对航行器进行实时化、高精度的牵引控制,具备关键信息的监控、保护及调整功能,保证航行器的稳定、高速、可靠运行。

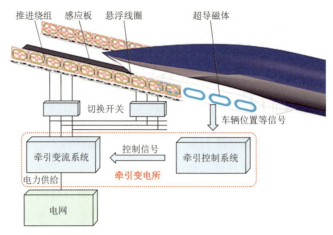

图 6-2　悬浮推进系统拓扑组成结构

6.2.1　工作原理

超导电动悬浮系统的原理主要依赖于超导磁体和电磁感应技术。利用超导磁体产生强大的磁场，使航行器悬浮在轨道之上（通常约 1cm）。超导磁体的特性包括零电阻效应和抗磁性（迈思纳效应），这些特性使得超导磁体能够在极低的温度下保持超导状态，从而产生必要的磁场。

6.2.1.1　牵引力/制动力的基本原理

在磁浮系统中，地面铺设长定子线圈，线圈中通入交流电流，形成空间行波磁场；航行器安装有超导磁体；当航行器超导磁体经过行波磁场时，两个磁场相互作用，产生牵引力和制动力的原理如图 6-3 所示。当相互作用力作用在航行器上表现的总合力方向与航行器运行方向一致时，即产生牵引力；当总合力方向与航行器运行方向相反时，即产生制动力。

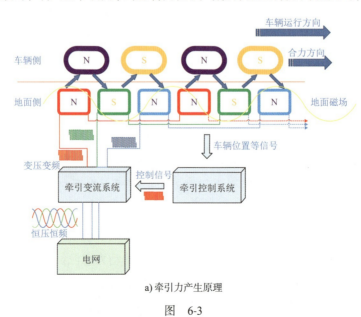

a) 牵引力产生原理

图　6-3

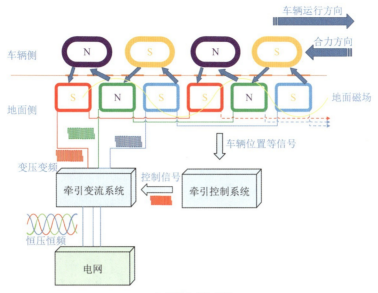

b) 制动力产生原理

图 6-3 磁浮系统产生牵引力/制动力的基本原理

因此，超导悬浮航行器的牵引力和制动力是通过周期性地变换地面模组磁极方向来获得的。牵引控制系统根据航行器当前位置信息，产生变压变频的驱动控制信号，经牵引变流系统功率放大后向地面模组的推进线圈通入三相交变电流，进而在空间形成行波磁场。

负载地面模组为长定子直线同步电机，分析直线同步电机的数学模型，普通凸极同步电机的结构包含定子 abc 相对称绕组。

在同步电机控制策略中，首先要对三相静止坐标系下的数学模型进行坐标变换，即将定子 abc 相绕组用两个在空间上正交分布，且与转子同步旋转的 d 轴和 q 轴绕组来代替，d 轴绕组与励磁磁极的 N 极在空间上一致，q 轴在空间上超前 d 轴 90°电角度。通过两种正交坐标变换：三相静止 abc 坐标系与两相静止坐标系之间的变换、两相静止坐标系与两相同步旋转坐标系之间的变换，可将同步电机的原始方程变换到同步旋转的 dq 坐标系上。长定子直线同步电机的空间矢量图如图 6-4 所示。

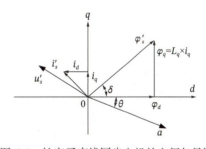

图 6-4 长定子直线同步电机的空间矢量图

长定子直线同步电机的同步电角频率为：

$$w = \pi \times \frac{v}{\tau_s} \tag{6-1}$$

式中：v——长定子直线同步电机行驶速度，m/s；

τ_s——长定子直线同步电机的定子极距，m；根据同步电机原理，可得到长定子直线同步电机的电压/磁链和牵引力方程；

w——电机同步电角频率，rad/s。

定子电压方程：

$$\begin{cases} u_\mathrm{d} = R \times i_\mathrm{d} + p \times \varphi_\mathrm{d} - \varphi_\mathrm{q} \times \pi \times \dfrac{v}{\tau_\mathrm{s}} \\ u_\mathrm{q} = R \times i_\mathrm{q} + p \times \varphi_\mathrm{q} - \varphi_\mathrm{d} \times \pi \times \dfrac{v}{\tau_\mathrm{s}} \\ u_\mathrm{fd} = R_\mathrm{fd} \times i_\mathrm{fd} + p \times \varphi_\mathrm{fd} \end{cases} \quad (6\text{-}2)$$

定子磁链方程：

$$\begin{cases} \varphi_\mathrm{d} = L_\mathrm{d} \times i_\mathrm{d} + M \times i_\mathrm{fd} \\ \varphi_\mathrm{q} = L_\mathrm{q} \times i_\mathrm{q} \\ \varphi_\mathrm{fd} = \dfrac{3}{2} \times M \times i_\mathrm{d} + L_\mathrm{fd} \times i_\mathrm{fd} \end{cases} \quad (6\text{-}3)$$

牵引力方程：

$$\begin{aligned} F_x &= 1.5 \times \frac{\pi}{\tau_\mathrm{s}} \times (\varphi_\mathrm{d} \times i_\mathrm{d} - \varphi_\mathrm{q} \times i_\mathrm{q}) \\ &= 1.5 \times \frac{\pi}{\tau_\mathrm{s}} \times [M \times i_\mathrm{fd} \times i_\mathrm{q} + (L_\mathrm{d} - L_\mathrm{q}) \times i_\mathrm{d} \times i_\mathrm{q}] \end{aligned} \quad (6\text{-}4)$$

式中：L_d，L_q——同步电机 **d** 轴和 **q** 轴电枢反应电感系数，H；

M——励磁绕组和定子绕组轴线重合时的互感系数，H；

L_fd——励磁绕组自感系数，H；

u_d，u_q，u_fd——电机 **d** 轴、**q** 轴、励磁绕组的电枢电压，V；

φ_d，φ_q，φ_fd——电机 **d** 轴、**q** 轴、励磁绕组的磁链矢量，Wb。

6.2.1.2 悬浮力/导向力的基本原理

在磁浮系统中，当超导磁体经过特制的线圈时，根据电磁感应原理，会在线圈中产生电流，进而产生磁场。这个磁场与超导磁体的磁场相互作用，产生向上的磁力，使航行器悬浮。特制的线圈设计呈 8 字形，也称为 8 字线圈或悬浮线圈。

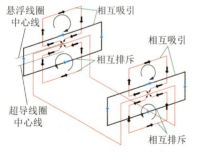

图 6-5 超导磁浮航行器悬浮原理图

当载有超导磁体的航行器在 8 字线圈中心线以下经过时，8 字线圈下半部的磁通量改变比上半部大，由楞次定律可知，上半部线圈感应的磁场与超导磁体的磁场相吸，下半部线圈感应的磁场与车载超导磁体的磁场相斥，一推一拉形成磁浮车的悬浮力；航行器运行速度越快，感应的磁场越强，悬浮力越大；当悬浮力与航行器自重相等时，航行器实现稳定悬浮（图 6-5）。

其导向原理也是通过地面铺设 8 字线圈感应磁场相互作用实现。当航行器位于轨道中心线上时，线圈内的磁场为零。当超导磁体发生横向偏移时，悬浮线圈中产生感应导向电流，感应导向电流产生感应磁场，且悬浮线圈上下回路感应磁场极性相同，超导磁体与其靠近侧线圈相互排斥而与其远离侧线圈相互吸引，产生使得航行器向轨道中心的导向力，进而实现导向功能（图 6-6）。

悬浮线圈和磁体的基本结构位置如图 6-7 所示，超导磁体安装在航行器车体上，悬浮线圈安装在轨道梁两侧。

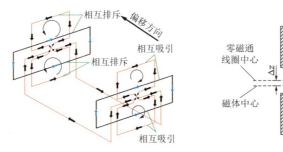

图 6-6　超导磁浮航行器导向原理图　图 6-7　悬浮线圈和磁体的基本结构位置示意

由超导磁体产生 N、S 交替的励磁磁场，当车体运行时，超导励磁磁场与悬浮线圈产生相对运行，根据电磁感应定律，变化的磁场产生电场，并在悬浮线圈中产生了感应电流。超导磁体励磁磁场与悬浮线圈的涡流磁场相互作用产生了电磁力。由于超导磁体中心线与悬浮线圈中心线存在垂向距离 Δz，上、下悬浮线圈对超导磁体的电磁力在大小和方向上不同，如图 6-7 中红线部分所示。上、下悬浮线圈对超导磁体产生的电磁合力同时具有悬浮和导向方向上的分量，能够为车体提供悬浮和导向上的正恢复刚度，故不需要主动反馈控制，降低了悬浮系统复杂度，提高了悬浮系统可靠性。

悬浮系统的电磁力可以通过麦克斯韦方程进行求解：

$$\nabla \times \boldsymbol{E} = -\frac{\partial \boldsymbol{B}}{\partial t} \tag{6-5}$$

$$\nabla \times \boldsymbol{H} = \boldsymbol{J} \tag{6-6}$$

$$\nabla \cdot \boldsymbol{B} = 0 \tag{6-7}$$

各矢量之间的关系如下：

$$\boldsymbol{J} = \sigma \boldsymbol{E} \tag{6-8}$$

$$\boldsymbol{B} = \mu \boldsymbol{H} \tag{6-9}$$

因此，可知：

$$\nabla \times \frac{\boldsymbol{B}}{\mu_0} = \sigma \boldsymbol{E} \tag{6-10}$$

通过矢量磁位表达空间磁密的公式如下所示：

$$\boldsymbol{B} = \nabla \times \boldsymbol{A} \tag{6-11}$$

得到：

$$\nabla \times \boldsymbol{E} = -\frac{\mathrm{d}}{\mathrm{d}t}(\nabla \times \boldsymbol{A}) \tag{6-12}$$

$$\boldsymbol{E} = -\frac{\mathrm{d}\boldsymbol{A}}{\mathrm{d}t} = -\frac{\partial \boldsymbol{A}}{\partial t} - (\boldsymbol{v} \cdot \nabla)\boldsymbol{A} \tag{6-13}$$

式中：$\boldsymbol{v}$——速度矢量。

进一步可得：

$$J = -\sigma\left[\frac{\partial A}{\partial t} + (v \cdot \nabla)A\right] \tag{6-14}$$

悬浮系统的电磁力可以通过洛伦兹力公式求解：

$$F = J \times B \tag{6-15}$$

进而，悬浮系统磁阻力、悬浮力和导向力的控制方程如下：

$$F_x = \iiint (J_y B_z - J_z B_y)\mathrm{d}V \tag{6-16}$$

$$F_y = \iiint (J_x B_z - J_z B_x)\mathrm{d}V \tag{6-17}$$

$$F_z = \iiint (J_x B_y - J_y B_x)\mathrm{d}V \tag{6-18}$$

6.2.2 系统架构

悬浮推进系统的总体架构可分为动力层、能源层和控制层（图6-8）。

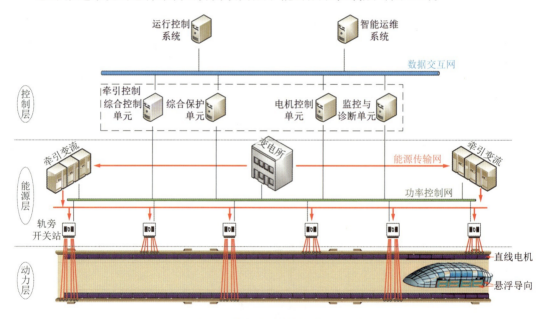

图 6-8 悬浮推进系统总体架构图

动力层：是系统能源向动力的转换机构，是低真空管道磁浮交通系统航行器运行的动力来源，主要为悬浮导向与直线电机系统。直线电机系统接收能源层的可控电能，与超导磁体作用实现航行器的悬浮和推进。

能源层：是系统能源转换和分配机构，主要包括牵引变流系统和轨旁供电系统。牵引变流系统和轨旁供电系统接收控制层的指令后，将电网恒频恒压高压电能变换成变频变压的电能，利用轨旁开关站作为媒介，将可控电能发送至动力层，完成能源的传输。

控制层：是系统中枢控制机构，主要包括牵引控制系统和定位测速系统。牵引控制系统根据定位测速系统提供的位置和速度信息控制能源层为动力层提供能源的输入形式，确保航行器以预定轨迹运行。

6.2.2.1 动力层设置

动力层设备以及功能配置主要涉及管梁内的地面模组和舱载的超导磁体系统。

地面直线电机模组布置在管梁两侧，呈 U 形环抱航行器，左右梁体对称悬浮模组通过铰链线完成互联，单侧推进线圈通过高压串接电缆完成串接，并连入轨旁开关站中。在航行器两侧主要配置超导磁体，与悬浮架稳定连接。

以下将从地面模组推进线圈拓扑和悬浮线圈拓扑选型两方面陈述动力层地面模组和超导磁体的布置设计情况。

（1）推进线圈拓扑

超导磁体的极距为 τ，大功率长定子直线电机可选择传统三相或 $3n$ 相（$n>1$）供电方式。考虑到线路成本及与悬浮线圈集成化的对应关系，其基本拓扑形式有：60°电角度单层推进绕组、120°电角度单层推进绕组和双层推进绕组三种典型制式。线圈布置形式如图 6-9 所示。

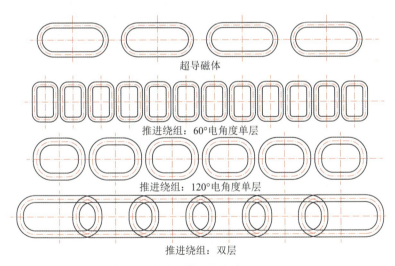

图 6-9　超导磁体、推进线圈配置图

综合分析单线圈中心线长度对节距因数、推力波动、反电势谐波及定子磁动势谐波的影响关系可知：

六相电机布置方式有提高可靠性和冗余、降低相电压、提高定子磁动势正弦性等固有优点，但无法提高电机推进性能且会导致导体用量增加 1/3 以上，显著增加成本，因此推进线圈使用三相电机方案。

双层地面线圈可以提高电机性能，但双层推进线圈布置方式存在相邻绕组互相覆盖导致无法模块化制造、安装、绝缘防护难度大，真空适应性不佳。针对未来商业化、经济性的发展目标，地面推进模组选择120°电角度单层推进绕组。

（2）悬浮线圈拓扑

悬浮线圈拓扑设计主要考虑悬浮线圈间距问题，悬浮线圈间距决定了悬浮线圈、超导线圈和推进线圈三者的配置关系。推进线圈与超导磁体的配置关系为：2极3槽，即若超导磁体的极距为τ，则推进线圈的间距为$2\tau/3$。为实现悬浮导向系统与电磁推进系统的解耦，推进线圈覆盖的悬浮线圈个数尽量为整数，同时也有利于推进线圈和悬浮线圈的一体化设计。

悬浮线圈三种典型配置为：$\tau/3$、$\tau/2$和$2\tau/3$，其中$\tau/3$和$2\tau/3$配置下有利于一体化成型制造以及悬浮导向系统与电磁推进系统的解耦（图6-10）。

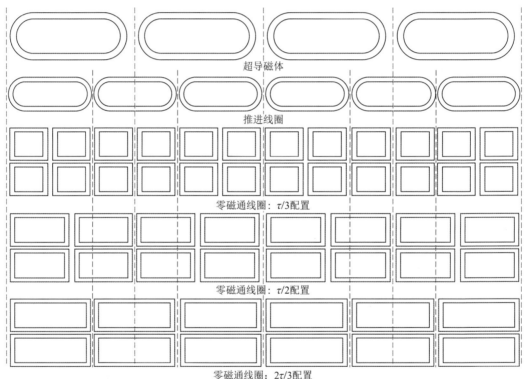

图6-10 超导磁体、推进线圈和悬浮线圈配置

综合分析悬浮力波动、绕制工艺、成本等方面可知：

不同配置下，悬浮力均随着线圈长度的增大而增大。

不同配置下，悬浮力波动均随着线圈长度的增大而减小。

相同节距系数下，$\tau/3$配置下悬浮力波动最小，$\tau/2$配置下悬浮力波动最大。

相同节距系数下，$\tau/3$配置下悬浮力最小。

悬浮力波动越小，悬浮导向系统的稳定性要求越低，因此悬浮线圈极距选用$\tau/3$配置。

综上，地面模组拓扑结构选择：推进线圈与超导磁体形成两极三槽配置，悬浮线圈与超导磁体形成 $\tau/3$ 配置（图6-11）。

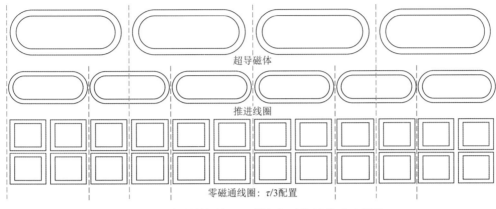

图 6-11　超导线圈与地面模组相对位置关系示意图

6.2.2.2　能源层设置

能源层主要解决的问题是如何从工频电网电源转换为变频变压驱动电源，并高效传输给动力层的地面模组，实现航行器运行的能量转换。高速飞车能源层从电网接入电能，利用牵引变流器和轨旁开关站作为媒介，将可控电能发送至动力层，完成能源的传输。

为降低系统损耗，提高轨旁供电功率因数以及运行效率，采用地面分段换步供电的形式对地面模组推进线圈供电。其供电形式主要有单端供电和双端供电两种模式；其供电制式主要分为三相三线制以及三相四线制。

（1）供电形式

单端供电是指每侧直线电机仅由一个牵引变电所进行供电；而双端供电指每侧直线电机均由两个牵引变电所同时供电。

如图6-12所示，双端供电相当于4套牵引变流器同时提供动力电源。当系统一侧的变流器或变电站出现故障时，另一侧的变流系统可以正常工作。在巡航段，由于线路气动阻力较小，未故障变流器可释放自身的容量裕度，为直线电机提供所需的全部功率，维持车速。在加减速段，系统输出电流和推力最多减少25%（电机左右两侧绕组并联），如果要保持航行器不间断运行，那么剩余3套牵引变流器只需多承担8.3%的总功率，此时变流器容量裕度需达到33%。而在单段供电模式下，相当于2套牵引变流器分别为飞车左右两侧地面绕组供电，当发生同样故障时，航行器电流和推力最大损失将达到50%，如果要保持航行器不间断运行，剩余1套牵引变流器的容量裕量至少要达到100%。

因此，单端供电是高速磁浮航行器牵引控制系统中最基础、最普遍的供电方式，单端供电方式具有连线相对简单、需要变流器供能少等优点，因此当航行器速度不大时成为首选。但是在单端供电模式下，变流器受容量所限，在航行器运行时并不能提供很大的电流，在这种方式下,航行器不能达到很高的速度。所以,在更高速运行场景下,优选双端供电模式,同时降低牵引变流器的容量裕度要求。

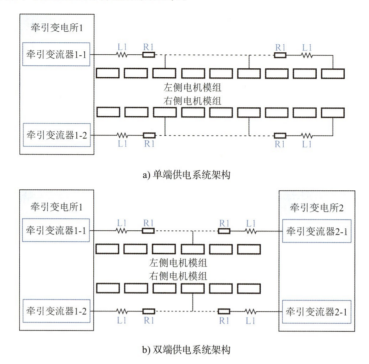

图 6-12　不同供电模式的系统架构

（2）换步供电方式

在地面直线电机供电布局方面,根据长初级直线电机的原理可知,直线电机供电分段长度越短,变流系统输出电压的需求越低,牵引效率和功率因数就越高,但同时对分段供电切换响应速度要求也随之增加,从而增加系统的复杂度和经济成本。

目前国内外已有的定子段换步方法有跳步法、两步法和三步法等。不同的换步法要求不同数量的牵引变流设备和不同连接形式的电缆,在换步过程中对航行器牵引力的影响也不相同。常用的为两步法和三步法供电方式分别如图 6-13 和图 6-14 所示。

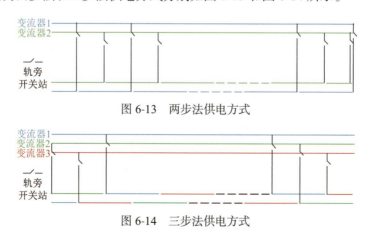

图 6-13　两步法供电方式

图 6-14　三步法供电方式

6 悬浮推进系统

与两步法相比，三步法几乎无推力损失，航行器运行平稳，在航行器经过二个定子段期间几乎无推力下降，能够提升航行器的运行性能和乘坐舒适度，并且其变流器输出功率较小，当存在故障时也可降额运行。同时，采用三步法换步方式，当航行器运行的任何时刻，两侧定子绕组始终在同时驱动航行器运行，航行器可获得最大的推力。考虑到航行器运行要求、变流器的额定功率及容量，以及故障下的表现，结合应用场景选择合适供电方式是至关重要的。为了防止动力系统出现故障时推力损失过大或者无法工作，电磁推进系统应该具有冗余功能，一般在正线运行时优先采用三步法，并在供电网络中设计转换开关，以便在任何一套供电系统出现故障时，可由另外两套供电系统供电，转入两步法工作，提高系统的可靠性；在站点等附近区域可以选用两步法，以在一定程度上降低设计复杂度和建设成本。

6.2.2.3 控制层设置

高速飞车采用动力外置的方式实现航行器运行，即采用了长定子直线电机驱动模式，悬浮推进系统本质上为大功率交流传动直驱系统，但是由于定子（地面模组）和动子（超导磁体）为分离式结构，外部环境因素复杂，受到外部干扰大，不确定因素更多。因此，牵引控制系统需采集电流、电压、温度、开关状态以及航行器速度、位置等全系统设备状态信息，完成能源层的资源和运行模式管理、牵引电流控制、功率控制，以及电机控制（电机换步控制）和动力层的推力管理、航行器管理（速度轨迹等）等功能，从而保证航行器稳定运行。控制层布局如图 6-15 所示。

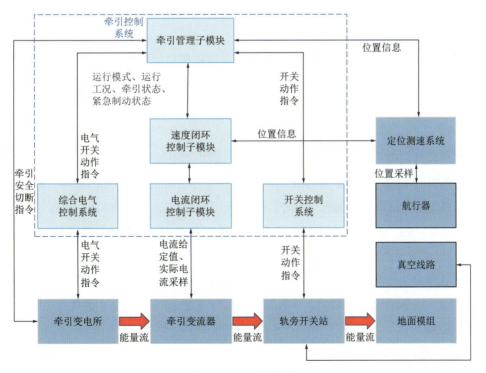

图 6-15 控制层布局

控制层需要广域分布式控制网络实现悬浮推进系统各个单元、磁浮航行器，以及运行控制系统互联互通，完成相应的悬浮推进功能。在德国高速磁浮交通系统中，牵引控制系统及其他系统间的数据交换主要是依赖于开放式传输网络（OTN）。

随着智能化和信息化技术在轨道交通中的应用，电子电气架构逐步由传统分散式功能单一的控制器逐步向域控制/中央集中架构方向发展，2015年欧洲Shift2rail创新项目针对下一代航行器提出了航行器信号一体化平台的理念，旨在实现硬件成本和后期维护成本的降低。未来高速飞车也会跟进时效性网络（TSN）、智能化等最新技术，构建统一的、集中化的功能控制平台。

6.2.3 关键参数设计

悬浮推进系统采用"超导电动悬浮（EDS）+长定子直线电机"牵引形式，直线电机可认为是被展平的旋转电机，两者工作原理相同。当长定子线圈绕组中通入交流电流时，在气隙中产生行波磁场，在产生的气隙行波磁场和磁体磁场的共同作用下，气隙磁场对磁体动子产生电磁推力，动子磁体在该电磁推力的作用下沿着行波磁场运动的方向做直线运动，且磁极运动的速度与行波磁场的速度相同；旋转电机线速度=半径×角速度，同理可得直线电机直线运动速度=2×极距×频率，极距即为180°对应的直线电机长度。由此可知，影响超导电动悬浮系统运动的主要因素为地面直线电机线圈电流大小和磁场强度。悬浮推进系统的工作原理可以由安培力计算公式 $[F = ILB\sin a$，a 为 (I, B) 电流方向与磁场方向夹角 $]$ 进行分析，具体从空间磁场强度和电流两方面进行：

（1）空间磁场强度

根据毕奥-萨伐尔定律可知，推进绕组和悬浮线圈的空间磁通强度来源于超导磁体，由于超导磁体的电流（安匝数）在一定距离（电磁间隙）位置产生磁场，进而影响空间磁通强度的形成。

（2）电流

在超导磁体运动过程中，超导磁体切割推进绕组和悬浮线圈感应出线电压。

对于牵引力/制动力而言，其电流为牵引变流系统流入推进线圈的电流；牵引变流系统输出电压需克服推进线圈产生的感应电势，根据感应电势公式：$E = n \cdot 2\pi f \cdot BS$，当系统运行速度（$V = 2\sigma f$，$\sigma$ 为极距）越高时，空间磁通密度增加，级对数增多，感应电压也随之增大，因此，牵引变流系统要求输出更好的供电电压，同时对设备的绝缘等级要求也随之提高。

对于悬浮力、导向力而言，其电流为磁通变化产生的感应电流。悬浮线圈的电流大小受到悬浮线圈内部感应电压影响，其与航行器运行速度（$V = 2\sigma f$，σ 为极距）以及相对位置变化有关系。

由以上分析可知，电机线圈电流大小与供电电压有关，磁场强度与超导磁体的安匝数和电磁间隙相关，航行器运行速度与线圈极距有关。由于内部的强烈电磁耦合关系，悬浮推进系统的基础核心参数为超导磁体安匝数、电磁间隙、极距以及供电电压;基础核心参数作为系统的初始设计输入,开展迭代设计,可得到系统的其他参数。

6.2.3.1 电磁间隙

电磁间隙的确定需要综合考虑超导磁体杜瓦、集电绕组和地面推进绕组/悬浮线圈的工艺制造水平。

高速飞车推进线圈和超导磁体外表面的电磁间隙的设计依次考虑车体和轨道之间的机械间隙、杜瓦和磁体之间的间隙、车体上集电线圈的厚度、地面悬浮线圈厚度、分离式推进绕组与地面零磁通线圈之间的间隙等几个因素。

车体和轨道之间的机械间隙需要综合考虑总体需求给出;杜瓦和磁体之间的间隙需要考虑杜瓦在生产制造以及后续使用过程的变形量问题;根据环氧树脂的电介质常数和抗拉/抗压强度特性,确定磁体最外层环氧树脂保护层厚度,防止低真空环境下闪络现象发生以及结构保护;综上所述,可得出集电线圈的厚度。

推进绕组安装在悬浮线圈后,与超导线圈的电磁间隙除了上述电磁间隙外,还要受到悬浮线圈厚度、两线圈间距的影响。悬浮线圈的厚度主要参照了日本山梨线的数据进行类推,根据车体承载重量和磁体长度可以分析得出地面线圈厚度;同时考虑推进绕组采用高压供电带来的高压绝缘问题,根据安全降额系数,可得到分离式推进绕组与地面零磁通线圈之间的间隙。基于以上分析,可得到推进绕组与超导线圈外表面的电磁间隙。

6.2.3.2 超导磁体安匝数

超导磁体安匝数的确定与悬浮力、推进力和导向力有直接关系,但是也受到超导特性、技术成熟度以及磁屏蔽难度等因素的影响。

根据毕奥-萨伐尔定律和洛伦兹力方程,超导磁体所受的悬浮力可用下式表示:

$$f_{\text{Levitation}} = \sum_{i=1}^{n}\sum_{j=1}^{m} i_i I_j \left(\frac{\partial M_{j,i}}{\partial x} - \frac{\partial M_{j,n+i}}{\partial x}\right) \tag{6-19}$$

式中: i_i——第 i 个 8 字线圈感应电流,A;

I_j——第 j 个超导线圈运行电流,A;

$M_{j,i}$ 和 $M_{j,n+i}$——第 j 个超导线圈与第 i 个 8 字线圈上回路和下回路的互感,H;假设 8 字线圈回路与超导线圈的匝数分别为 N_{EC} 和 N_{FC},则 $M_{j,i} \propto N_{\text{EC}} N_{\text{FC}}$, $M_{j,n+i} \propto N_{\text{EC}} N_{\text{FC}}$,则 $f_{\text{Levitation}} \propto \sum_{i=1}^{n}\sum_{j=1}^{m} (i_i N_{\text{EC}})(I_j N_{\text{FC}}) \left(\frac{\partial \lambda_{j,i}}{\partial x} - \frac{\partial \lambda_{j,n+i}}{\partial x}\right)$, ($j=3$)。

由上式可知,在相同的悬浮力下,超导磁体的安匝数越高,悬浮线圈的安匝数就越小,那么悬浮线圈的成本就越低。同样结论也适用于推进绕组。因此,对于地面推进绕组以及悬浮线圈而言，超导磁体的安匝数应该越高越好。

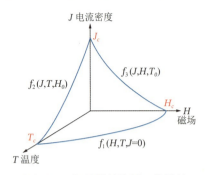

图 6-16 超导材料临界工作特性

超导材料维持超导态必须同时满足三个临界参数：临界电流密度$J_c(T)$、临界温度T_c、临界磁场$H_c(T)$，超导材料临界工作特性如图 6-16 所示。当超导材料电流大于临界电流、环境温度高于临界温度、外加磁场或磁场大于临界磁场时，超导材料均会失去超导特性。超导磁体的安匝数越高，其磁场强度越强，所需工作温度越低，超导材料通流能力就越小，所使用的超导线圈匝数就越多，磁体重量就越重，制冷装置就更加复杂，从而加剧超导磁体的技术难度。因此，超导磁体安匝数越高，技术难度就越大，经济成本就越高。

此外，超导磁体安装在悬浮架上，超导磁体磁场强度越强，在超导磁体周围磁场分布就越强，车厢内部以及外部的磁屏蔽技术实现手段就越困难。如果采用钢材进行车体磁屏蔽，那么航行器的重量将随着磁场强度增加而增重。

由于高速飞车超导磁体为动态磁体，既要产生航行器高速稳定运行的电磁推力、悬浮力以及导向力，还承受高频电磁场以及运动过程的高频振动，而且所处的工作环境以及磁场环境较为复杂。目前可参考的样件主要为日本山梨线以及美国霍洛曼磁浮橇车试验线的超导磁体（图 6-17），相关参数见表 6-1，从表中可以看出来，超导磁体（超导线圈）尺寸越大，其安匝数也就越大。

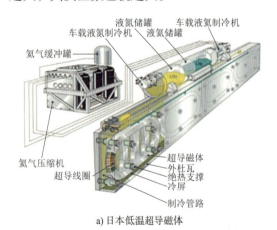

a) 日本低温超导磁体　　　　　　　b) 日本高温超导磁体

c) 霍洛曼超导磁体

图 6-17 典型动态超导磁体

极限工况下超导磁体受力情况参数   表6-1

参数	日本低温超导磁体	日本高温超导磁体	霍洛曼超导磁体
尺寸（长mm×高mm×厚mm）	5320×790×260（4个超导线圈）	5320×1170×200（4个超导线圈）	900×360×74（含整流罩）
工作温度（K）	4.2	20	4.2
冷却方式	冷媒（液氦+液氮）	导冷	液氦
重量（kg）	<1200	<1200	54.4
安匝数（电流×匝数）(kAT)	500A×(1400~1500)=700~750	540A×1380=750	210A×2340=491.4
最大磁场强度（T）	—	—	6.7
超导材料	内部Ti/Cu	Bi2223/Ag	Cu/内部Ti

综合以上因素，根据目前的国内工业水平和技术，超导磁体安匝数应该大于700kAT。

6.2.3.3 极距选型

根据原理可知，超导磁体极距的选择主要从航行器承载能力、达速性和生产成本三方面来综合考虑。

（1）承载能力分析

极距越大，超导磁体在相同的电磁间隙下感应磁场越强，最大承载能力就越强。随着经济的发展，国内对运量的需求越来越高，因此，超导磁体应尽可能地选择较大的极距。

（2）达速性分析

从速度延展性分析，长定子直线同步电机牵引制式下，速度＝2×极距×工作频率，当工作频率一定时，速度与极距呈正相关。同时，根据直线同步电机驱动原理可知，超导磁体的极距越低，工作频率越高，那么牵引变流器的输出频率就越高，牵引变流器的技术难度就越大。目前国内的高铁以及上海磁浮牵引变流器的供电频率不超过300Hz，参照此标准，按照高速飞车最高运行速度1000km/h目标，可求出最高工作频率下的最小极距要求。

（3）成本计算分析

地面推进线圈设计和定位测速系统设计，均和极距紧密相关。

根据地面推进线圈与超导磁体配合关系，地面推进线圈用量与超导磁体极距成比例关系。通过仿真计算，不同极距下地面线圈用量见表6-2，由表可知，极距越长，每公里地面线圈用量越少。因此，不考虑推力脉动等后期优化参数，超导磁体的极距越大，线圈导体用量就越少，成本越低。

不同极距下地面推进线圈导体用量表   表6-2

极距（mm）	960	1200	1350	1500
每公里线圈用量（km）	23.4	20.6	19.7	17.4

定位测速系统为悬浮推进系统提供超导磁体的磁场角度，根据目前电机控制技术水平，磁场角度误差尽可能在 3°~4°。不同极距对定位测速系统的精度需求见表 6-3。由表可知，极距越大，对定位测速系统的测量精度要求就越低，定位测速系统的技术难度就越小。

表 6-3 不同极距对定位测速系统的精度需求

极距（mm）	960	1200	1350	1395	1440	1500
定位测速系统精度（mm）	16~21	20~26.7	22.5~30	23.3~31	24~32	25~33

综上分析，极距越大，综合优势越明显，更大的极距是大运量和低成本的磁浮技术的发展趋势；根据高速飞车面向未来长距离运行大运量需求，超导磁体的极距目前选为 1500mm。

6.2.3.4 供电电压

确定高速飞车的供电电压制式主要考虑了供电效率、技术成熟度以及技术难度等因素。根据供电电压模型（图 6-18）可知，供电电压幅值可表示为：

$$U_s = \sqrt{(E_m + R_s I_s)^2 + (2\pi f L_s I_s)^2} \tag{6-20}$$

式中：E_m——电机电压，V；

R_s——线路电阻，Ω；

L_s——线路电感，H；

I_s——线路电流，A；

f——电机输入频率，Hz。

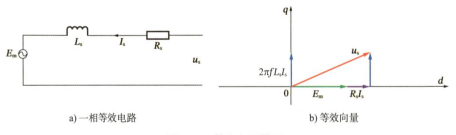

图 6-18 供电电压模型

a) 一相等效电路　　b) 等效向量

由公式(6-20)可知，在输出功率恒定条件下，供电电压越高，供电电流就越小，效率就越高。推进绕组的每相线圈采用串联方式，如果编组数量越多，超导磁体数量就越多，工作电压就越高。

综上分析，根据上海磁浮以及日本磁浮的经验，系统的供电电压一般采用中压电压供电方式，上海采用 20kV（国际标准）、日本采用 33kV（日本标准）。为兼顾远期线路 1000km/h 达速目标，要求牵引馈电网接入电网，选择中压或高压等级，供电电压等级不低于 35kV。

6.3 悬浮导向与直线电机系统

6.3.1 系统功能

悬浮导向与直线电机系统为航行器提供行驶所需的牵引/制动力与悬浮所需的悬浮/导向力。

6.3.2 系统组成

悬浮导向与直线电机系统，主要由超导磁体和地面模组两部分组成。其中，超导磁体为车载设备，地面模组为地面设备。

超导线圈工作于低温环境，内部通直流电，在空间产生稳定的直流强磁场；地面模组主要由推进线圈与悬浮线圈的环氧浇筑模块组成。

超导磁体为悬浮推进系统提供稳定的强磁场，其与地面模组的零磁通线圈感应磁场相互作用产生悬浮力和导向力，与地面模组的推进线圈行波磁场相互作用产生牵引力和制动力，与涡流制动板感应磁场相互作用产生涡流制动力。

6.3.2.1 超导磁体

（1）超导态形成的原理

超导指某些物质在一定温度和磁场条件下（一般为较低温度和较小磁场）电阻降为零，同时表现出完全抗磁性的状态。超导态具有一系列临界参量，如临界温度 T_c、临界磁场 H_c、临界电流密度 J_c 等。必须同时低于三个临界参量，超导态才能维持住，一旦材料的物理量超越临界参量，超导态被破坏，表现出电阻态和非抗磁性，磁力线便可完全穿透导体。

（2）超导现象的发现

1911 年荷兰物理学家海克·卡末林·昂内斯发现汞在温度降至 4.2K 附近时突然进入一种新状态，其电阻小到超出了仪器测量量程（$10^{-5}\Omega$），他把汞的电阻消失的状态称为超导态，即实现了超级导电性。此后他又发现许多其他金属也具有超导电性。

1933 年，德国物理学家迈斯纳和奥森菲尔德共同发现了超导体的另一个极为重要的性质——当金属处在超导状态时，超导体把原来存在于体内的磁场排挤出去，超导体内的磁感应强度为零。对锡块进行实验发现：锡块降温到 1.6K 变成超导态时，锡块周围的磁场突然发生变化，磁力线似乎一下子被排斥到超导体之外去了，人们将这种完全抗磁现象称之为"迈斯纳效应"。"迈斯纳效应"有着重要的意义，这意味着超导体具有其他材料无法达到的 100%抗磁体积。零电阻和完全抗磁性是证明物质是否具有超导性的两个独立判据。

（3）高温超导和低温超导

按照超导体的临界温度，可以将超导体分为低温超导体和高温超导体。

低温超导是指临界温度低于 25～30K（−248～−243℃），低温超导材料价格较为低廉，但制冷成本较高，通常需要液氦提供稳定的冷却环境，将其制冷至 4.2K（NbTi 低温超导）。近年来，制冷机传导冷却低温超导得到了一定程度发展，在某些应用领域可极大降低制冷成本，例如传导冷却直拉单晶硅低温超导磁体。低温超导主要应用于核磁共振成像、粒子加速器、磁浮列车、核聚变等，在 15T 及以下的磁场低场为主流应用，目前商业化主要是 NbTi 和 Nb3Sn。低温超导线材生产工艺成熟，延展性好，容易绕制线圈；且低温超导线材价格低。

高温超导是指临界温度在液氮温区（77K）的超导体，临界磁场上限高、载流能力强，可以在液氮环境中工作，由于工业液氮制冷已经非常成熟，因此高温超导适用范围广且价格低廉，第一代高温超导材料 BSCCO 部分原材料为银，成本难以下降，商业化运用受到限制；第二代高温超导 YBCO 带材价格持续下降、产品良率提升，可推动高温超导技术产业化应用进一步加速。但是在工业应用方面，高温超导在失超后磁体容易损坏，失超保护现在还没有解决；且高温超导线材成本高。

目前低温超导是在磁浮交通领域应用主力的重要原因有以下几方面：

一是低温线材成熟，国内有成熟的线材供应商。

二是磁浮交通领域超导材料应用量巨大，低温超导线材价格低。

三是低温超导线材单根长度可达 10km，绕制线圈不用增加额外的接头。

四是低温超导线圈失超可逆，线圈损坏风险小。

因此，前期选择技术成熟度较高的低温超导技术方案。

（4）超导磁体方案

超导磁体主要由超导磁体本体、支撑件、冷屏、制冷系统等组成，如图 6-19 所示。

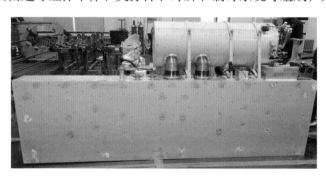

图 6-19　磁体布置图

超导磁体本体提供稳定的强磁场，超导磁体采用模块化设计，单边磁体由多个单元磁体（最小磁体）组成；每个单元磁体含有 2 个超导线圈，采用独立的跑道型内杜瓦结构。

单元磁体采用模块化设计，每个内杜瓦外包裹一个冷屏，以降低外界辐射漏热。冷屏采用主动冷却结构，采用冷却管路对冷屏进行冷却，冷屏与多层复材支撑件连接，对支撑件进行热截流，减低复材支撑件漏热。一个单元磁体中包含两个超导线圈，超导线圈工作温度在 4.5K，冷屏工作温度在 77K，可以实现不小于 750kAT 磁动势。

低温储能装置作为制冷系统，主要为超导磁体和冷屏提供制冷量，液氦储罐为磁体侧内杜瓦线圈提供冷却液氦工质，平衡磁体侧热负荷。

6.3.2.2 地面模组

超导磁浮航行器没有车轮和受电弓，实现了与地面完全非接触状态下的行驶。航行器运行的能量来源于地面模组，地面模组布置在地面导轨侧壁。

地面模组按照功能分类可以分为推进模组、悬浮模组、集成化模组和推进悬浮制导一体化（PLG）模组四大类。推进模组为航行器提供动力，悬浮模组为航行器提供悬浮导向力，集成化模组与 PLG 模组为航行器同时提供牵引制动力与悬浮导向力。

超导磁浮系统所用的地面线圈是没有铁芯的空芯线圈，因此为了保持与车载超导磁体间反复作用的电磁力，需要通过树脂将绕组线圈一体成型（也称为模组）。地面线圈成型的目的除了增强线圈的机械强度外，还有增加电绝缘功能，根据线圈的用途适当使用相应的材料和制造工艺。地面模组采用真空浇筑成型技术路线，推进模组和悬浮模组分别将推进线圈和悬浮线圈单独浇筑成型，集成化模组将悬浮线圈和推进线圈一体化浇注成型。

悬浮导向模组的结构如图 6-20 所示，绕组线圈通过玻璃纤维强化树脂一体成型。悬浮导向模组没有外部供电，因此不需要太高的电绝缘强度，不过却需要支撑航行器悬浮导向的机械强度。

推进模组的结构如图 6-21 所示，跑道形的绕组线圈通过模制环氧树脂一体成型。推进模组不需要像悬浮导向线圈那样高的机械强度，但其前提是要从外部供电，因此需要作为特殊高压装置的电绝缘强度。

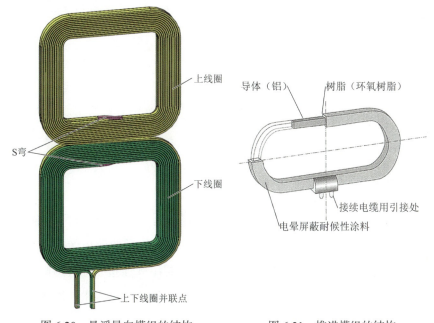

图 6-20　悬浮导向模组的结构　　图 6-21　推进模组的结构

集成化模组是结合推进模组和悬浮推进模组为一体的模组,其推进线圈部分组件与单独推进模组一致,主要增加了由零磁通线圈、零磁通线圈骨架、低压连接器组件组成的零磁通线圈组件部分及结构有所变化的屏蔽接地层和绝缘壳体。常见的集成化模组的设计为推进线圈采用单层集中式绕组,以120°相带布置,绝缘电压35kV,F级绝缘耐温;悬浮线圈采用单层"8"字形悬浮线圈,以60°相带布置,绝缘电压1.5kV,F级绝缘耐温。每个集成化模组中包含一个推进线圈与两个悬浮线圈。

PLG模组是将悬浮导向线圈连接的驱动电源,在有悬浮力、导向力的条件下,同时产生航行器的推进力。即,PLG模组可以由同一线圈兼具推进、悬浮、导向3种功能,无需额外使用推进线圈,因此可以大幅减少地面线圈的总数。PLG线圈的布线结构如图6-22所示。

由于地面线圈连续铺设在整条轨道上,因此使用量巨大,降低其成本成了系统构成上必须要解决的问题。

对于降低成本,地面线圈布置通常采用简化结构单层布置设计。按照与悬浮导向线圈相同的间隔,单层布置小型化的矩形推进线圈,可以实现悬浮-推进-导向综合能力,如图6-23所示。通过该设计,可以共享推进线圈和悬浮导向线圈的紧固部分,并可期望减少包括紧固构件在内的铺设成本以及简化维护作业。

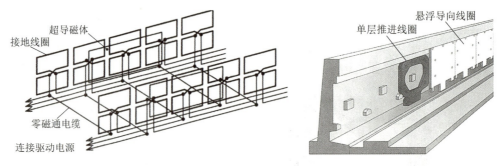

图6-22　PLG模组的布线结构　　　　图6-23　地面线圈布置示意图

在不同的应用场景下,可以根据需求,灵活安装推进模组、悬浮模组、集成模组和PLG模组。

6.3.3　设备布置

超导磁体布置于航行器转向架两侧。地面模组沿U形轨道两侧镜像对称布置(图6-24及图6-25)。轨道同侧悬浮线圈无电气连接,轨道两侧镜像对称悬浮线圈通过铰链线连接以提高导向刚度。轨道同侧同相推进线圈串联连接,轨道两侧推进线圈无电气连接,即轨道两侧推进线圈独立供电;同时,为了降低供电容量,推进线圈采用分段供电。

6 悬浮推进系统

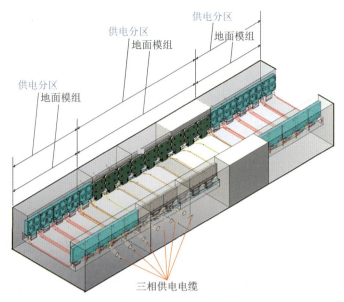

图 6-24 地面模组设备

图 6-25 地面模组安装实物图

6.4 轨旁供电系统

6.4.1 系统功能

轨旁供电系统从当地城市电网引入中压电源至开闭所，一路输送至牵引变流系统进行电能变换后，经牵引馈电网和轨旁开关站为管梁内地面模组进行推进供电；另一路输送至低压变电所，降压至 380V/220V，为设备及正线照明等用电设备进行辅助供电，牵引供电系统一次图如图 6-26 所示。

牵引供电系统的主要功能是实现电能变换，通过配电装置，将城市中压电网通过电能变换形成 0.4kV 以及 220V 的供电网络；通过电缆网将电能传输至园区内各个场所，并进行电能分配；通过轨旁开关站实现地面模组推进线圈的分段供电；同时，通过设置输入和

159

输出安全切断开关柜，对牵引供电系统的输入和输出起安全切断和安全保护作用。

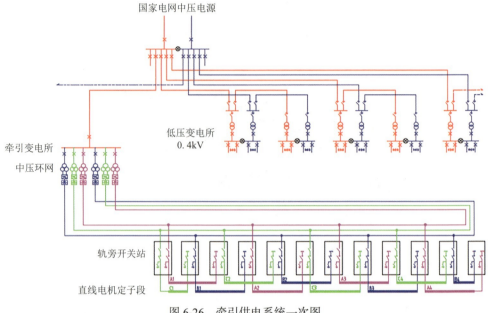

图 6-26 牵引供电系统一次图

6.4.2 系统组成

6.4.2.1 轨旁变电所

为了提升轨旁变电所的供电安全和可靠性，其采用双独立电源供电方式，同时为一级负荷配备 UPS 电源进行紧急供电，具体为：轨旁变电所引入 2 回中压外电源，其中一回为专线电源，一回为 T 接电源；当专线电源或 T 接电源中任一回电源故障时，自动切换至另一回电源进行供电，当外入两回电源均故障时，自动切换至 UPS 电源为一级负荷紧急供电。

轨旁变电所由降压变压器、低压电容补偿装置以及低压配电装置等组成，其主要用于将开闭所的中压电源降压至 0.4kV，为电网侧功率因数补偿，给轨旁开关站和管梁内部分低压电气设备提供电能。

6.4.2.2 轨旁开关站

轨旁开关站主要功能是通过指令信号驱动功率开关的可靠开通和关断，完成电能在馈电线缆和开关站所连接的定子段上有效传递，实现能量的传输，通过切换轨旁定子段馈线电缆组，实现对航行器的定子进行分段供电。同时，为了安全与方便操作，轨旁开关站系统还具备系统监控功能、报警保护功能、防误触发功能和本地控制功能等，具备特定的检测与检修条件。

开关站的接线一次图如图 6-27 所示，开关器件可以选用电子开关和机械开关两种类型，按照不同的应用场景选择不同的类型使用。轨旁开关站设备（图 6-28）主要由进线、馈线、星接线和开关控制器等部分组成。

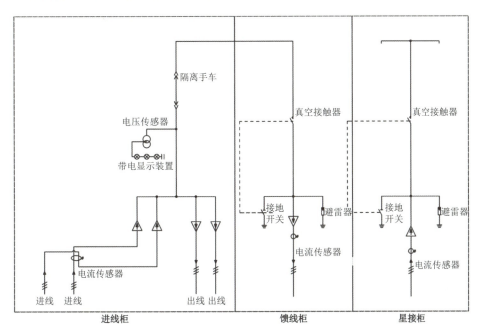

图 6-27 轨旁开关站一次图

图 6-28 轨旁开关站外观图

6.4.2.3 接地系统

悬浮推进系统设备种类众多，布置位置各异，既含有高压大电流功率设备，也含有集成度较高的实时控制系统。因此为了保证人员安全作业和设备安全运行，整个系统必须良好接地。

统一各设备接地电位；将牵引变电所接地网、轨旁开关站接地网和管内接地排等进行互联，形成高低压兼容、强弱电合一的接地系统；为各电气设备提供保护接地、工作接地和防雷接地等；总体方案如图 6-29 所示。

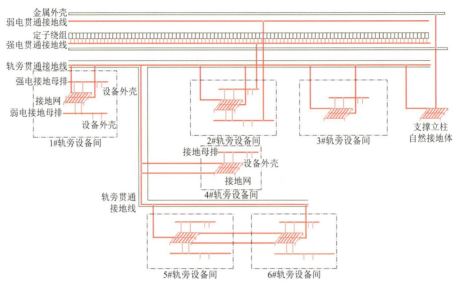

图 6-29　牵引供电的综合接地系统示意图

6.5　牵引变流系统

6.5.1　系统功能

牵引变流系统用于将供电网的恒频恒压三相交流电转换为变频变压三相交流电，通过降压—整流—逆变—升压的调制过程，实现输出电压和电流幅值、频率、相位的实时调控，并通过切换开关给长定子直线电机分段供电，为直线同步电机提供所需电能。牵引变流系统的功能关系如图 6-30 所示。

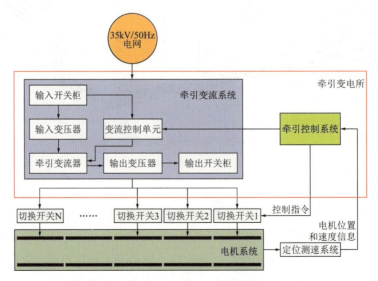

图 6-30　牵引变流系统的功能关系图

6.5.2 变流器拓扑分析

根据高速飞车未来完成 1000km/h 的实际需求，需要牵引变流器尽可能输出较大电压，以支撑航行器运行在宽速域范围。

国内外高压大容量变流器的研究从 20 世纪 50 年代开始，西门子公司提出的高-低-高结构是最早在国内采用的高压变流器技术方案，该拓扑的特点是中间采用中、低压两电平或三电平变流器，输入及输出端分别采用降压变压器和升压变压器适配电网电压及电机电压。使用最为广泛的为背靠背两电平拓扑高低高方案（图 6-31）和背靠背三电平拓扑高低高方案（图 6-32）。

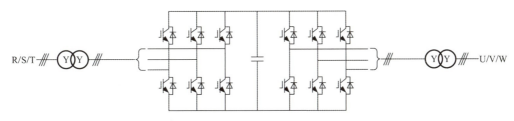

图 6-31　背靠背两电平拓扑高低高方案

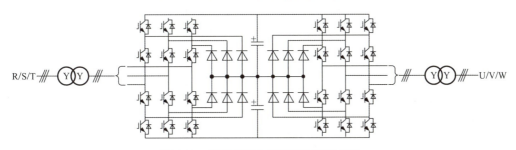

图 6-32　背靠背三电平拓扑高低高方案

随着技术的发展，"输入多重化 + 级联 H 桥多电平" 拓扑方案受到中国市场的重视，并成为国产高压变频器主流技术方案，主要因为其能够很好地适配中国广大工业企业的电压等级，传统国外进口的多数变流系统拓扑最高能够输出 6.6kV，国内工业现场电机的额定电压以 10kV 为主，并且国家持续推进 6kV 电机的 10kV 改造项目。该拓扑国产化后其售价已经降低为同拓扑同容量变流器的 1/2～1/3。直流环节采用电容作为直流支撑，该拓扑构成的变流器为电压源型变流器。四象限级联 H 桥多电平拓扑方案如图 6-33 所示。

日本磁浮采用"输入多重化 + 两电平 H 桥 + 逆变串联多重化"拓扑结构（图 6-34），该拓扑由 4 个带输出变压器的单元逆变器串联而成，通过变压器副边串联可提高输出电压等级。在低输出频率区域，由于输出变压器铁芯容易产生饱和或不对称磁化现象，带输出变压器的逆变器不提供电能输出。当输出频率较低时，通过将 H 桥两个桥臂并联再与其他两相并联桥臂组成逆变器。并联桥臂有助于提高输出电流。低速主电路和高速主电路之间的切换由两个开关（SWL 和 SWH）执行。当逆变器组成低速主电路时，SWH 断开，SWL

接通；当逆变器组成高速主电路时，SWH被接通，SWL断开后形成四重化方案。

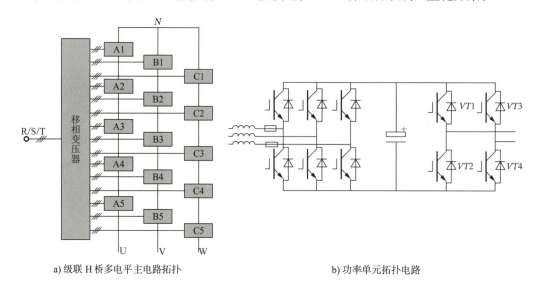

a) 级联H桥多电平主电路拓扑　　　　b) 功率单元拓扑电路

图6-33　四象限级联H桥多电平方案

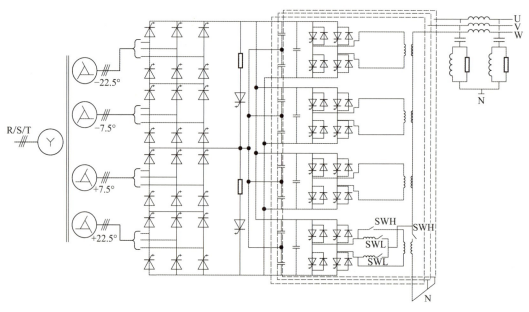

图6-34　日本磁浮变流器拓扑电路

结合以上多种拓扑结构的调研和分析，为了减小电流谐波，逆变器选用三电平拓扑，为了满足大功率大电流的逆变输出需求，提高输出电压的能力，高速飞车目前使用的是"NPC三电平＋开绕组变压器"多重化串联拓扑，其他拓扑形式也可以根据未来不同的场景来选择应用。

6.5.3　系统工作原理

高速飞车牵引变流系统采用"NPC三电平＋开绕组变压器"多重化串联拓扑（图6-35）。

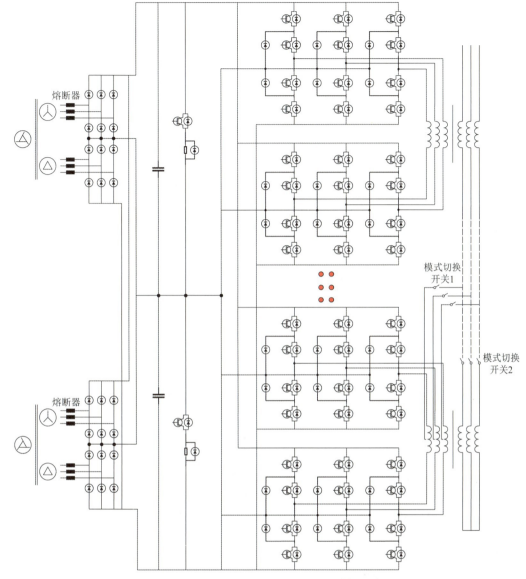

图 6-35 "NPC 三电平 + 开绕组变压器"多重化串联拓扑结构

为适应高速飞车在不同电机频段范围内工作,输出侧设计了开绕组变压器多重化串联结构,在不同的电机工作频段分别采用电感模式(模式切换开关 1 闭合,模式切换开关 2 断开)和变压器模式(模式切换开关 1 断开,模式切换开关 2 闭合)两种控制方式。

如图 6-35 所示,在航行器从低速启动时,变流器采用电感模式,电机电压全部由一重电感模式逆变器提供。随着车速的增加,增大电感模式下电压输出。当速度增大到切换频率后,在过分段时逐步切换到变压器模式,使电感模式逆变器不会进入过调制区,剩余的电压则通过变压器模式的逆变器进行分摊。在过分段完成之后顺利切换到变压器模式输出。

根据电感模式还是变压器模式生成不同的开关逻辑控制信号。电感模式下一台逆变柜内的两台变流器采用"相同调制波 + 相同载波"正弦波脉宽调制(SPWM)方式,将后续串联的变压器功率单元输出零矢量从而达到变压器原边短路的效果；变压器模式下一台逆变柜内的两台变流器采用"调制波反向 + 同向层叠载波"SPWM 方式，四台逆变柜内八台变流器之间通过载波移相方式提高等效开关频率。

6.5.4 系统设备组成

牵引变流系统设备（图 6-36）由输入开关柜、输入变压器、牵引变流器、输出变压器和输出开关柜组成。

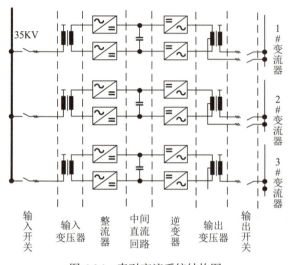

图 6-36 牵引变流系统结构图

6.5.4.1 输入开关柜

输入开关柜包含牵引变流总输入开关和变流器输入开关，主要把供电系统电源分配给变流器，具备电压、电流检测、保护、通信以及远程控制功能。开关柜实物图如图 6-37 所示。

图 6-37 开关柜实物图

6.5.4.2 输入变压器

输入变压器连接在电网和牵引变流器之间,起到降压和隔离的作用。输入变压器设计和选型过程中,要满足电网及后级牵引变流器的要求。后级牵引变流器的整流模块采用不控整流时,输入变压器可采用多脉波变压器,并且要考虑输入安全冗余等问题。在轨道交通中一般采用原边移相 ±7.5° 的两台十二脉波整流变压器构成二十四脉波整流,通过降压移相构成多脉波整流输入,降低电压脉动。整流变压器外形如图 6-38 所示。

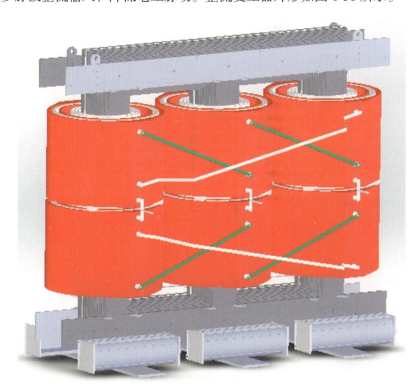

图 6-38 输入变压器外形图

6.5.4.3 牵引变流器

牵引变流器实现电能变换,包括充电柜、整流柜、直流斩波柜和逆变柜。

(1) 充电柜

预充电柜实现变流器上电前的直流支撑电容充电功能。

(2) 整流器

整流器是将整流变压器输出的交流电能,经过不可控整流二极管,实现交流电能变换为直流电能,整流变换原理如图 6-39 所示。

整流电路采用两个原边移相 ±7.5° 的 Y/Y/D 整流变压器,引入三相不控整流电流,组成串联型二十四脉波不控整流电路,采用水冷散热方式。

（3）直流斩波柜

直流斩波器为回馈能量提供直流通路，同时防止母线电压泵升。

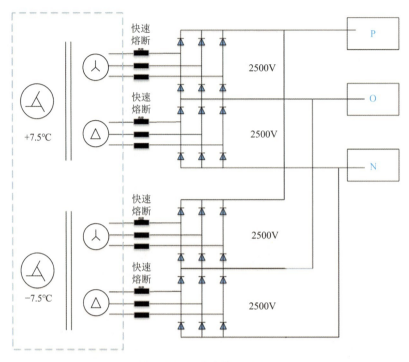

图 6-39　整流变换原理图

（4）逆变柜

逆变功率模组实现直流电能变换为幅值、相位和频率可调的交流电能。功率模组采用中点钳位三电平的拓扑。逆变功率模组三电平 NPC 电路原理如图 6-40 所示。

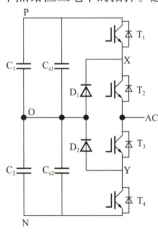

图 6-40　逆变功率模组三电平
NPC 电路原理图

牵引变流系统三电平 NPC 采用 IGBT 双管并联，母线电压为 ±2500V，逆变输出电压为 0～3300V，频率可达 100Hz 左右，采用水冷散热冷却方式。

三电平电路采用 SPWM 算法，PWM 调制是通过改变输出方波的占空比来改变等效输出电压，SPWM 是在 PWM 的基础上采用正弦波调制，使得输出脉冲宽度时间占空比按正弦规律排列。

相比于两电平系统单桥臂两个 IGBT，三电平 NPC 拓扑要控制单个桥臂四个 IGBT，如图 6-41 所示，其有 27 个控制矢量，如图中"P"为正电压状态（Positive），即输出电压为正值；"O"为零电压状态，这是中性点状态（Zero），即输出电压为零；"N"为负电压状态（Negative），即输出电压为负值；图中的每一个三个字母的组合即为一种三电平输出的电压状态。同时，对于两个串联的 IGBT 还涉及开关时序问题，在短路关断时候需要控制两个串联管子先后关断。

三电平由于电流可以从正端和中性点流出,电流的流出会引起电容电压的变化。电压变化不同就会在串联电容之间引起电位不平衡问题。中点电位的波动不平衡会导致谐波增加,输出低频谐波电流以及器件两端电压变化,特别是会导致 IGBT 关断过压余量不足,影响器件工作可靠性。因此,需要开展中点电压平衡控制。

6.5.4.4 输出变压器

逆变输出变压器为独立磁路设计且输出频率范围较宽,每重三相变压器由 3 个独立磁路单相变压器组成。输出变压器既起到电气隔离作用,又通过串联升压达到高电压输出。

输出变压器输入侧额定电压为 3500V,输入侧额定电流为 1000A,输出侧额定电压为 3500V/1750V,输出侧额定电流为 1000A/2000A,频率范围为 0~96Hz/0~56Hz,采用强迫风冷冷却方式。输出变压器外形如图 6-42 所示。

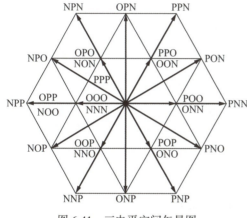
图 6-41 三电平空间矢量图

图 6-42 输出变压器外形图

6.5.4.5 输出开关柜

开关柜系统由模式切换开关柜、安全切断开关柜为主,配以输出测量柜、接地电阻柜和母联柜等辅助柜体形成完整的牵引供电系统。各柜体采用 24kV 金属铠装式开关柜,配置相应的接触器、断路器、辅助接地开关以及电压电流测量装置等完成牵引供电线路的供/切电功能,并实现远程监控控制等功能。

6.5.5 设备布置

牵引变流系统从当地电网取电经过变流器将电能转换后为直线电机供电。变电所电源经过牵引变流总输入断路器和牵引切断输入断路器后,通过母线连接到牵引变流器输入断路器上,在母线上分别设置馈线回路,每个回路分别为不同的牵引变流器供电。

经整流逆变和输出变压器输出至电机定子段,输出设置模式切换接触器、输出隔离开关和牵引切断输出断路器。换步供电牵引变流器现场安装如图 6-43 所示。

图 6-43　换步供电牵引变流器现场安装图

6.6　牵引控制系统

6.6.1　系统功能

牵引控制系统作为悬浮推进系统的主要控制系统，根据运行控制系统的指令，对牵引变流器的输出电压和电流的幅值、频率和相位进行实时控制，对沿线轨旁开关站中馈线切换开关分段控制，实现航行器在运行期间的速度与牵引力闭环控制，并且对牵引供电分区内的供电设备、航行器以及牵引控制系统自身的运行状态进行监控与管理。

6.6.2　系统组成

牵引控制系统按照功能划分，主要分为电机控制功能、速度控制功能、综合保护功能、综合电气控制功能和监控及诊断功能等几个方面。

6.6.2.1　电机控制功能

电机控制功能是实现直线电机运行控制的核心，负责接受自动驾驶控制器指令并转化为牵引、制动以及切除等功能指令；实现牵引区段的切换、主从切换/接管和故障下的冗余切换；控制多台牵引变流器和切换开关完成双端供电与双轨供电下的牵引换步控制，实现牵引电流稳定控制。

在一段供电分区内，采用双端供电策略，两侧两台电机控制器协同配合同时控制中间分区段的能量输出，实现从能源层到直线电机的能量输出。

在高速飞车中，直线同步电机不仅用作驱动航行器运行，而且还用作航行器悬浮，因此在考虑直线同步电机水平驱动力的同时还要考虑对悬浮系统的影响。采用 $I_d = 0$ 的转子磁场定向控制，电枢电流就是 q 轴电流 i_q，电枢磁场与动子磁极之间的夹角 $\theta = 90°$。这样不论电机运行在什么状态下，由于不存在定子反作用，都不会影响悬浮控制系统，悬浮系统与驱动系统相互独立，定子电流与动子磁通互不影响，实现定子电流与动子磁场的相互解耦。同时这种控制方式控制系统简单、转矩特性好，可以获得很宽的调速范围。

牵引传动系统采用了电流环和速度环的双闭环结构，其中电流环采用 PI 控制策略。电流环在电感模式下，将三相电压参考波分配到电感模式下逆变器输出，并抑制电感输出环流；在变压器模式下，将三相电压参考波分配到多重化逆变器输出，并能避免输出变压器磁饱和。双闭环控制框图如图 6-44 所示。图中坐标变换 1 指电流从旋转两相坐标系转换为两相静止坐标系；坐标变换 2 指电流从三相静止坐标系转换为两相旋转坐标系。

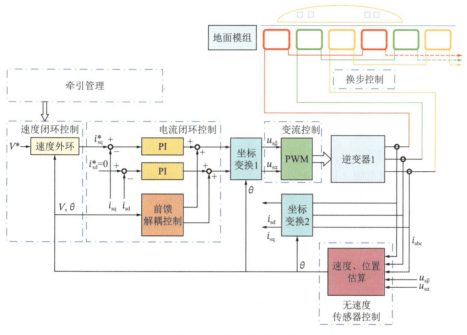

图 6-44 电机控制框图

电流内环采用矢量控制策略，矢量控制的基本思想是建立在旋转坐标变换及电机电磁转矩方程上，通过控制 d、q 轴电流单独控制，实现对电机转矩的控制。使用矢量控制，电流环可以很好地处理电机电流响应问题，在实际系统运行范围内，只要系统给定在该转速下所需电流波形，电机电流均能很好地响应，所得电流交轴分量就是电机旋转所需的转矩分量，电机响应性能优异，而且磁场定向控制时电机电枢磁场和转子励磁磁场间成 90°恒定不变（交直轴间解耦），不像直接转矩控制时其转矩角随负载变化。矢量控制具有转矩控制的线性特性，电流利用率高，调节器的设计容易实现。采用矢量控制时，输出转矩平稳，可达的速度范围宽，具有比较好的启动性能。

采用矢量控制策略对电机进行控制，采用 $I_d = 0$，改变 i_q 给定值的电流控制策略，通过改变 i_q 给定值实现对输出电磁推力的控制。

速度环采用 "PI + 前馈补偿" 控制方法，前馈补偿采用加速度前馈，共同得出实时电流指令，作为电流内环指令值的 I_{sq}^*，实现对牵引运行曲线的不同程度的跟踪运行控制。

控制角度识别除了采用传感器进行位置/角度信息采样外,还通过无速度传感器进行角度识别。无速度控制通过采集电机定子电压、电流等信息,结合直线电机模型辨识出直线电机动子速度与磁场定向角,不需要在线路上设置大量速度传感器,从而降低系统的硬件成本,具有定位测速精度高、成本低的优势,可以在中高速下为牵引提供相对位置信息。

直线电机换步控制通过开关控制子系统实现,切换开关接收切换指令,实现分段供电,逆变器仅向航行器运行的区间送电。当航行器从一个区间运行到另一个区间时,功率变换操纵装置控制逆变器的工作状态,该逆变器的操作则与航行器位置和区间转换开关的状态紧密相关。

6.6.2.2 速度控制功能

速度控制功能的主要任务是开展航行器运行轨迹规划与速度闭环运动控制,协调悬浮推进系统的动力层和能源层的各类资源,结合航行器的状态,选择合理工作模式,从而实现对航行器管理。

未来在高速运行状态下,在牵引控制系统中加入自动驾驶,和运行控制系统共同实现 GoA4 的自动驾驶目标。

典型的自动驾驶系统(图 6-45)主要有环境感知、智能决策、运动规划、牵引运行控制以及执行器控制五大技术环节。智能决策完成对感知的环境进行态势评估,根据出行任务需要,仲裁得出最优的运行行为;运动规划是在决策出的运行行为的引导下,综合考虑乘车多目标需求以及运行限制,输出最优的可执行轨迹;牵引运行控制需要完成牵引、制动算法控制,以稳定可靠地跟踪可执行轨迹;执行器控制则需实现牵引、制动的精确与快速响应。

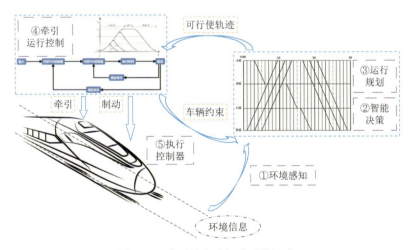

图 6-45 典型的自动驾驶系统组成

按照决策—规划—控制的自动驾驶目标,针对运行场景进行分析,提出多目标约束的最优运行曲线规划策略,综合考虑速度约束、时间约束等条件,采用七段速规划算法,牵引规划曲线获取速度位置防护曲线和航行器信息,根据加速度和加速度变化要求来求解区间内的最优运行曲线。在速度跟踪控制过程中，采用基于模型预测控制理论和方法，通过建立系统模型和目标函数作为理论依据，应用模型预测控制算法实时匹配目标函数的权重矩阵，兼顾快速性、平稳性和节能性，输出最优控制指令。

6.6.2.3 综合保护功能

综合保护功能是超高速低真空磁浮交通系统悬浮推进系统的核心保护系统，完成对全线高压供电设备的状态监测和保护，包括牵引馈线网、地面模组和轨旁开关站等供电系统。为实现牵引供电系统的安全保护及正常运行，需要在故障情况下迅速隔离故障设备，防止其对系统造成损害或干扰其他设备正常工作。

由于电能传输线路较长，整个地面供电系统的线路或者地面模组发生故障时，单纯靠变流器的内部保护，无法及时有效响应，有可能会让其他设备或组件承受过电压、过电流和过热等不正常应力，导致故障扩大化，甚至造成设备或组件的损坏。因此，需对地面供电系统按照区域进行划分，并结合电机控制功能合理配置系统诊断与保护功能，保护区域划分如图 6-46 所示，保护区域和内容见表 6-4。

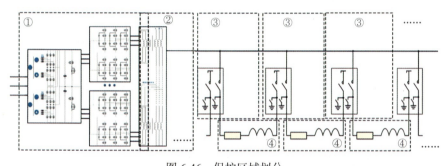

图 6-46　保护区域划分

保护区域和内容　　　　　　　　　　　　　　　　表 6-4

序号	保护区域	监测信号	保护内容
1	变流保护区	电流、电压、温度	IGBT、二极管、电容等功率器件
2	变压器保护区	电压、电流、漏电流、温度等	变压器以及输出电缆等绝缘、接地、短路和断路
3	开关站保护区	电压、电流、漏电流、温度等	切换开关分断和电缆的绝缘、接地、短路和断路
4	模组保护区	电压、电流等	地面模组的绝缘、接地、短路和断路

6.6.2.4 综合电气控制功能

根据牵引监控管理器指令协调牵引变流器预充电和高压上电等功能；对变电所和轨旁开关站内设备进行诊断与监控，收集牵引变流器的状态信息，并将数据发给牵引监控管理装置及电机控制器；对牵引变流器故障进行联锁保护，保护牵引变流器；对牵引变电所和轨旁开关站内安防、消防和温湿度等进行监测与控制。

6.6.2.5 监控及诊断功能

监控及诊断功能分为系统监控功能和系统数据采集两个部分。

系统监控功能：能够独立控制悬浮推进系统运行调试，具备运行过程关键参数的状态显示功能，并在调试与检修维护期间，可不依赖运控系统完成悬浮推进系统的调试功能；对悬浮推进系统（地面侧）设备的持续使用时间进行监控。

系统数据采集功能：具备悬浮推进系统（地面侧）监控数据存储功能，能够短期存储悬浮推进系统所有运行数据，并将数据传送至运行维护系统；对悬浮推进系统（地面侧）的故障进行检测与定位功能。

6.6.3 系统网络架构

为了实现远距离多设备多信息源间能量的实时交互及控制，牵引控制系统需建立系统实时分布式控制网络架构。牵引控制系统控制网络架构如图 6-47 所示。系统内设备及系统间设备通过以太网和高速光纤进行连接通信，关键设备进行了硬件冗余处理。

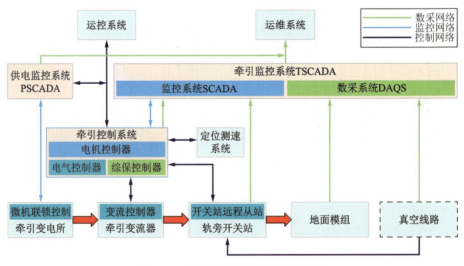

图 6-47　牵引控制系统控制网络架构

牵引控制系统属于广域分布式实时控制系统，具有多分区多控制器的特性，在一个分区内，两台牵引控制器通过主从协同控制，将控制信号下发至两端变电所内的变流器，变流器输出电流至地面模组，进而驱动航行器运行。

牵引控制系统主要采用工业以太网和实时光纤实现系统的协同控制和功率控制功能，系统的运行过程信息通过监控以太网（Ethernet）上传至监控与诊断单元。牵引控制系统高速总线详细说明如下。

与定位测速系统地址检测单元通信：采用双通道冗余高速光纤通信，接收绝对位置、速度和运行方向等信息。

与分区运控系统通信：采用以太网通信，分区运控系统向牵引控制系统提供航行器信息、运行参数和启停指令等信息；与运控时钟同步系统采用 IEEE 1588《网络测量和控制系统的精密时钟同步协议标准》网络授时通信；与运控指挥调度系统通信接口采用 OPC UA 标准协议。

与运维系统通信：采用以太网进行通信，发送航行器、牵引控制、牵引变流和牵引供电状态信息等。

与牵引变流系统通信：采用光纤通信，牵引控制系统电机控制器调制产生 PWM 波，下发给牵引变流控制器进行发波控制；采集电压和电流信息，同时综合控制器控制和接收高压开关、预充电状态和水冷等状态信息。

牵引控制系统主站与从站之间均采用实时以太网形成通信环网。

与牵引变电所通信：主要传递牵引变电所的电压、电流和开关状态等信息。

未来高速飞车也会跟进先进智能化最新技术，构建实时性更高的统一集中化功能控制平台。

6.6.4　设备布置

牵引控制系统按照功能分布，系统设备可以由自动驾驶控制器、电机控制器、综合保护控制器、综合电气控制器和监控及诊断装置等部分组成。

牵引控制系统各控制机箱安装于各机柜内，从牵引控制柜现场实物图（图 6-48）中可见其系统设备总体布局。

图 6-48　牵引控制机柜现场实物图

6.7　定位测速系统

6.7.1　系统功能

根据前期的调研对比分析，高速飞车定位测速系统在全速域（0～1000km/h）范围内采用融合定位测速方案，包含一种高精度地面定位测速系统（无速度传感器）、两种舱载定位测速系统（舱载零磁通定位器、轮轴速度传感器）、一种绝对定位测速系统（绝对定位标志板/毫米波定位）；融合定位测速系统架构如图 6-49 所示。同时，在低速段采用基于感应环线的地面定位测速系统作为备用和冗余系统。

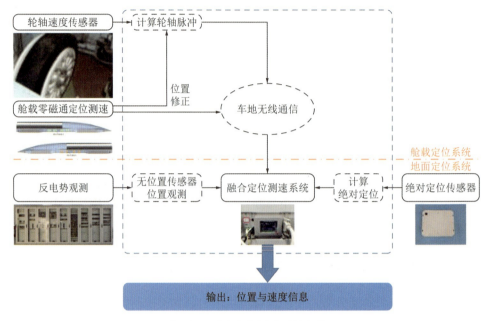

图 6-49 融合定位测速系统架构

6.7.2 系统组成

6.7.2.1 舱载悬浮线圈高频定位技术

舱载悬浮线圈定位装置由天线单元和控制器两部分组成（图 6-50）。天线单元包含发射天线和接收天线；控制器包含高频载波电源、信号处理单元、显示单元以及机箱。

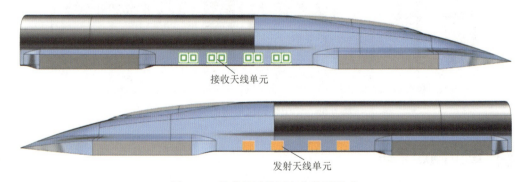

图 6-50 舱载悬浮线圈定位装置组成

舱载零磁通定位测速方案利用发射天线通电产生磁场，随着转向架向前运动，在悬浮线圈上产生感应电流，悬浮线圈感应电流通过铰链线流入对侧悬浮线圈中，然后对侧悬浮线圈在接收天线上产生磁场，接收天线磁场的变化产生感应电动势，两个接收线圈因空间布置不同而导致电压信号存在相位差,利用信号交点得到方波波形,根据方波波形最终计算出航行器运行的位置和速度信息。

舱载零磁通定位测速系统拓扑结构包含四组天线单元,其中每一组天线单元包含一个发射天线以及两个接收天线。进一步考虑采用利用悬浮线圈轨道特征进行定位,对接收天线的信号进行数据处理及特征提取,从而实现高精度位置辨识。随着与悬浮线圈耦合面积的变化,接收天线中感应电动势的幅值发生周期性的变化,通过获取幅值中的有效信号计算出当前相位,从而获取航行器的相对位置信息。

6.7.2.2 轮轴速度传感器

轮轴测速传感器被安装在轮轴上,采用为齿轮结构,每过一齿传感器就会发出脉冲信号,通过记录脉冲信号就可以计算出轮轴的速度,同样具有低成本的特点。

6.7.2.3 绝对坐标校准技术

绝对定位是通过车载查询设备读取地面定位设备得到航行器当前的位置,目前比较广泛应用的有毫米波定位方案和绝对定位标志板方案。

毫米波定位方案利用管道内的毫米波通信装置,基于测量车地传输时延完成航行器和地面基站距离的测量,并结合基站的安装位置计算出航行器的绝对位置。

绝对定位标志板方案则是基于射频识别(RFID)技术的查询机-信标系统,沿线路间隔一定距离(如200m)安装绝对定位标志板,车载解码器通过车载定位天线读取轨旁定位信息,并发送给车载信号主机,从而获取无源信标中的航行器绝对定位信息。

6.7.2.4 交叉感应环线技术

交叉感应环线定位测速系统是基于电磁感应原理,载波信号发生器放置于单架航行器上,产生峰-峰值不小于5A的交变驱动电流,并通入舱载天线单元中,使得舱载天线单元在周围空间中激发出高频变化的电磁场。

沿线路在地面上对应的位置上铺设交叉感应环线,环线中包含G0~G11共12对格雷编码线、1对R线(基准线)、1对SG0线。根据法拉第电磁感应原理,地面环线中会产生与舱载天线单元频率相同的感应电压信号,舱载天线单元随单架航行器移动过程中,通过R线、G0~G11格雷编码线中的感应电压信号的正负,可以得到12位的格雷编码信号,实现绝对位置检测;通过G0线和SG0线中感应电压信号的幅值及相位关系,可以实现相对位置和运行方向检测。

当天线单元随航行器运动时,地面环线中的高频信号幅值会受到调制,其包络线近似于正弦波。地检单元对G0和SG0线的调幅信号进行解调后,得到包含位置和速度信息的包络线,包络线的瞬时电压大小对应不同的航行器的位置信息。对G0和SG0线的两个包

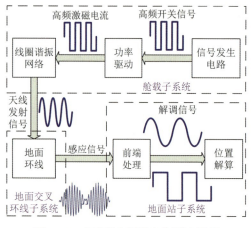

图 6-51 交叉感应环线定位测速原理

络信号进行反正切运算,可以在实现相对定位的同时,避免舱体姿态变化对相对定位检测结果的影响。相对定位在绝对定位的基础上,将航行器在一个交叉格(150mm)范围内的位置进一步细分,理论上可实现 ±2.5mm 定位精度。同时,可以根据相对位置计算出速度。

交叉感应环线定位测速原理如图 6-51 所示,定位测速系统主要由感应环线舱载子系统、地面交叉环线子系统以及地面站子系统三部分组成。

6.7.3 应用分析

根据运控和牵引等系统的功能及安全等不同需求,定位测速系统需要多套不同技术路线的传感器同时完成绝对定位和相对定位。

定位测速方式有三种类型,类型一:悬浮线圈高频定位技术和交叉感应环线作为全局使用方式;类型二:低速区域采用支撑轮轮轴速度传感器,高速区域采用无速度传感器方式;类型三:"绝对位置标志板 + 线路地图信息"作为绝对定位方式。

其中类型一和类型二作为冗余,并兼顾实时性,用于相对定位并计算速度,供牵引和航行器使用,类型三实现绝对定位,经过相对定位的细分后,供运控使用。

7

运行控制系统

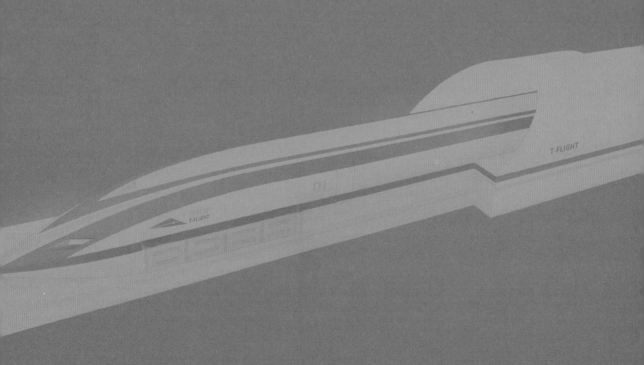

超高速低真空管道磁浮交通系统

7 运行控制系统

7.1 概述

运行控制系统是高速飞车的分系统之一，相比于传统轨道交通，高速飞车具有超高速、低真空、强电磁场、全金属管道、长定子牵引和超导电动悬浮等技术特点，其运行控制系统需站在全局、全过程角度，实现航行器的运行指挥和安全防护。运行控制系统交联关系如图 7-1 所示。

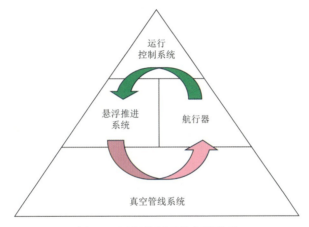

图 7-1　运行控制系统交联关系

运行控制系统相当于高速飞车的"大脑和中枢神经"，通过计算机控制、计算机网络、通信及信息处理等先进技术与航行器、悬浮推进、真空设备、道岔及接驳廊桥等系统或设备相连，主要由运控系统（中央运控系统、分区运控系统、舱载运控系统）和通信系统组成，以实现航行器的运行控制、安全防护、自动运行及调度管理等任务。运行控制系统架构如图 7-2 所示。

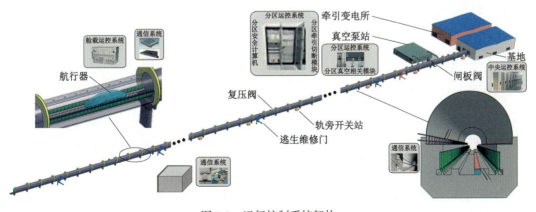

图 7-2　运行控制系统架构

7.2 系统特点

高速飞车运行控制系统主要具备以下四个特点：

一是系统紧耦合、风险源复杂、舱地协同控制程度高。对于运行控制系统而言，高速飞车为全新应用场景，尚无经验可循，相比于传统轮轨系统，长定子直线电机牵引使舱地协同的耦合度进一步加强，低真空管道、超导磁体、环控生保等系统或设备引入了更为复杂的风险源，因此需从全局、全过程角度，深入研究各被控对象机理和工作特点等，建立故障-安全舱地协同控制策略，实现航行器的运行安全，提高运行效率。

二是超高速移动的多普勒频移显著。高速飞车移动速度可达 1000km/h，多普勒频移与移动速度成正比，对于现有民用通信使用的正交频分复用（OFDM）制式，大动态频移会破坏 OFDM 子载波之间的正交性，使系统性能恶化。需采用频偏估计与补偿算法，或者采用对多普勒频偏不敏感的波形或调制方式加以克服。

三是狭长密闭金属管道内电磁波多径传播环境特殊。高速飞车运行在狭长、密闭的金属管道内，虽与隧道类似，但因空间的材质不同（管道设计为金属，隧道为混凝土），电磁波的散射、反射等传播特性存在较大差异，金属材质带来的多径效应相比混凝土更为显著，会产生符号间干扰，进而使系统性能恶化，需通过实地开展信道测量与建模工作，探究电磁波多径分量的时延、功率和衰落分布等特征，建立信道模型，以指导系统设计与网络参数调优。

四是越区切换频繁。由于每个基站小区的覆盖距离有限，航行器经过各个小区时会进行越区切换，以重新获得新小区分配的信道资源，新旧小区的信道变化易导致切换失败、链路掉线率高。由于超高速移动，航行器在每个小区内的运行时间大幅缩短，使越区切换会比其他移动场景更为频繁。宜从共逻辑小区、重叠区参数优化和可靠切换判定依据等方面设计，提高切换成功率和无线链路的稳定性。

7.3 系统功能及组成

7.3.1 系统功能

高速飞车运行控制系统的基本任务和传统轨道交通类似，需根据航行计划，依托联锁表办理航行器运行进路，保证进路正确安全；利用防护曲线实时监督航行器运行速度，防止超速。除此之外，因系统特有的低真空特性，运行控制系统还需对真空设备、接驳廊桥等进行控制和防护，以实现航行器的运行安全。

具体而言，运行控制系统的功能主要包括：操作与显示、航行器自动运行、驾驶顺序控制、进路防护、道岔防护、真空设备防护、航行器防护、速度曲线监控和牵引切断。运行控制系统功能关系如图 7-3 所示。

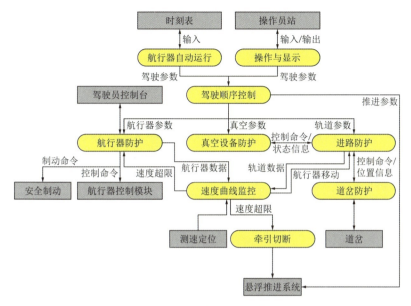

图 7-3　运行控制系统功能关系图

7.3.1.1　操作与显示

操作与显示功能是指通过操作员站将运营调度内容发送至相应的控制模块进行解析，并将关键运行状态在终端进行显示。

操作员的部分操作与航行器运行的安全直接相关，所以在操作员控制台上的航行器运行状态信息必须具有安全显示特性，并要求操作员对其执行的操作指令负全部责任，为避免意外或错误操作，控制台上的按钮需设置二次确认或遵循一定的防护规程。

7.3.1.2　航行器自动运行

航行器自动运行功能的设计目的是减少操作员的一些手动操作，提高航行器运行管理的效率，减少人员差错对航行器运行的影响。航行器的正常运行根据预先准备好的时刻表进行，时刻表中包含航行器驾驶所需的必要命令，根据运行状况（航行器移动、时间），这些命令被发送给运行控制系统相应的执行模块。

7.3.1.3　驾驶顺序控制

驾驶顺序控制类似一个任务分解器，将收到的操作员站下发的驾驶参数分解至相应模块进行处理，使关联系统进入必要的运行状态，如：航行器在牵引系统登录、道岔处于正确位置等。

7.3.1.4　进路防护

进路防护的主要任务是为航行器分配轨道参数，并对其进行防护。被分配的轨道被称为进路，系统在将其锁闭后供指定的航行器单独、连续地使用。在操作员控制台上，使用与安全相关的操作指令可实现航行器行驶所需的轨道区段闭塞与轨道道岔的锁闭。

7.3.1.5 道岔防护

道岔防护的主要任务是获取道岔的当前状态，并将该状态安全地在操作员控制台上显示。在正常运行时，道岔移动请求在执行前必须由进路防护功能进行检查，以判断该请求是否允许，在到达最终位置并锁闭后，移动电源以故障安全方式被切断。在锁闭状态下，如果移动电源未被激活，道岔就不能离开其端点位置。通过上述操作，道岔就得到防护，可供运行控制系统无限时地使用。

7.3.1.6 真空设备防护

真空设备防护类似于道岔防护，根据分配的轨道参数对真空设备进行控制，使其进入既定位置并安全锁闭，同时对其设备状态进行实时监测。

7.3.1.7 航行器防护

航行器防护涉及系统中的航行器登录与注销、航行器状态监测和航行器紧急制动等，航行器在系统中通过识别号进行唯一识别，相关数据会进行安全性校验，作为航行器防护的基础。同时，运行控制系统会对航行器的状态进行实时监测，当舱载设备状态异常或无线通信系统故障时，根据既定防护策略触发航行器的紧急制动措施，以保证系统安全。

7.3.1.8 速度曲线监控

在航行器运行过程中，运行控制系统可根据定位测速系统周期性发送的位置及速度信息对航行器进行速度曲线监控，确保航行器的速度处于所设定的范围之内。

7.3.1.9 牵引切断

当悬浮推进系统、定位测速系统等出现故障，影响航行器的运行安全时，运行控制系统可通过牵引切断模块切断牵引变流器的输出，并执行预先制订好的防护策略，尽最大可能保证航行器的运行安全。

7.3.2 系统组成

高速飞车的动力源与上海磁浮示范线、日本山梨线类似，均采用分布式架构，长定子位于地面，转子部分位于车载，因此高速飞车运行控制系统（图7-4）可由运控系统（中央运控系统、分区运控系统、舱载运控系统）和通信系统组成。

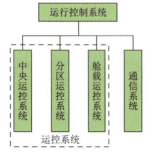

图 7-4　运行控制系统组成图

一般而言，中央运控系统位于调度控制中心，分区运控系统位于牵引变电站、道岔房或真空泵房，舱载运控系统位于航行器上，各子系统之间通过通信系统进行数据传输。运行控制系统架构如图 7-5 所示。

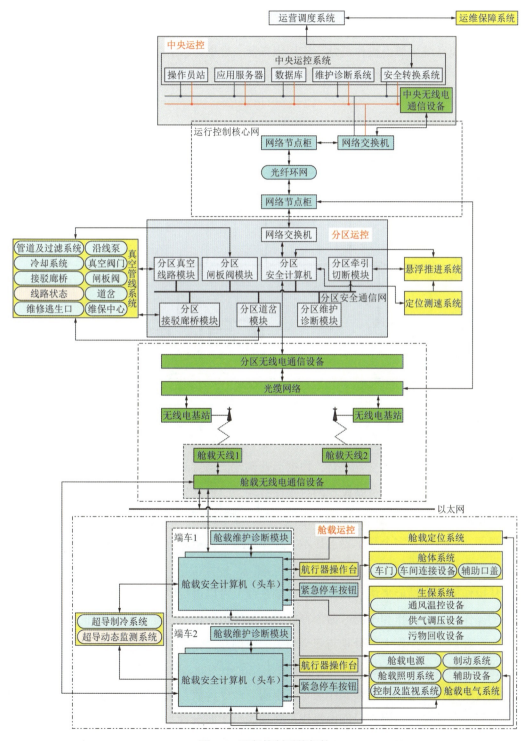

图 7-5　运行控制系统架构

7.4 运控系统

7.4.1 中央运控系统

中央运控系统主要由操作员站、应用服务器、数据库服务器、维护诊断系统和安全转换系统组成，中央运控系统架构如图 7-6 所示。

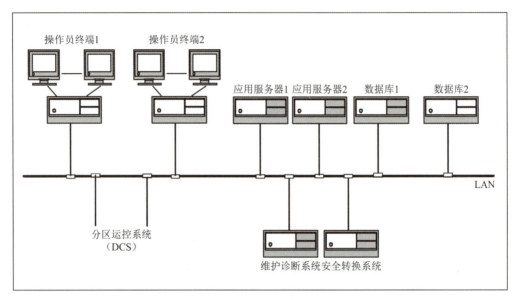

图 7-6 中央运控系统架构

7.4.1.1 操作员站

操作员站为前端人机交互平台，根据运营调度信息自动或手动实现计划下发，并实时显示相关系统状态。操作员站设置两台操作终端，二者互为备份。

操作员终端提供了包括主视图、文档视图、过程视图、航行器数据及列表在内的多个工作视图，并分配到多个显示器上显示。操作员基于显示器上的各个视图完成对航行器运行的监视和控制操作。

从操作的安全性能来讲，在操作员终端系统上可以进行的操作可分解为需要"命令释放"的操作、一般操作和不需"命令释放"但只能由操作员终端执行的操作三类。其中需要"命令释放"的操作大部分是与安全相关的关键性操作，且只能在操作员终端上执行，由操作员承担责任；一般操作对安全性的要求比上一类低，当系统处于自动运行模式下时，航行器自动运行也可发出此类操作命令；不需"命令释放"但只能由操作员终端执行的操作也属于一般性操作，但它只能由操作员终端执行，如设置系统中的航行器总数、选择运行模式等，操作员站终端显示界面示意如图 7-7 所示。

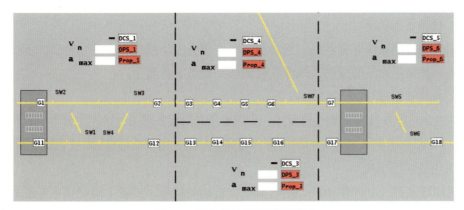

图 7-7 操作员站终端显示界面

从操作的对象来讲，在操作员终端上可执行的操作可分为对航行器的操作、对轨道的操作和其他操作。对航行器的操作包括舱载设备的设置、内部照明开闭、设置和取消运行要求、指定最大速度、设置和删除发车指令、车门锁闭和解锁、选择运行模式、测试制动和航行器登录等；对轨道的操作包括设置和取消进路预锁闭、检查进路、操作道岔、切换牵引模式和对标记信息的操作等；其他操作包括解锁和测试分区牵引切断、设置系统中的航行器总数和评估安全显示等。

7.4.1.2 应用服务器

应用服务器是中央运控系统的后端支撑部分，接收操作员站下发指令并对指令进行有效性校验，通过后将指令发送至分区及舱载运控系统，同时接收反馈的状态信息传递至操作员站进行显示。

为了保证系统的可靠性，应用服务器采用双机热备冗余的配置，两台主机同时运行各自的服务工作，且相互监测对方的情况，当一台服务器宕机时，另外一台服务器立即接管它的工作，保证工作不间断。

热备管理模块主要是对互为备份的两台应用服务器进行状态管理，将其分为热备参数配置、热备状态监测、心跳诊断模块和热备切换模块，应用服务器热备结构如图 7-8 所示。

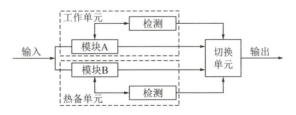

图 7-8 应用服务器热备结构

（1）热备参数配置

在主备机上均配置心跳连接，可配置两条 TCP/IP 的心跳连接，优先选择心跳直连网卡的 IP 地址，其次为连接交换机的网卡地址，如果需要，也可以创建 RS232 串口心跳连接。配置主备机的其他信息，如：IP 地址、卷资源、计算机别名、共享文件和 NT 服务等。

（2）热备状态监测

周期性地检测系统服务状态，当检测到某个服务发生故障时，首先会尝试多次重新启动该服务，如果启动不能成功，该服务会转移到后备服务器上。

（3）心跳诊断模块

心跳机制是服务器 A 周期性地发送一个固定信息给服务器 B，服务器 B 收到后回复一个固定信息，如果服务器 A 在规定时间内没有收到服务器 B 的反馈信息，则视为服务器 B 断开。

（4）热备切换模块

主机出现故障（如网络中断、突然断电、自动关机等）或者主动切换主备服务器时，热备切换模块负责将服务自动切换到另一台服务器，由另一台服务器接管服务应用。

7.4.1.3 数据库

数据库服务器作为中央运控系统的存储专区，主要记录存储电子地图、运行计划、运行参数、指令信息、航行器信息、报警信息和维护信息等。数据库服务器采用集群架构，可由两台数据库服务器和一套磁盘阵列构成，应具有设置自动分区、自动备份的脚本和任务管理的功能。

7.4.1.4 维护诊断系统

维护诊断终端系统的主要包含诊断部件和服务部件，诊断部件负责数据查询和处理，服务部件负责数据的显示。维护诊断系统架构如图 7-9 所示。

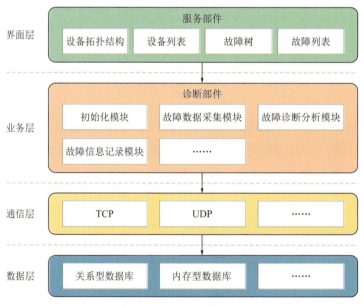

图 7-9 维护诊断系统架构

诊断部件分析诊断源发来的信息，并以此为依据确定基本的逻辑故障视图。这些信息连同其他的附加信息一起存储在数据库里。

服务部件是基本的人机界面，显示诊断部件提供的故障。操作人员通过在服务部件上的相关操作处理故障。

7.4.1.5 安全转换系统

安全转换网关放置在中央运控系统与外部非安网络之间，专门用于保护网络通信和应用数据的安全性，提供协议、链路和应用级保护，以确保内部网络免受外部网络的非授权访问。安全网关不需要执行任何转换功能，只需在数据流的进出和内外网之间进行控制，从而最大限度地保护内部网络的安全。

7.4.2 分区运控系统

分区运控系统主要由分区安全计算机、分区牵引切断模块和分区真空相关模块等组成，分区运控系统架构如图 7-10 所示。

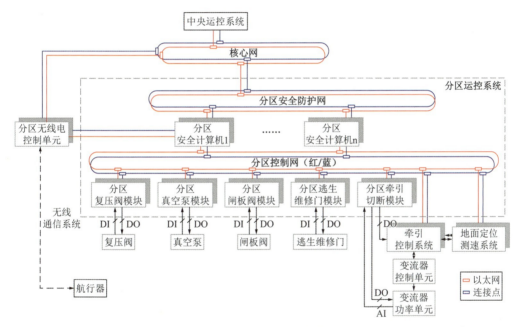

图 7-10 分区运控系统架构图

7.4.2.1 分区安全计算机

分区安全计算机是分区运控系统的核心"大脑"，主要负责本分区内的逻辑决策与各设备控制指令的下发，从而实现与悬浮推进系统、真空管线系统和航行器的配合，完成驾驶顺序控制、进路防护和速度曲线监控等功能要求。

（1）驾驶顺序控制

对中央运控系统所发出的一系列命令进行检查，如果检查通过，则发送给相应的功能模块，与安全相关的命令被传送给进路防护与航行器防护。驾驶顺序控制就像一个任务分配器，它接收驾驶参数并进行分解处理，然后将分解的各参数分配到相应的下级功能模块中去。驾驶顺序控制主要任务包括：轨道控制、牵引系统控制和真空设备控制。

驾驶顺序控制将进路设置命令传送给进路防护模块进行检查，如果通过检查，则由进路防护设置进路，并为航行器运行确定与轨道相关的参数，最后，确定航行器的速度防护曲线。

通过对牵引系统的状态进行控制，使牵引系统进入必要的运行状态，对航行器进行登录或注销，确定牵引系统所需要的牵引参数，并使其可用，将开始和停止点的相关参数发送给牵引系统，牵引系统所需的牵引参数有航行器数据、线路数据（进路信息、限速信息等）和速度防护曲线等。

根据分配的轨道参数对真空设备进行控制，使其进入既定位置并安全锁闭，同时对其设备状态进行实时监测。

（2）进路防护

进路防护的主要任务是为航行器分配轨道，并对其进行防护。被分配的轨道被称为进路，系统在将其锁闭后供指定的航行器单独、连续地使用。进路防护是分区安全计算机的一项重要任务，它负责管理并防护该分区运控系统范围内的轨道。为此，要求分区随时可以得到轨道状态的当前信息，包括：分区运控系统管辖区域内轨道区段的状态、真空泵的状态、复压阀的状态、闸板阀的状态、逃生维修门的状态、道岔状态和接驳廊桥状态等。

系统只允许航行器在预定的进路内移动，每条进路预定仅应用于单个特定的航行器。进路预定可以保护轨道区段，防止误动作（如真空泵、复压阀、闸板阀、逃生维修门和接驳廊桥）、防止道岔移动，并禁止其他航行器使用该段轨道。进路预定由中央运控系统下发，并通过驾驶顺序控制功能触发。

满足以下情况时，进路预定请求被接受：轨道区段未被其他航行器预定或占用；轨道区段未被禁止通行；预定请求由该航行器所占用的轨道区段开始，或在该航行器已经预定的线路上继续预定线路。

在以下情形时，进路预定会被取消：航行器已驶离原预定的进路，速度曲线监控功能已释放该区域；航行器静止时，中央运控系统请求解锁（进路预定取消）。

（3）速度曲线监控

速度曲线监控功能对航行器当前位置的速度进行监视，以确保航行器速度在任何时刻均处于所设定的范围之内，即处于安全驾驶状态。

速度曲线监控功能监视进路所允许的最大速度，通过由最大允许速度构成的速度范围，确保航行器不进入危险速度区域，在正常运行时，所允许的速度范围始终处于系统的安全监视之下。

为了实现航行器运行的速度曲线监控功能，运控系统对线路上的停止区定义了停止点与危险点的概念。停止点是指在辅助停止区内系统设计的航行器到达的目标停止地点，危险点是运控系统从安全防护角度定义的线路上特定的停止区域极限边界点，停止点和危险点之间保持一定的安全距离，速度曲线监控功能确保航行器不会超越危险点，从而保证航行器始终在受防护的轨道上运行。

停止点的设置原则为：当航行器速度超限（大于最大允许速度）时，航行器能够安全地到达当前停止点。速度曲线监控功能为运行航行器适时地设置下一停止点和危险点，从而实现航行器的连续运行，在正常运行时，保证航行器只能停在所设计的停止点，在允许的速度范围内，航行器速度可以由牵引控制系统任意控制。航行器正常运行时安全相关的速度限界如图7-11所示。

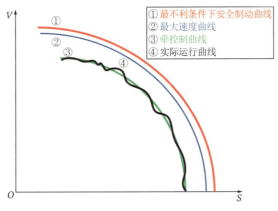

图7-11　航行器正常运行时安全相关的速度限界

分区安全计算机放置于牵引变电所中，需采用高可靠性的冗余软硬件架构，一般为二乘二取二或三取二架构，以满足故障-安全的控制策略。

7.4.2.2　分区牵引切断模块

分区运控系统中的分区牵引切断模块可以在必要时切断牵引供电，它保证了在任何运行模式下执行切断后，都不会再有牵引电流或制动电流流向轨旁电缆。在下列运行情况下，必须能够对航行器牵引系统进行安全切断：当速度突破航行器最大允许速度时，将牵引安全切断，使用航行器安全制动；当速度突破最小允许速度时，将牵引切断，利用动能和势能使航行器安全地到达当前停止点；操作员站发出紧急制动时，根据需求将牵引安全切断。

当航行器运行中出现需要进行安全牵引切断的情况时，分区安全计算机撤回牵引供电释放命令，分区牵引切断立即安全地切断牵引供电。这个动作是通过两部分实现的，即电子切断和电气切断。

电子切断是发送一个切断信号给牵引电路，封掉其输出脉冲，使牵引电流下降到某个安全值以下，分区运控对其电流值进行回采，判断其是否真正下降到合理值范围内。若仍未下降到合理值范围内，则会触发电气切断，直接将牵引系统的供电进行切断，保证电流为零。

7.4.2.3　分区真空相关模块

根据真空设备形式，分区真空相关模块可分为分区真空泵模块、分区闸板阀模块、分区复压阀模块和分区逃生门模块等，这些模块相互配合以实现真空设备的控制与安全防护。

分区闸板阀模块控制逻辑流程如图 7-12 所示。

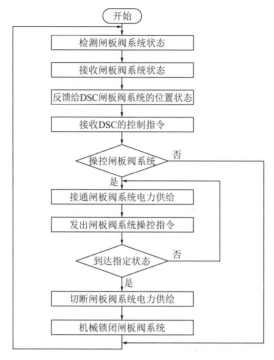

图 7-12　分区闸板阀模块控制逻辑流程

7.4.3　舱载运控系统

舱载运控系统的核心设备为舱载安全计算机，外围辅助配置交换机、接口设备等，系统架构如图 7-13 所示。

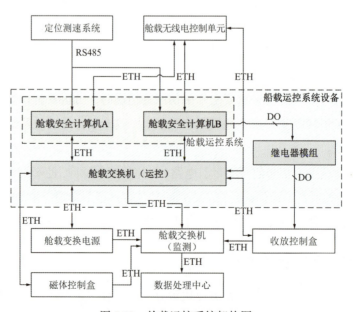

图 7-13　舱载运控系统架构图

舱载安全计算机位于航行器端车上,接收来自分区运控系统或者航行器总控单元(或人机界面)与安全相关的控制指令,控制并管理航行器的安全运行;接收航行器各种与安全相关的状态信息,并把这些信息传递给中央和分区运控系统;当无线通信系统断连时实施制动,确保航行器运行安全。

7.4.3.1 航行器登录与注销

在航行器开始正式运行之前,需要在运控系统中完成航行器正式登录操作,由分区运控系统向舱载运控系统请求连接(或由舱载向分区发起登录请求),经判断无误后完成分区与舱载的连接操作。若登录成功,则将航行器信息转发至中央运控系统;若航行器登录不成功,则将不成功原因发送至中央运控系统。

7.4.3.2 运行模式管理

高速飞车的运行模式有三种,即:自动运行模式(AM)、限制运行模式(RM)和维护模式(MM)。当运控系统处于 AM 时,根据运控系统下发的指令,控制航行器的操作与运行,由运控系统和全系统级防护负责航行器的安全运行。当运控系统处于 RM 时,运控系统可屏蔽部分严苛条件,对航行器进行部分防护,航行器运行安全由运控系统和操作人员共同保证。当运控系统处于 MM 时,分区和舱载运控系统不对航行器进行控制和监督,航行器的运行安全由操作人员保证。

7.4.3.3 地舱供电切换

当航行器由地面供电转为舱载供电时,可由舱载运控系统完成舱地供电切换操作,指令由中央运控系统下发,舱载运控系统收到指令后将其转发至舱载变换电源,进而实现其供电切换操作。

7.4.3.4 舱门及接驳廊桥联动控制

舱载运控系统与分区运控系统共同完成廊桥对接与舱门开关的联动控制。当由中央或分区运控系统发起舱门开关命令时,舱载运控接收来自地面的舱门开关命令,并判断当前廊桥与航行器对接状态,条件满足时自动输出开关舱门命令。当由乘务员发起舱门开关命令时,舱载运控系统向分区运控系统发起廊桥对接命令请求,并在条件满足后自动输出开关舱门命令。

7.4.3.5 制动检测和实施

当接收到制动测试命令时,舱载运控按规定流程对制动系统进行测试,确保运行前制动系统是安全可靠的。

当无线通信系统故障或航行器超出最大速度曲线时，舱载运控系统先申请切断牵引，然后实施舱载制动。由速度曲线监控系统计算出制动力大小，然后采用最接近所需制动力百分比的制动级别进行制动。

7.4.3.6　航行器安全状态信息监视

舱载运控和航行器接口单元交互信息，接收如下航行器与安全相关的信息：生保系统状态、舱门状态、火灾报警信息、乘客紧急信息、服务站强制停车原因、制动检测状态和舱载电网状态等。

7.4.3.7　航行器生保系统监控

舱载运控系统实时接收航行器生保系统传输的状态，并实时传输给中央和分区运控系统。当舱载运控实时接收的生保系统的状态为故障时，则通知地面紧急复压，在航行器运行到前方逃生门后停止。

7.5　通信系统

通信系统主要包括有线通信网络和舱地无线通信系统。有线通信网络是通过网线、同轴电缆和光缆等介质传输，用来实现真空管线沿线、楼宇和站间设备信息互联的通信系统；舱地无线通信系统是航行器与地面之间的数据传输通道，通过空间电磁波信道传输信息的通信系统。由于前者多为工程实施，技术特征偏少，因此本节不再赘述，只针对舱地无线通信系统进行阐述。

舱地无线通信系统分为两个应用场景，一是面向运行安全的列控信息通信（运行控制业务），二是面向乘客服务的信息通信（乘客使用互联网业务）。两个场景对数据传输速率、实时性、可靠性等要求有较大差别，故应采取相互独立组网的设计理念，依据业务特点选用合适技术体制的无线通信系统实现其功能。

7.5.1　列控信息通信

7.5.1.1　通信制式的选型

当前用于列控的典型舱地无线通信方案包括铁路 GSM-R/5G-R、城市轨道交通 LTE-M 和上海磁浮示范线 38GHz 毫米波车地通信等。

（1）GSM-R 与 5G-R

GSM-R（GSM-Railway）是基于 GSM 技术标准，针对铁路通信及应用设计的国际无线通信标准，工作频率为上行 885MHz～889MHz，下行 930MHz～934MHz，设计满足速度

0~500km/h，目前在欧洲、我国高铁及普速铁路均广泛应用。GSM-R系统可支持普速铁路列车/高铁与调度中心之间的通信，还具有数字集群功能；此外，GSM-R系统还支持一定的数字传输能力，例如基于GSM-R电路交换技术的数据采集传输应用系统（2.4~9.6kbps）或GPRS方式实现（100kbps），能够传输列车诊断数据、提供货运信息和传输车载旅客信息等。

5G-R（5G-Railway）是基于5G标准技术，具备大带宽、低时延、广连接的特点，2023年由工信部批复工作频率（上行1965MHz~1975MHz、下行2155MHz~2165MHz），设计满足速度0~500km/h，目前正在开展外场技术试验，将于未来替代GSM-R系统，成为铁路车地通信专网。在网络能力上支持网络切片、边缘计算等，能够更好地满足铁路枢纽、场站等热点区域的业务宽带和容量要求等。

但是，GSM-R虽然成熟可靠，且商业运营多年，但其系统理论支持速度不超过500km/h，且数据传输能力极有限，以语音业务为主，难以满足通信大带宽需求；5G-R虽然在GSM-R基础上提升了数据传输能力，但因标准约束，该通信制式目前难以支持500km/h以上的移动速度，因此GSM-R和5G-R无法作为可用方案。

（2）LTE-M

LTE-M（LTE-Metro）以4G标准为基础，采用OFDM、大规模天线MIMO等技术，针对轨道交通无线业务需求进行增强，专网频段为1785MHz~1805MHz。支持宽带集群调度功能（包括语音集群和视频集群业务），优先承载列控信号和集群调度业务，亦可综合承载视频类业务，广泛应用于地铁列控的车地通信。传输速率理论上行可达50Mbps，下行可达100Mbps，端到端时延＜50ms。

虽然LTE-M的传输能力较强，但目前支持的仅为地铁移动速度，即不超过200km/h，因此无法作为可用方案。

（3）38GHz毫米波

上海磁浮示范线采用德国定制研发的38GHz毫米波系统作为车地通信方案，传输列车定位、运行控制、运行语音、诊断、操作和旅客信息等业务数据，在最高430km/h的运行速度中得到性能验证，时延＜25ms，传输速率上行和下行均可达4Mbps。该系统采用具有恒包络、相位连续的频移键控（CPFSK）调制方式，对多普勒频移和频率容差不敏感，可有效适应高速移动场景；并且采用基于位置信息的越区切换方法，切换成功率得以提升，链路稳定性可保证。

综上所述，经主流方案的对比，采用38GHz毫米波通信方案传输列控信息相对适宜。但仍需探究38GHz毫米波在狭长密闭金属管道内的电波传播规律，同时在高速移动场景中搭载测试，探究多普勒频移与多径效应对系统的影响，以进一步指导设计。

7.5.1.2 系统设计

列控信息通信系统分为三层架构设计，由中央无线电子系统、分区无线子系统和舱载无线子系统组成，实现运行控制、位置速度、状态监测和视频监控等数据的传输，系统架构如图7-14所示。

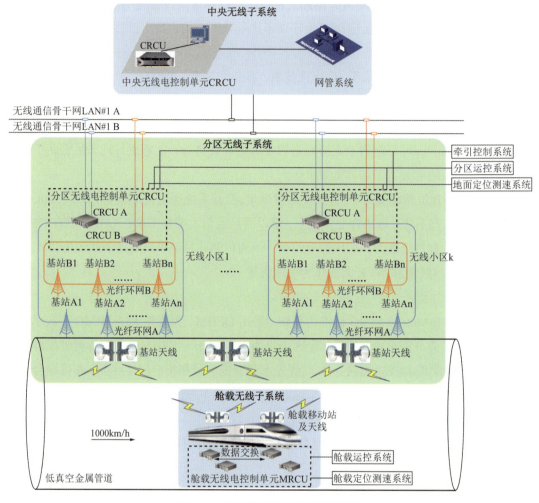

图7-14　列控信息无线通信系统架构

（1）中央无线子系统

中央无线子系统包括中央无线电控制单元（CRCU）、网管系统等。CRCU实现中央无线电系统的管理、中央运控接入和无线电系统诊断等功能；网管系统对所有通信设备进行端到端的网络级的集中管理和维护，实现配置管理、状态管理、故障管理、安全管理、性能管理、软件管理、报表管理、拓扑管理和日志管理等操作维护功能，提供统一的设备状态监测和诊断信息。

（2）分区无线子系统

分区无线子系统包括分区无线电控制单元（DRCU）、地面固定基站（RBS）和基站天线及光纤环网等。DRCU实现分区基站管理、分区运控接入、分区牵引接入和分区诊断管理等功能，提供与牵引控制系统、分区运控系统和地面定位测速系统之间的通信接口。RBS

实现地面光纤网络接入、调制解调、分集接收、信号频率变换和基站模块诊断等功能。光纤环网分为 A、B 环。依运行控制系统分区设计，设置无线小区，每个小区设置两台 DRCU，分别连接至 A、B 光纤环网，小区内的基站通过光纤环网分别与 A 环 DRCU 和 B 环 DRCU 连接，使航行器同时具有两条通信链路，从而保证单环网或单基站发生故障时，业务数据仍然可以正常传输。

（3）舱载无线子系统

舱载无线子系统包括舱载无线电控制单元 MRCU、舱载移动站（MBS）及天线等。MRCU 实现移动基站管理、移动运控接入、航行器诊断接入和航行器无线电诊断管理等功能。

7.5.1.3 技术执行

列控信息通信系统承载与航行器安全运行相关的重要业务数据，需要满足运行控制类数据的低时延高可靠传输要求，具体地，需要解决低真空金属管道带来的多径效应问题、超高速移动带来的多普勒频移和频繁越区切换问题。因此在传输方案中进行以下针对性设计。

（1）CPFSK 调制

航行器高速移动产生的多普勒效应会使接收终端产生频率频移和展宽，从而引起传输性能下降。采用具有恒包络特性、相位连续以及对多普勒频移和频率容差不敏感的连续相位频移键控（CPFSK）调制，CPFSK 信号由于其相位的连续性，不仅具有使用频带宽、抗干扰能力强、解调无须相干载波等优点，而且避免了一般频移键控信号频率转换点相位不连续导致的功率谱很大的旁瓣分量，带线滤波后会引起包络起伏的缺点。

根据最大多普勒频移计算公式 $f_D = \frac{vf_c}{c}$，将 $v = 1000 \text{km/h}$，$f_c = 38\text{GHz}$ 分别代入，可以得到 38GHz 频率的最大多普勒频移为 $f_D = 35.2\text{kHz}$。如果采用 2 阶 CPFSK 调制，调制指数设为 1/2，信息传输速率为 R_B，则 CPFSK 调制信号占用的带宽为 $1.5 R_B$。当上下行传输速率设为 4Mbps，信道编码的码率设为 1/2，则 CPFSK 已调信号占用的带宽为 12MHz，多普勒频移相对 CPFSK 信号的带宽很小，几乎可以忽略不计，因此 CPFSK 调制可以有效应对多普勒效应。

（2）单载波频域均衡

相比 OFDM 多载波调制方式，单载波频域均衡（SC-FDE）在相同复杂度条件下可以有效克服 OFDM 高峰均比和对多普勒频偏高敏感的缺点。SC-FDE 系统框图如图 7-15 所示，信号发射端结构较单一，直接将调制符号组帧，经过波形成形发送至无线信道，而接收端结构较复杂，信号先经过傅里叶变换 FFT 变换到频域，在频域进行均衡，再通过傅里叶反变换 IFFT 变换到时域进行判决。

SC-FDE 能够有效消除多径效应和频域失真，通过在接收端进行频域均衡，关键在于均衡系数的设计，消除信道对信号解调的影响，频域均衡通常采用最小均方误差准则，充分考虑噪声的影响，从多方面考虑了对有用信号的均衡，特别是在信噪比低的情况下，

MMSE 均衡的优势尤为明显。

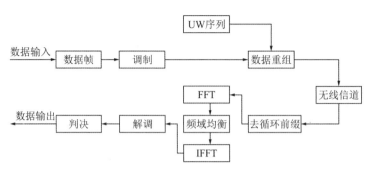

图 7-15　SC-FDE 系统框图

（3）分集技术

无线信号在金属管道内传播会有显著的反射特性，发射径的传输时延会比直射径长，从而产生时延扩展，并且反射径因各自的幅值和相位不同，会有相长或相消的效果，对直射径产生干扰，造成衰落。分集是对抗衰落的有效手段，接收端利用不同位置的多个天线、使用不同频率同时接收不同路径的多条平均信号强度近似相等和衰落特性相互独立的多径信号，然后进行选择和合并，确保至少有一条路径的信号能够被正确接收，以减轻衰落的影响。

针对金属管道环境，需设计大尺度、多维分集方法，抑制信道衰落影响，提高通信性能，利用毫米波信道非相关约束，在纵向运行方向，不同位置架设多发射和接收通道；在高度或方位方向，不同高度和不同方位架设多接收通道；在管道内，采用双环同时覆盖全线轨道；分析和测试不同极化天线的抑制多径性能，设计最佳天线极化方案等。由此构建金属管道环境下的高性能分集通信体系，实现高可靠低时延传输。

空间分集与位置分集如图 7-16 所示，图中三条虚线代表同一基站天线发出的包含相同数据的无线信号，通过不同路径到达不同天线。空间分集是不同天线的接收信号相互独立，同一处舱载移动站设置两个天线，位置相距较近，构成空间分集；位置分集是不同位置的接收信号相互独立，头舱和尾舱的两处舱载移动站构成位置分集。

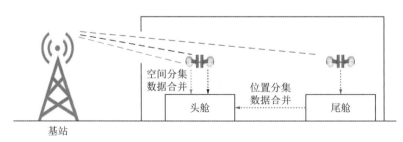

图 7-16　空间分集与位置分集

频率分集如图 7-17 所示，两个不同频率的基站同时工作，头舱和尾舱的舱载移动站也工作在不同的频率，从而实现不同频率的接收信号相互独立。由于工作频率不同，电磁波之间的相关性很小，衰落概率也不同，可以有效对抗频率选择性衰落。具体地，A 环基站

以频率 f_1 向舱载移动站发射信号，B 环基站以频率 f_2 向舱载移动站发射信号，头舱和尾舱的舱载移动站分别以 f_2、f_2 向基站发射信号，实现频率分集。

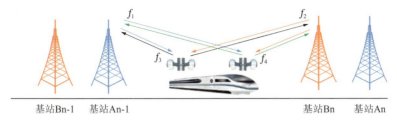

图 7-17　频率分集

（4）基于位置信息的小区软切换

通过定位系统向基站发送的位置信息，DRCU 能够获取航行器的实时准确位置，对基站的开关进行合理控制，A、B 环同一时刻只有一个基站工作。

切换的核心思想为"异频切换 + 软切换"，在经过重叠覆盖区时，尾舱移动站仍保持与即将离开的基站（服务站）间业务数据双向传输，头舱移动站负责与即将进入的基站（目标站）间进行切换控制面信令的交互。头舱移动站切换成功后，便与目标站建立链路，传输业务数据，并向目标站申请尾舱移动站的信道资源，目标站分配资源后，尾舱移动站再执行切换，由此可以保证切换期间业务传输数据不中断。

7.5.2　乘客服务信息通信

7.5.2.1　通信制式的选型

当前用于乘客服务的车地通信方案包括运营商公网 4G/5G 移动通信网络、民航空地通信 ATG（Air to Ground）和高铁 Wi-Fi 等。

（1）4G/5G 移动通信网络

因金属管道对外界信号的屏蔽，乘客移动终端无法与管道外 4G/5G 移动通信基站直接建立链路，虽可以考虑使用信号转发器将公网信号转入管道内形成扩展覆盖，但客舱舱体对信号产生损耗以及高速移动时 4G/5G 网络性能欠佳等因素，均对乘客的使用体验有不利影响。

（2）民航空地通信 ATG

现有的 ATG 系统与 4G/5G 系统架构基本一致，差异体现在移动端是装载了机载天线和机载 ATG 终端的民航客机，地面基站沿航迹布设，基站天线上仰向天空覆盖，基站发射功率更高。机载 ATG 终端在机舱内向乘客提供无线局域网数据业务服务，乘客使用 Wi-Fi 与之建立连接。传输速率可达 30～60Mbps，时延为 50～100ms。ATG 系统虽能适应客机的飞行速度，但信号传播环境为空地之间，与狭长密闭金属管道内的通信场景存在较大差异，无法直接应用。

（3）高铁 Wi-Fi

高铁 Wi-Fi 的设计与 ATG 类似，使用车载路由器接收运营商沿铁路布设的 4G/5G 基站信号，再通过 Wi-Fi 完成车厢内的覆盖。该方案受限于 4G/5G 基站的通信容量，在移动速度 > 300km/h 和接入用户多时，使用体验欠佳。

综上所述，已有方案均无法直接用于高速飞车场景，但可以借鉴 ATG 空地通信和高铁 Wi-Fi 的通信系统架构，只通过有限数量的终端设备与地面基站建立连接，乘客的多个移动终端通过 Wi-Fi 与飞车的舱载终端设备实现接入，实现互联网服务。

乘客服务信息通信系统的设计核心为舱载终端设备与地面基站之间的空口无线传输。相比列控信息通信系统，乘客服务信息通信系统目标是大容量可靠传输，对时延不作严格要求。建议采用毫米波宽带 OFDM 方案，充分利用毫米波的丰富频谱资源，采用 OFDM 提高频谱效率，提升系统传输能力。其中，使用的毫米波频率可通过实地测量和考察确定。

7.5.2.2 系统设计

乘客服务信息通信系统通过"中继"的方式，使客舱内乘客使用的移动终端与基站之间建立数据传输路径，达到语音通信与数据通信之目的。主要由核心网子系统、接入网子系统和舱载无线覆盖子系统三部分组成，系统架构如图 7-18 所示，参照 5G 系统架构。

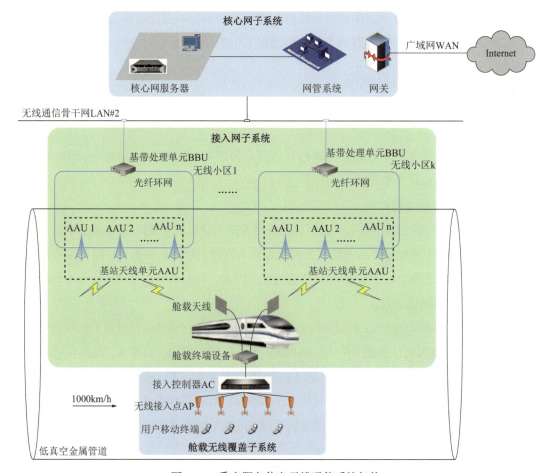

图 7-18 乘客服务信息无线通信系统架构

（1）核心网子系统

核心网子系统包括核心网服务器、网管系统和网关等。核心网服务器收集接入网的无线数据信息并管理，并提供与 Internet 的用户面接口；网管系统对所有通信设备进行端到端的网络级的集中管理和维护，实现配置管理、状态管理、故障管理、安全管理、性能管理、软件管理、报表管理、拓扑管理和日志管理等操作维护功能，提供统一的设备状态监测和诊断信息；核心网与 Internet 间通过网关实现互联互通。

（2）接入网子系统

接入网子系统包括基带处理单元 BBU、基站天线单元 AAU、舱载天线和舱载终端设备等，完成无线射频收发和基带信号处理。其中舱载天线位于航行器的头舱和尾舱完成分集。

（3）舱载无线覆盖子系统

舱载无线覆盖子系统包括 Wi-Fi 的接入控制器 AC、无线接入点 AP 等，接入控制器 AC 与舱载终端设备相连，并且管理所有 AP；无线接入点 AP 用于给用户移动终端提供 Wi-Fi 服务。

7.5.2.3 技术执行

如前文，乘客服务信息通信系统为大容量可靠传输设计，对低时延传输不作要求，因此在传输方案中进行以下针对性设计。

（1）OFDM 多载波

OFDM 正交频分复用技术具有频谱利用率高、均衡实现简单和抗多径干扰能力强的特点，因为有大容量传输的需求，所以利用 OFDM 的高频谱效率，实现高速率、高质量和高效率的数据传输，OFDM 框图如图 7-19 所示。

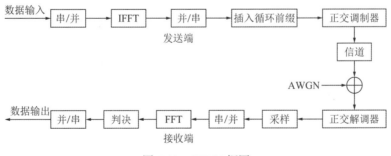

图 7-19　OFDM 框图

OFDM 是将高速数据流分解成多个低速数据流，使各个低速数据流在不同的子载波上并行传输，并同时使各子载波间相互正交，没有保护频带，减少由于符号间干扰带来的性能损失，各子信道信号的分离（解调）是靠正交性来完成，并且各子信道可以采用高阶调制（如 MQAM），进一步提升频谱效率。

为了克服信道多径和定时误差引起的符号间干扰，通过添加循环前缀，把 OFDM 符号的尾部数据复制到保护间隔里，在 FFT 积分区间内，第一子载波和延迟后的第二子载波相差整数倍个周期，能够保持子载波正交性，有效克服多径效应及时延扩展的影响。

但是，OFDM 对子载波的正交性要求很严格，当高移动速度带来多普勒频移时，正交性容易遭到破坏，若采样点偏移，则相邻载波间干扰不再为零，此时，可以通过灵活增大子载波间隔加以克服，以支持更高的移动速度，应对多普勒频移和扩展。

（2）MQAM 高阶调制

与 ASK 只能调制幅度和 PSK 只能调制相位的一维调制方式不同，M 阶正交振幅调制（MQAM）是幅度相位联合调制的二维调制方式，可同时用载波的幅度和相位调制比特信息。在幅度相位的矢量信号平面中，调制码元间最小距离相同时，星座图可容纳的星座点更多，可获得的频带利用率更高。阶数 M 是星座图中的星座点数，M 越大，对应的调制效率和频带利用率越高，携带的原始信息量越多。

考虑到有效信息基本上分布在频谱的主峰附近，而谐波分量中不包含有效信息，假设在各码元主要区间内的相位保持不变的条件下，将高次谐波滤除，能够实现频谱利用率有效地提高。这样既能确保 QAM 调制信号时需要的相位差值，还可以避免由于相位大幅度变化产生的相位跳变导致的高次谐波分量引起的频带展宽。

MQAM 调制框图如图 7-20 所示。将输入的串行比特流数据通过串并转换后，得到速率减半的两路并行数据，然后再分别通过电平变换模块将电平数由 2 个转换到 L 个，该转换过程通过差分编码和星座映射进行实现。

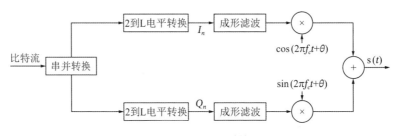

图 7-20　MQAM 调制框图

MQAM 解调过程是对调制的逆处理，采用相干解调的方法。但是由于实际信号在经过信道传输时受到时变特性、多径干扰以及高斯白噪声等影响，导致接收端接收到的 I、Q 两路信号 $i(t)$ 与 $q(t)$ 会在频率和相位存在不同程度的偏差，且接收端产生的本地载波信号与发射端载波不可能实现完全同频同相。因此，两路信号经滤波之后得到的输出还需要进行载波恢复、符号同步等技术的处理，然后再经过匹配滤波器进行滤波，将得到的滤波输出经过 L 到 2 电平转换，最后通过并串转换模块将两路并行数据转换为串行数据流从而恢复出原始的基带数据。MQAM 解调系统框图如图 7-21 所示。

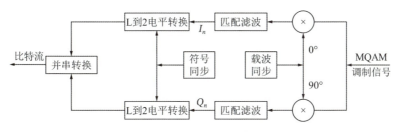

图 7-21 MQAM 解调框图

（3）信道估计与多普勒补偿

OFDM 对于信道估计的要求较高，使用毫米波频段时，宜采用基于相位跟踪参考信号（PTRS）的多普勒扩展估计技术，用于高频段的相位噪声跟踪。其特点是频域稀疏且时域密集，频域 2RB/4RB 一个，时域间隔为 1，2，4，时域连续的 PTRS 结合时域最大密度的解调参考信号（DMRS）可以较好地实现信道估计。使用 5G NR 标准中的 Type 2，PTRS 与 DMRS 的时域、频域图样如图 7-22 所示。

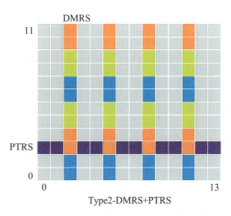

图 7-22 PTRS 结合 DMRS 实现信道估计

信道增益估计、相位估计和多普勒估计分别按下列公式计算。

PTRS 信道增益估计：

$$\tilde{H}_{\text{PTRS}}[p,q] = \frac{Y[p,q]}{X[p,q]} \tag{7-1}$$

式中：p——参考信号符号序号；

q——子载波序号；

$X[p,q]$——第 p 个参考信号符号的第 q 个子载波承载的参考信号；

$Y[p,q]$——第 p 个参考信号符号的第 q 个子载波承载的接收信号；

$\tilde{H}$——信道估计的结果。

相位估计：

$$\hat{\theta}_q = \frac{1}{P-1} \arg\left\{\sum_{p=0}^{P-2} \tilde{H}_{\text{PTRS}}^*[p,q]\tilde{H}_{\text{PTRS}}[p+1,q]\right\} \tag{7-2}$$

式中：$\hat{\theta}_q$——第 q 个子载波上的相位估计值；

P——参考信号符号的总数。

多普勒估计：

$$\hat{f}_d = \frac{1}{Q}\sum_{q=0}^{Q-1} \frac{\hat{\theta}_q}{2\pi T_{\text{PTRS}}} \tag{7-3}$$

式中：$\hat{f}_d$——频偏估计值；

T_PTRS——相邻 PTRS 符号的时间间隔；

Q——子载波的总数。

（4）大规模 MIMO

毫米波可以通过提升频谱带宽来实现大容量数据传输，但毫米波频段在自由空间、低真空空间相比低频段都会有更高的路径传播损耗，因波长短，尺寸小，可以在有限体积内集成大规模天线，通过多进多出（MIMO）技术以及波束赋形将能量聚焦于收发机方向，以提升传输可靠性、传输容量。

8

智能运维系统

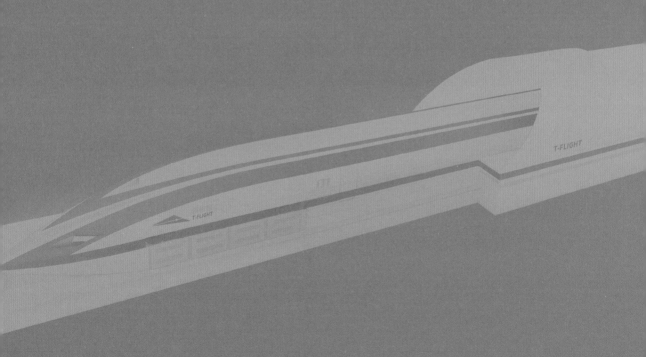

超高速低真空管道磁浮交通系统

8.1 概述

智能运维系统是高速飞车的健康维护系统,主要实现运行期间全系统数据的实时接入存储、在线监测、系统故障诊断和健康管理。同时为保障高速飞车的可靠运行,需要在其运行期外提供系统巡检服务,并根据系统运行数据和巡检数据制订设备检修维护计划。智能运维系统旨在依托在线运行和离线检修维护数据进行跨专业、跨工种、跨区域和跨时间的综合分析,形成一套集状态监测、无人巡检、状态维修、诊断决策和智能预测等于一体的智能化平台,提升高速飞车的可靠性、可用性和安全性。智能运维系统布局示意如图 8-1 所示。

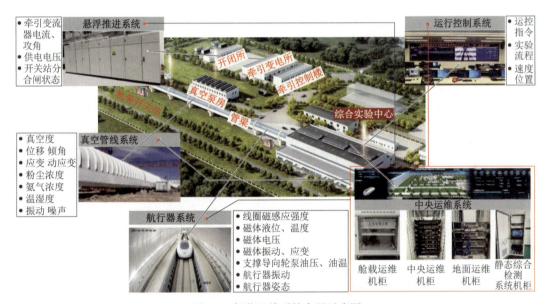

图 8-1 智能运维系统布局示意图

8.2 系统特点

高速飞车的智能运维系统具有以下三个特点:

一是数据源多、高并发且类型复杂。智能运维系统应对高速飞车全系统开展运行维护,为实现全系统全流程数据的高效采集,需具备支持多源且高并发数据的采集能力。同时,采集数据种类可能涵盖结构化、半结构化和非结构化数据,采样频率覆盖跨度大,为实现数据的可靠存储,智能运维系统需具备支持多类型、多频率数据的存储能力。

二是系统诊断、健康管理要求高。高速飞车设备数目多、设备间耦合关系复杂、运行速度高且运行环境特殊，为实现系统的长期可靠运行，智能运维系统需具备对全系统进行故障诊断、故障预测和健康管理的能力。

三是管线巡检设备数目多、种类多。高速飞车管道线路长、沿线安装设备数目多，为保障系统具有良好的运行环境和运行状态，智能运维系统应具备对管线内外设备进行高效动态巡检的能力。

8.3 系统组成及架构

8.3.1 系统组成

图 8-2 运维系统组成图

智能运维系统应包括中央运维系统、舱载运维系统、地面运维系统和管线巡检装置，如图 8-2 所示。

中央运维系统主要实现全系统数据长期存储、全系统状态监测及可视化展示、全系统数据综合分析、系统级故障诊断、全系统健康管理和维修管理等。

舱载运维系统主要实现航行器、悬浮推进系统舱载设备和运行控制系统舱载设备试验数据的接入、短期存储、预处理、数据转发及舱载关键设备的状态监测和故障诊断等。

地面运维系统主要实现真空管线系统、悬浮推进系统地面设备和运行控制系统地面设备试验数据的接入、短期存储、预处理、数据转发及地面关键设备的状态监测和故障诊断等。

管线巡检装置主要实现轨道几何参数状态、模组螺栓松动、异物入侵、零磁通线圈通断和模组外壳及表面损伤等管道内状态的动态巡检，以及真空漏点、轨旁开关站箱体外观和逃生门设施等管道外关键设备的动态巡检。

8.3.2 系统架构

智能运维系统架构及关联关系如图 8-3 所示。舱载运维系统和地面运维系统分别整合舱载和地面设备运营数据，实现地面和舱载边缘端的数据接入与分析，承担数据通信服务，并缓解系统整体的数据处理压力。中央运维系统实现地面和舱载数据的接收与显示，并利用强大的计算资源、丰富的数据和模型资源完成全系统状态监测、系统综合数据处理、数据挖掘分析和维保管理等，构建中央与舱载地面相互配合、高效协同的工作模式。管线巡检装置作为移动检测设备，对管道内外环境情况进行巡检，并将巡检状态和结果反馈至中央运维系统统一存储管理。

智能运维系统的逻辑架构（图 8-4）从下至上分别为数据集成层、数据存储层、模型层、中间服务层、应用层和可视化层。

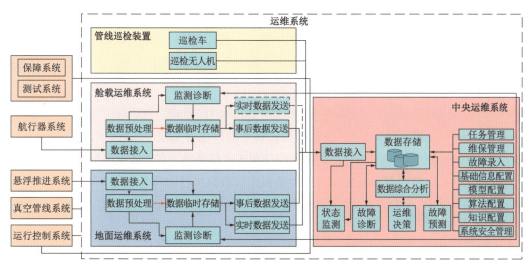

图 8-3 运维系统架构及关联关系

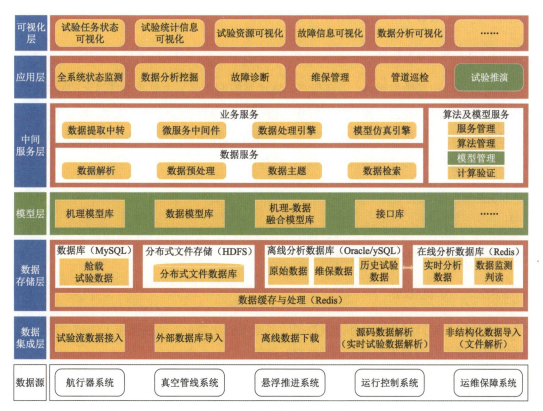

图 8-4 运维系统逻辑架构图

8.3.2.1 数据源

运维系统的数据源主要包括航行器、真空管线、悬浮推进和运行控制系统相关运营数据和检修数据等，以及智能运维系统相关测试数据、保障数据和巡检数据等。

8.3.2.2 数据集成层

数据集成层主要实现数据源相关数据的接入,支持 TCP、UDP 和 FTP 等不同的接口类型以及数据库远程接口,并可根据具体的数据对象进行动态调用。

8.3.2.3 数据存储层

数据存储层主要实现对结构化、非结构化和半结构化等不同形式数据的统一存储管理,支持实时数据和离线数据的综合存储,采用分布式文件系统、文件数据库、结构化数据库、非结构化数据库以及内存型数据库等多种数据库对数据进行综合管理。

8.3.2.4 模型层

模型层主要包括描述系统关键几何、物理、行为和规则等多维度的机理模型、数据模型和机理-数据融合模型,通过模型接口实现对多设备机械、电气和液压等多领域特征的全面刻画,进一步服务于应用层的各项业务。

8.3.2.5 中间服务层

中间服务层包括数据服务、业务服务、算法及模型服务,主要通过其强大的数据解析、数据清洗和数据融合能力,提供数据解析、数据预处理和数据检索等功能,将采集到的零散业务数据、运行数据和故障数据等数据,利用相关算法和模型,按一定的业务和功能逻辑进行处理和存储,为业务系统提供数据支持。

8.3.2.6 应用层

应用层主要基于具体任务执行过程中的业务需求,进行全系统状态监测、故障诊断、数据分析挖掘、维保管理和管线巡检等。

8.3.2.7 可视化层

可视化层主要针对各项业务提供数据的多维可视化展示,通过操作工作站、显示大屏和 MR 等硬件设备为业务人员提供人机交互途径。

8.4 运维系统

8.4.1 中央运维系统

中央运维系统是智能运维系统的核心系统,包括集成共享信息系统、中央监测诊断系统、健康管理系统和运维调度系统,主要实现全系统数据接入及长期存储、全系统状态监测及可视化展示、全系统故障诊断和维修管理等。

8.4.1.1 集成共享信息系统

集成共享信息系统将舱载运维系统、地面运维系统及管线巡检装置的各类信息进行广泛、深度和安全可信的交互，实现实时流数据、非结构化数据、源码数据和外部数据库数据的接入及信息共享。通过采用关系型数据库、内存型数据库，以及文件数据库等针对结构化和非结构化数据分别进行管理，并通过良好的数据备份机制保障数据管理的安全可靠。在此基础上进一步充分利用不同时间、空间的多源异构传感器数据资源，解决舱载运维系统和地面运维系统采集得到的数据不一致且不完整问题，为中央运维系统的综合决策提供充足的依据。

对复杂信息的分析整合和数据建模，可与运营决策相结合，有利于运维系统提高服务质量、服务安全性、服务可靠性，并节约成本。

8.4.1.2 中央监测诊断系统

中央监测诊断系统可对全系统进行全程在线监测，包括舱载设备、地面设备和管线巡检装置，同时支持接入维修基地和站务系统相关数据进行综合监测，中央运维系统智能化云平台如图 8-5 所示。

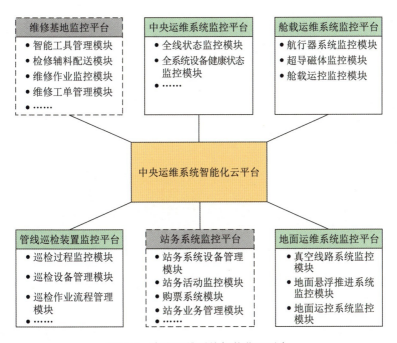

图 8-5 中央运维系统智能化云平台

中央监测诊断系统可为不同角色的用户提供各自直观、全面的视图，包括系统管理、监控展示、运维工作管理、综合业务仪表板展示和统计分析等主要内容。状态监测系统通过数据处理引擎对监控数据进行实时分析归并,生成有效报警,触发运维流程。

整体上,中央监测诊断系统、状态监测系统实现了高速飞车运行过程中的状态跟踪展示、航行器运行环境状态跟踪展示、航行器部件健康状态跟踪展示、站务系统状态跟踪展示、维修基地状态展示和管线巡检装置状态展示。

航行器运行状态跟踪展示:通过显示大屏展示被监测航行器编号、航行器位置、运行方向、运行速度、里程数、能耗、开关门、牵引制动等情况。

航行器运行环境状态跟踪展示:通过显示大屏展示被检测线路轨道质量、弯道、坡度、车载、道岔群等。

航行器部件健康状态跟踪展示:通过显示大屏展示被监测航行器部件健康状态、部件是否故障预警报警以及当前航行器故障是否排查等。

站务系统状态跟踪展示:通过显示大屏展示站务系统设备、站务活动、购票系统、站务业务等情况。

维修基地状态展示:运维移动端功能实现运维信息的主动推送及处理,保证非一线运维人员对运维信息的及时掌握和运维工作的及时处理。通过展示维修基地状态,实现维修基地信息管理系统的互联互通,便于维修人员掌握从整体到局部的维修情况。维修任务及进度情况的展示效果参考示意如图 8-6 所示。维修基地的状态展示可利用 AR、云平台等技术,实现与维修基地的实时交互。

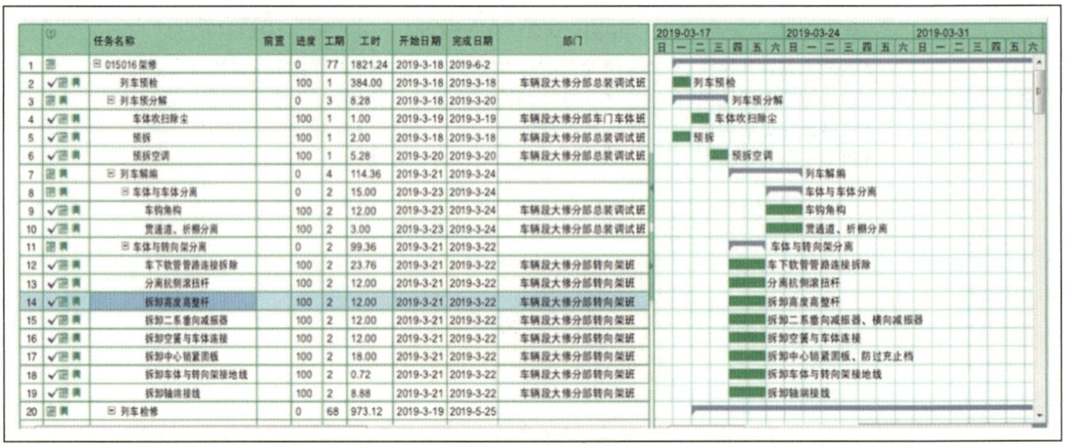

图 8-6 维修任务及进度情况展示参考示意图

管线巡检装置状态展示:通过显示大屏展示巡检设备状态、巡检流程和巡检作业情况等。

在线监测流程(图 8-7)包括系统自检和系统升级两部分。通过对监测的系统数据进行分析,系统自检流程可以判断有无异常发生,随后进行诊断决策以判断是否需要报警,同时对报警及其他数据进行记录存储。系统升级流程指的是根据监测情况及时进行系统的升级,包括参数升级、软件升级、系统设置和数据下载,以不断完善和改进监测系统。

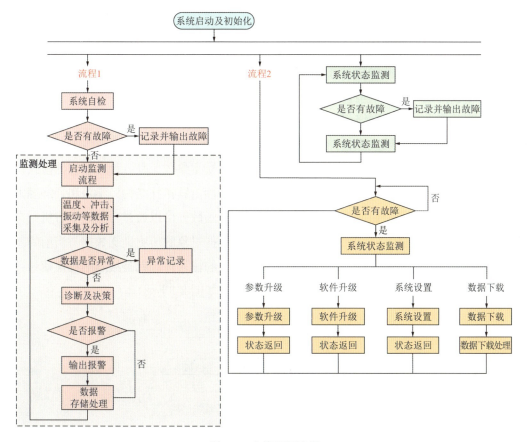

图 8-7 在线监测流程

同时，中央监测诊断系统可基于大数据分析、知识推理等方法，从海量数据中提取决策信息，以实现系统级故障诊断，辅助进行运营管理和经营决策。以舱载运维系统和地面运维系统的单装备诊断为基础，一方面打破装备边界，构造系统化联合分析算法；另一方面打破专业边界，深度挖掘专业结合部故障干涉特性，构造多专业信息综合分析模型，为综合运维人员提供高效率、高可靠性和高精准度的隐患预测、故障定位以及维修调度管理平台，支撑高速飞车综合维修的联合高效作业模式。

故障诊断充分利用人工智能等技术分析、识别出隐含的重要信息，从而获取对设备状态及故障趋势更深刻的认识，为决策判断提供科学的依据。采用的方法包括故障树、神经网络、专家系统和模糊理论等多种方法。

（1）基于故障树的故障诊断方法

故障树指的是通过研究系统最不希望发生的事件，反向推理出事件发生的原因，再通过相应的逻辑关系将事件和原因联系在一起，从而建立一种形如树状的故障关系模型。故障树不仅可以反映系统在发生故障状态时的各种故障组合，帮助维修人员查询故障模块，还可以基于精确的数学模型和具体算法计算系统失效率和各底事件的重要度值。故障树方法有利于从不同角度综合评价每个模块（元器件）发生故障概率的大小和对某一模块故障而导致系统发生故障程度的多少。

（2）基于神经网络的故障诊断方法

基于神经网络的故障诊断系统能对历史数据进行分析处理，并搭建人工神经网络，利用反向传播技术建立故障模型，该方法有十分优良的非线性映射拟合能力以及强大的自组织和自学习的能力。神经网络将已有数据和已有故障模式作为样本，在训练的过程中学习数据与故障模式间的映射关系，神经网络可以连续学习，如果操作环境发生改变，神经网络可以通过对新采集的数据进行训练，自适应地调整模型参数，是一种自适应的模式识别技术，可实现对人类经验思维的模拟。神经网络的特性由其拓扑结构、学习和训练规则所决定。它不需要预先给出相关模式的经验知识和差别函数，可以通过自身的学习机制自动形成所要求的决策区域。经过训练的神经网络可以根据对象的历史训练数据与当前的测量数据对比确定故障。基于神经网络的故障诊断，网络的输入神经元是故障的特征信号，输出神经元是故障原因。基于神经网络的诊断系统结构如图8-8所示。

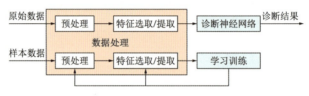

图8-8　基于神经网络的诊断系统结构

（3）基于专家系统的故障诊断方法

基于专家系统是一种基于知识的计算机程序系统，其内部含有大量的某个领域专家水平的知识和经验，它应用人工智能技术，根据专家提供的知识及其推理能力，模拟人类专家做出决策的思维过程，来解决原来只有专家才能解决的复杂问题。通过相关的专家在工作中所积累的经验而形成的知识库，并把这些知识库作为判断高速飞车是否出现故障的诊断依据，然后进行规则的索引、匹配和判断，最终得到事故发生的原因。专家系统流程如图8-9所示。

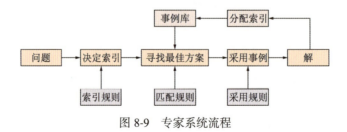

图8-9　专家系统流程

（4）基于模糊理论的故障诊断方法

通过将模糊集合以及模糊运算规则应用于故障诊断，从而处理不确定的信息，然后再建立模糊逻辑系统，最后实现故障诊断的目的。模糊理论诊断的实质是引入隶属函数概念，模糊逻辑以其较强的结构性知识表达能力，适合处理诊断中的不确定信息和不完整信息。利用模糊诊断方法对其进行诊断，诊断流程如图8-10所示。

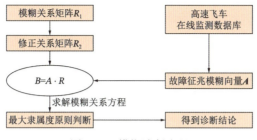

图 8-10 模糊诊断流程

8.4.1.3 健康管理系统

为解决设备健康状态评估难题,提前预测设备是否处于亚健康状态,中央运维系统改变传统的维修保障模式,通过开展设备的故障预测及健康管理,根据装备实际状态来确定维修检测计划,实现从定期维修、事后维修到基于状态的维修和视情维修的转变,最终实现自主管理、自主维修与自主保障。

其中,故障预测及健康管理系统的故障预测子系统采用基于灰色模型的故障预测、基于遗传算法的故障预测和基于回声状态网络的故障预测等多种故障预测方法。

(1)基于灰色模型的故障预测

灰色模型建模不需要寻找数据的概率分布和统计规律,而是通过数据处理的方法来寻找数据间的规律,通过少量的、不完全的信息提出预测规则,能够避免统计方法、概率预测方法的随机性而引发的不确定性问题。

(2)基于遗传算法的故障预测

遗传算法利用系统运行状态数据来进行状态预测,通过对原始状态数据建立模型,并进行选择、交叉和变异。在满足终止循环条件下输出数据。基于遗传算法的故障预测的流程如图 8-11 所示。

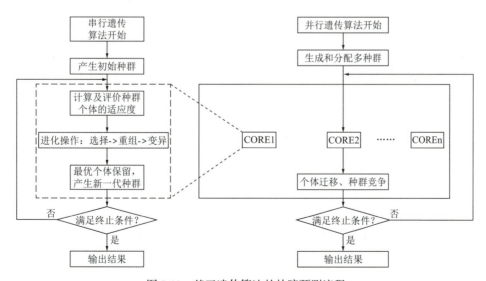

图 8-11 基于遗传算法的故障预测流程

（3）基于回声状态网络的故障预测

回声状态网络是一种特殊的神经网络，传统的神经网络一般由输入层、隐含层和输出层构成，而回声状态网络通过引入储备池计算模式来代替隐含层。储备池是由大量稀疏神经元动态连接而成，通过神经元之间的权值的形式储存系统的性能。而储备池之间的权值是确定的，不需要通过学习算法反复训练，使得训练计算量降低。基于回声状态网络的故障预测流程如图 8-12 所示。

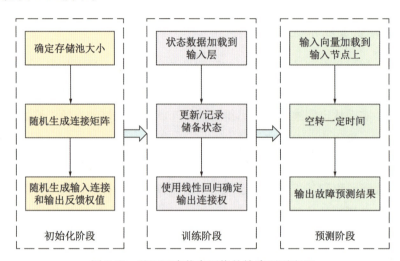

图 8-12　基于回声状态网络的故障预测流程

故障预测及健康管理系统的健康管理子系统旨在实现对全线网通信信号设备的健康度、剩余寿命及承载容量的智能分析。设备健康度是实现设备状态修及其辅助维修决策的重要指标，其算法各维度信息包括设备当前及近期的监测参数的劣化趋势、设备设计寿命、设备运用时长或频次、历史故障异常表现、同批次设备故障异常表现、同型号设备故障异常表现、设备工作环境、设备冗余度、设备重要度等。健康管理功能业务包括设备剩余寿命分析健康质量评价、设备服役管理及设备全寿命周期管理等。

8.4.1.4　运维调度系统

运维调度系统用以实现对系统维修、维护工作的管理，包括人员管理、资源管理和维修作业任务管理等，支持根据各设备的使用情况结合故障诊断、寿命预测等业务结果，在各系统提供的维修维护计划基础上，给出全系统的综合维修建议和维修时机，为后续的维修过程提供依据。

中央运维系统采用"故障修 + 状态修"的维修管理模式。其中，基于状态修的维保管理是基于系统运行状态的维护模式，在系统运行时通过连续监视系统状况、诊断系统故障，以确定系统的当前状态并预测系统状态趋势，进一步实施预防性维护，以确定系统状态趋势并预测可能的故障。基于状态的维修流程如图 8-13 所示。

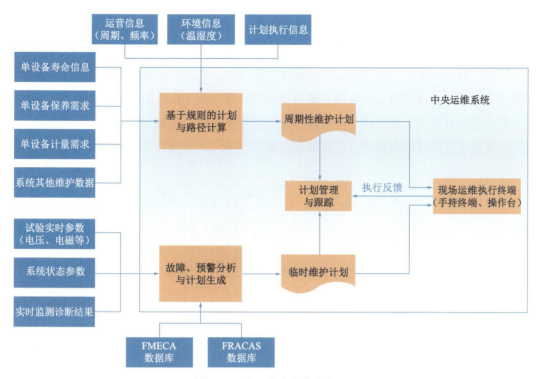

图 8-13 基于状态的维修流程

8.4.2 舱载运维系统

舱载运维系统主要实现舱载设备运营及检修数据的接入、短期存储、预处理及舱载关键设备的状态监测和故障诊断。舱载运维系统逻辑架构如图 8-14 所示。

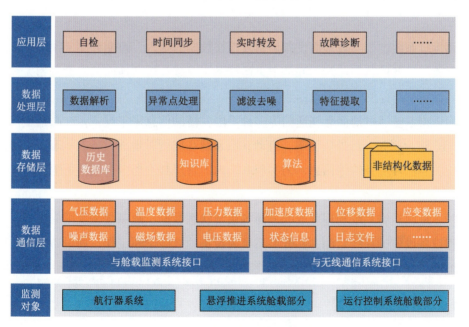

图 8-14 舱载运维系统逻辑架构

舱载运维系统通过舱地无线通信等多种手段，借助信息采集设备，如高精度传感器、综合视频和红外监测等，自动获取系统在行车时车上设备的状态、设备健康状况等信息。

同时，舱载运维系统利用获取的各系统状态数据、故障数据及维修数据，进行系统内关键设备设施的在线监测，并开展系统内设备的故障诊断工作。如设备发生故障，及时按照维修章程开展设备维修工作。同时将维修信息及维修结果实时上报至中央运维系统。车载运维系统信息系统的大数据分析策略如图 8-15 所示。

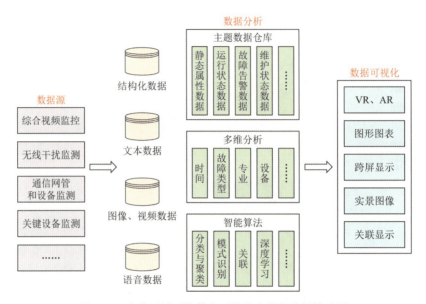

图 8-15　车载运维系统信息系统的大数据分析策略图

8.4.3　地面运维系统

地面运维系统主要实现地面设备运营及检修数据的接入、短期存储、预处理、数据转发及地面关键设备的状态监测，并从中央运维系统下载和更新地面关键设备相关知识库，以开展地面级状态监测和故障诊断业务。

地面运维系统通过地面无线通信等多种手段，借助信息采集设备，如高精度传感器、GPS/BDS、综合视频、红外监测等，自动获取系统在航行时地面设备的状态、设备健康状况以及相关自然环境条件等信息，为实现系统内的管理和上层中央运维系统的精细化管理提供依据。

同时，地面运维系统利用获取的地面各系统状态数据、故障数据及维修数据，进行系统内关键设备设施的在线监测，并开展系统内设备的故障诊断工作。如设备发生故障，及时按照维修章程开展设备维修工作。同时将维修信息及维修结果实时上报至中央运维系统。

8.4.4　管线巡检装置

管线巡检装置主要实现管道内和管道外的巡检，并将巡检结果反馈至中央运维系统。

管线巡检装置主要由管内巡检装置和管外巡检装置两部分组成。

8.4.4.1 管内巡检装置

管内巡检装置主要负责对管道内轨道几何参数、异物入侵情况、模组螺栓松动、零磁通线圈通断以及地面模组外壳与支撑轨表面损伤等的动态检测。管内巡检装置（图 8-16）可以采用管道内移动检测平台来完成，其主要包括三个部分，分别是移动平台、检测系统和数据综合系统。

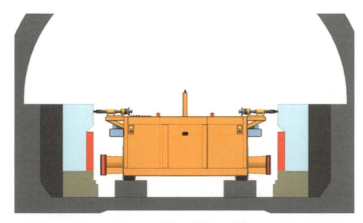

图 8-16　管内巡检装置示意图

移动平台是保障管内巡检装置安全运行的重要保障，也是维持检测系统与数据综合系统正常工作的前提条件。其主要功能应包括：

行驶功能：具备直行、加速、减速、停止能力，适用支撑轨行走；

导航功能：接受调度指令，在水泥轨道上自动行驶；

手动控制功能：配置无线手持操作器，可手动操控巡检车的动作；

安全防护功能：左右配置导向轮机构，可防止巡检车脱轨；

供电功能：为巡检车检测设备和数据综合系统设备进行供电；

急停功能：四角设有急停按钮，紧急情况时按下可快速停车；

应急功能：解锁减速机，在巡检车故障时紧急转移巡检车。

检测系统功能包括支撑轨及地面模组几何参数检测、螺栓松动检测、轨道内异物入侵检测、悬浮线圈通断情况检测。

数据综合系统由同步定位系统、无线通信系统、数据采集系统、数据处理系统和地面站共 5 部分组成。主要功能应包括：

里程测量功能：通过光电编码器结合控制点校正的方法，实现里程精确测量功能；

无线数据传输功能：通过车载无线通信设备 MRCU 完成巡检过程中部分检测数据、运行情况视频监控、运行控制信号等数据的车地通信；

数据处理功能：通过数据处理计算机提供轨道几何参数计算、螺栓松动及异物入侵图像处理、悬浮线圈通断检测、里程校正等算法支撑平台；

任务管理功能：通过地面站发送控车指令、实时显示车体状态信息等内容，巡检任务封装。

8.4.4.2 管外巡检装置

管外巡检装置主要负责对管道外真空漏点、轨旁开关站箱体外观、逃生门设施异常等情况的动态检测。需巡检的管道外设备部署于长距离线路沿线，设备分散且部分置于高处，无人机凭借其机动性、搭载不同检测设备的可拓展性和便捷性、经济成本的低廉性，较适合作为长距离管道外巡检装置。巡检无人机主要由无人机平台和检测系统组成。

无人机作为管外巡检装置中的空中运载工具，负责挂载可见光相机、红外热成像仪、声阵列传感器等，并通过手持移动终端或按规划航线自动飞行以完成数据采集。按照无人机平台构型，可分为三种机型，分别是固定翼、旋翼和复合翼无人机。不同机型无人机优缺点见表8-1。

不同机型无人机优缺点　　　　　　表8-1

序号	机型	优点	缺点
1	固定翼无人机	续航时间长，飞行高度高、速度快	便携性差，对起降环境要求高，无法空中悬停
2	旋翼无人机	可垂直起降，移动和定点作业精准，维护成本低	续航时间短，作业面积小，飞行速度慢、高度低，可挂载载荷较小
3	复合翼无人机	兼顾固定翼续航时长、速度快和高度高等优点与旋翼垂直起降的功能	结构较复杂，便携性差，制造成本及售价高

无人机型号的选择应考虑以下五个指标，分别是挂载能力、续航能力、安全保障能力、控制精度和图像实时传输能力。

挂载能力：指无人机在正常起飞和航行时可挂载的最大载荷，一般为不同重量和形式的传感器，如激光雷达、可见光相机和红外相机等，根据挂载的传感器重量确定。

续航能力：续航能力决定了无人机单架次的巡检距离，根据巡检目标范围选择合适的飞行时长，以达到较高的巡检效率，若巡检线路较长，尽可能选择续航能力较强的无人机。

安全保障能力：在无人机巡检图像采集过程中，如果无人机因意外掉落到限界之内，会造成管道表面损伤，因此在沿线采集图像时，无人机要具有一定的抗风险能力，如抗极端温度和抗风等能力。

控制精度：指无人机实际飞行位置与指定位置的误差。无人机按规划航线进行图像采集时，控制精度越高，越有利于提高图像采集的准确性。在巡检过程中，自动采集图像的无人机应选择控制精度较高的机型。

图像实时传输能力：通过无人机与遥控设备的通信连接，可以实时观测无人机巡检状况，在巡检过程中，可以根据传输的视频图像对无人机航行路线、姿态等进行判断，进行实时调整。

检测系统由机载设备、图像检测系统和真空漏点检测系统组成。机载设备是无人机管线巡检装置的数据采集传感器，包括可见光相机、红外热成像仪、声阵列传感器等，负责采集长距离管线外可见光、红外热成像和声像数据，为数据综合系统进行巡检结果分析提供数据支撑。图像检测系统包括长距离管线外表面损伤检测、轨旁开关站箱体外观检测、逃生门设施外观检测。真空漏点检测系统由无人机搭载检测设备（如声音信号、超声波检测传感器）进行漏点动态检测。

常用机载设备包括可见光成像、红外热成像仪、紫外成像仪、激光雷达和声信号传感器等。

可见光成像：通过可见光成像采集检测目标图像数据，基于人工智能算法分析图像特征，判断设备运行状态。选择合适的可见光云台相机有助于提升采集到的图像数据质量，在后续进行图像分类和图像检测的过程中可以提升精度。其广泛应用于电力输配电设备、光伏相关设备、油气管道设备的智能运维。

红外成像：是当前监测和诊断运行中电力设备过热缺陷的常规检测手段之一。其原理是通过红外热像仪等设备探测目标热辐射，以获取目标的二维温度分布，生成热像图，通过分析热像图特征判断设备运行情况，具有高效、安全、不受高压电磁场干扰等优点。其适用于变电站、架空线路和发电站等电力设备的异常发热检测，在电力设备巡检中广泛应用。

激光雷达：激光雷达发射激光束以感知目标的位置、速度等特征量，目前被广泛应用在地理信息测绘及定位导航领域。在电力巡检中，主要用于架空线路的通道环境测绘及三维重建，是当前电力线路走廊通道环境检测的主要技术手段之一。该方法主要通过机载激光雷达扫描电力线路通道，根据点云数据建立电力走廊通道环境的三维模型，在此基础上分析危险点（树障缺陷、限距缺陷和外破缺陷等），并结合倾斜摄影进行通道可视化管控，结合微气象、导线工况进行导线弧垂、风偏和覆冰等缺陷预警。由于多旋翼无人机航程受限，激光雷达多装载于固定翼无人机上，硬件成本较高，目前也有将小型激光雷达装载于中小型旋翼无人机上，承担杆塔精细建模等任务，但尚未大规模应用。

声信号传感器：高速飞车具有线路距离长、管道截面较大、可能出现漏点区域较多等特点。真空负压检测法需要在管道内沿线关键位置布置真空计在负压侧进行检测，但对于长距离检测场景，需要布置的传感器数量多，热成像方法对于当前泄漏处空气流速较低情况下效果不明显，超声波检测和声音信号检测方法较为适用在移动式检测装备上，但超声波检测需要较为抵近疑似泄漏处，同时易受遮挡，从而影响检测效果。声信号检测方法对检测距离要求较为宽松，比较适用于泄漏较为明显的长距离巡检。声信号检测流程如图 8-17 所示。

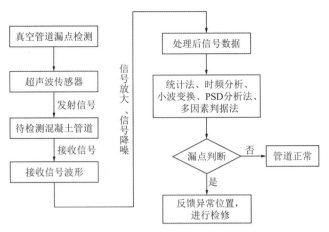

图 8-17　声信号检测流程示意

通过巡检无人机搭载声信号传感器，对待检测对象发送脉冲超声波，并接收反射的声波信号，将信号数据发送至数据处理系统进行信号放大，基于中值滤波、小波变换或均值滤波进行去噪处理，排除环境等因素的影响。由于存在缺陷的混凝土返回的声波信号在幅值、频率和时间等存在差异，通过统计法、时频分析法、小波变换法、功率谱密度（PSD）分析法或多因素判据法对接收波形信号进行分析，从而对是否存在漏点和漏点位置进行确认。

9 应用展望

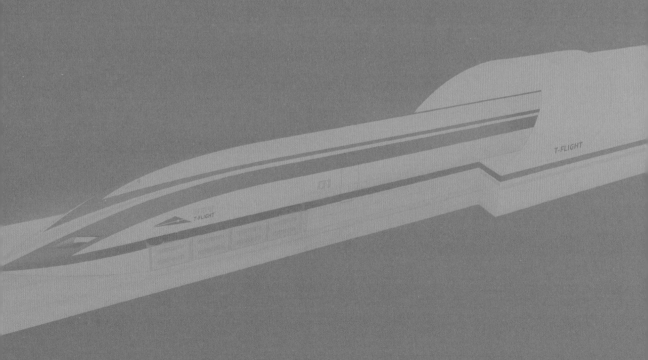

超高速低真空管道
磁浮交通系统

9 应用展望

高速飞车作为一种新型交通运输工具，有潜力突破现有城市的时空格局，为人们提供一种新的生活方式，并展现出广阔的应用前景。鉴于我国在高速飞车领域已具备一定的技术积累和研究基础，我们应抓住当前的发展机遇期，利用我国的制度优势，迅速布局并大力发展高速飞车这一新型交通系统，以加速推进我国交通强国建设的新征程。

9.1 总体实施路线

高速飞车属于复杂巨系统工程，按照系统工程研制方法，遵循"悬浮推进先行、试验载体攻关、线路平台验证、分步形成能力"的总体研制思路，规划了技术验证、工程验证、中试验证、示范运营和正式运营五个阶段。

技术验证阶段：完成高速飞车总体方案设计，突破高动态超导磁体、大推力低扰动超导直线电机等关键核心技术，建设百米级技术验证线，完成高速稳定悬浮技术试验，实现关键技术的集成验证。

工程验证阶段：完成全尺寸装备、大尺寸/高密封/低磁阻管梁预制与架设等关键技术和关键工艺的工程验证，建设公里级全尺寸工程试验线，实现全系统集成演示验证，验证系统总体方案的正确性和工程实施的可行性。

中试验证阶段：建设十公里级中试试验线，实现全系统达速验证，完成高速飞车核心技术和装备的中试验证。

示范运营阶段：根据国家和地方规划安排，逐步建成百公里级的示范运营线，实现高速飞车运营过程中可靠性、经济性和舒适性的优化提升，形成我国高速飞车综合研究和示范应用体系，为长大干线应用奠定基础。

正式运营阶段：完成示范运营后，逐步建成京沪、京广等千公里级的高速飞车长大干线，实现高速飞车正式商业运营。

9.2 干线通道布局设想

按照高速飞车发展定位，相比于高速铁路，高速飞车更加适合点对点高速运输，而高铁在网络上更有优势，高速飞车与高速铁路应该是层次分明、功能互补的关系。高速飞车客运系统的规划和建设，应当作为对既有高速铁路客运网络的补充和完善。

《国家综合立体交通网规划纲要》中明确提出形成"六轴、七廊、八通道"的国家综合立体交通骨干网布局方案。其中，"六轴"主要加强京津冀、长三角、粤港澳大湾区、成渝地区双城经济圈之间联系，建设综合性、多通道、立体化、大容量和快速化的交通主轴，拓展超级城市群辐射空间和交通资源配置能力，打造我国综合立体交通协同发展和国内国际交通衔接转换的关键平台，充分促进全国尺度上的互联互通和经济交融。高速飞车干线通道对于经济发达、客流量大的主要城市之间的联系有更快捷、更高效的优势，其起终点设置以衔接超级城市群的超大核心城市为首要任务，在兼顾通道顺直的基础上尽量覆盖其他地区的主要交通节点。

9.2.1 京沪通道

京沪通道主要衔接京津冀-长三角经济区，主轴连接华北、华东地区，贯通京津冀、山东半岛、长三角等城市群，是我国最具经济活力的走廊。三大城市群合计覆盖人口约 4.4 亿人，占全国总人口的 31.5%，2023 年完成 GDP41.9 万亿，占全国 GDP 的 33.24%。相关数据表明，京沪主轴铁路客流最大断面约 7754 万人，客流需求大，通道能力利用率趋于饱和；航空最大断面客流约 1432 万人，且近年来，我国民航旅客周转率增速呈持续上行趋势，尤其 2015 年以来维持 15%左右的较快增长，呈现逐年提升趋势。因此，京沪通道人口密集、经济活跃、客运需求旺盛，具备规划高速飞车通道的条件。

9.2.2 京深通道

京深通道主要衔接京津冀-粤港澳经济区，主轴连接京津冀、中原、长江中游、粤港澳等城市群，合计覆盖人口约 3.8 亿人，占全国总人口的 27.1%，2023 年完成 GDP38.83 万亿，占全国 GDP 的 30.80%。相关数据表明，京深主轴铁路客流最大断面约 6100 万人，客流需求强烈，通道能力紧张；航空最大断面客流约 2425 万。因此，京广通道人口密度较大，经济活力旺盛、客运需求大，具备规划高速飞车通道的条件。

9.2.3 京蓉通道

京蓉通道主要衔接京津冀-成渝经济区，主轴连接华北、西北、西南地区，贯通京津冀、山西中部、关中平原、成渝等城市群，合计覆盖人口约 2.7 亿人，占全国总人口的 19.2%，2023 年完成 GDP20.73 万亿，占全国 GDP 的 16.44%。相关数据表明，京蓉主轴中西成高铁于 2017 年开通，运营最大断面约 1693 万人，客运需求相对较小，且沿线人口密度较小，经济活力相对较弱，暂不具备发展高速飞车通道的条件。待条件成熟再行规划。

9.2.4 沪深通道

沪深通道主要衔接长三角-粤港澳经济区，主轴连接了长三角、粤闽浙沿海城市群、粤港澳三大城市群，合计覆盖人口约 3.4 亿人，占全国总人口的 24.2%，2023 年完成 GDP44.80 万亿，占全国 GDP 的 35.54%。相关数据表明，沪深主轴主要通过沿海高铁、沪昆—京广、沪昆—京九通道连通，其中上海—杭州段全部依靠沪昆通道上海—杭州段承担，该区段最大断面约 5970 万人，客流需求强烈，通道能力趋于饱和；航空最大断面客流约 2736 万。因此，沪深通道作为我国最具发展潜力的走廊，客运需求将持续快速增长，具备规划高速飞车通道的条件。

9.2.5 沪蓉通道

沪蓉通道主要衔接长三角-成渝经济区，主轴位于长江经济带上，是我国东中西协调发展的经济走廊，覆盖上海、江苏、浙江、安徽、江西、湖北、湖南、重庆、四川、云南、贵州等 11 个省市，面积约 205.23 万 km²，占全国的 21.4%，2023 年人口和生产总值均超过全国的 40%。既有铁路通道部分区段能力偏低，上海至成都目前最快需 11h，无法满足长三角与成渝两极的快速连通以及长江经济带高质量发展。因此，沪蓉通道具备规划高速飞车通道的条件。

9.2.6 深蓉通道

深蓉通道主要衔接粤港澳-成渝经济区，主轴连接西南、华南地区，贯通成渝、黔中、粤港澳等城市群，既有通道中贵广高铁最大断面约 1522 万人，客运需求相对较小，因此深蓉通道暂不具备发展高速飞车通道的条件。待条件成熟再行规划。

9.2.7 小结

根据上述分析，京沪、京深、沪深、沪蓉四条主轴通道人口密集、经济活跃、客运需求旺盛，具备规划高速飞车干线通道的条件。

9.3 示范线布局设想

高速飞车示范线的选址布局主要建立在高速飞车干线布局方案基础上，从国家规划、先进技术示范、工程化应用等角度总体考虑，选择在经济发达、国际化程度高、有一定客流支撑的地区，且具有后续长大干线工程建设、运营条件，为长大干线工程化应用做好技术储备，起到工程示范作用。此外，一些具备一定客流需求和建设条件的旅游线路，也可作为示范线先行建设。

京雄示范线：高速飞车京雄示范线位于京深通道上，主要实现北京、雄安两地通勤。经过初步分析，线路设北京、雄安两站一区间，线路长度约 103km。

广深港示范线：高速飞车广深港示范线位于京深通道上，主要实现大湾区城市群内核心城市通勤。经初步分析，线路设广州市、东莞市、深圳市及香港特别行政区四站三区间，线路长度约 160km。

沪杭示范线：高速飞车沪杭示范线位于京沪通道延长线上，主要实现长三角城市群内核心城市通勤。经初步分析，线路设上海市、嘉兴市、杭州市三站两区间，线路长度约157km。

合宁示范线：高速飞车合宁示范线位于沪蓉通道上，主要实现合肥、南京两地城市通勤。经初步分析，线路设合肥市、滁州市、南京市三站两区间，线路长度约140km。

山西旅游示范线：高速飞车山西旅游示范线位于山西省，主要实现山西省内主要旅游景点的互联互通。经初步分析，线路设大同云冈石窟、恒山、五台山三站两区间，线路长度约150km。

参 考 文 献

[1] 吴祥明. 高速磁浮上海示范线的建设[J]. 同济大学学报 (自然科学版), 2002, 30(7): 5.

[2] 马光同, 杨文姣, 王志涛, 等. 超导磁浮交通研究进展[J]. 华南理工大学学报 (自然科学版), 2019, 47(7): 8.

[3] 马家庆, 周大进, 赵立峰, 等. 真空管道中高温超导磁悬浮车运行时的振动能耗特性[J]. 真空科学与技术学报, 2014(2): 7.

[4] 平川正澄, 彭惠民. 日本山梨磁悬浮试验线的电气设备与运行试验[J]. 大功率变流技术, 2000(6): 7-10.

[5] 江慧. 体验山梨线磁悬浮列车 450km/h 高速运行[J]. 控制与信息技术, 2002(4): 32-32.

[6] 冯仲伟, 方兴, 李红梅, 等. 低真空管道高速磁悬浮系统技术发展研究[J]. 中国工程科学, 2018, 20(6): 7.

[7] MORAN J P, SHEN S. On the formation of weak plane shock waves by impulsive motion of a piston[J]. J Fluid Mech., 1966, 25(4): 705-718.

[8] HRUSCHKA R, KLATT D. In-pipe aerodynamic characteristics of a projectile in comparison with free flight for transonic mach numbers[J]. Shock Waves, 2019, 29(2): 297-306.

[9] TAKIZAWA H, TAKAMI H, YOSHIOKA H, et al. Characteristics of vehicle dynamics of MLX01 for two trains passing each other and for a five-car train set[C]. Quarterly Report of RTRI, 2000, 41(2): 68-73.

[10] WATANABE K, YOSHIOKA H, WATANABE E, et al. A study of the vibration control system for a superconducting maglev vehicle[C]. The Proceedings of the International Conference on Motion and Vibration Control, 2002, 6(2): 907-912.

[11] SUZUKI E, SHIRASAKI J, WATANABE K, et al. Vibration reduction methods for superconducting maglev vehicles[J]. Journal of Mechanical Systems for Transportation and Logistics, 2008, 1(1): 3-13.

[12] 王伯铭. 高速动车组总体及转向架[M]. 成都: 西南交通大学出版社, 2014.

[13] 张立乾. 滑橇高速运动动态效应与滑轨平顺度的关系研究[J]. 弹道学报, 2011.

[14] 刘虎. 飞机总体设计[M]. 北京: 北京航空航天大学出版社, 2019.

[15] 黄本诚, 刘国青, 成致祥, 等. 特大型空间环境试验设备的超高真空获得技术[J]. 真空科学与技术, 2001, 21(1): 1-4.

[16] 姜燮昌. 粗真空、中真空获得设备的最新进展与应用[J]. 真空, 2016(6): 1-6.

[17] 郭蓓, 薛建国, 牛瑞, 等. 干式螺杆真空泵研究现状与展望[J]. 真空, 2009, 46(5): 37-40.

[18] 高亮. 高速铁路无砟轨道空间精细化分析方法及其应用[M]. 北京: 中国科学出版社, 2020.

[19] 翟婉明, 赵春发, 夏禾, 等. 高速铁路基础结构动态性能演变及服役安全的基础科学问题[J]. 中国科学: 技术科学, 2014, 44(7): 645-660.

[20] ALAN V O, RONALD W S. 离散时间信号处理[M]. 3 版. 北京: 电子工业出版社, 2015.

[21] 魏庆朝, 蔡昌俊, 龙许友. 直线电机轨道交通系列丛书—直线电机轮轨交通概论[M]. 北京: 中国科学技术出版社, 2010.

[22] 金建勋. 高温超导直线电机[M]. 北京: 科学出版社, 2011.

[23] MURAI T. Characteristics of LSM combined propulsion, levitation and guidance[J]. Transactions of the Institute of Electrical Engineers of Japan, Part D, 1994, 114(7): 746-752.

[24] 王秋良. 高磁场超导磁体科学[M]. 北京: 科学出版社, 2008.

[25] 陈伯时. 电力拖动自动控制系统[M]. 北京: 机械工业出版社, 1996.

[26] 龚天勇, 马光同, 罗俊, 等. 行波磁场中高温超导电动悬浮磁体的热性能研究[J]. 电机工程学报. 2023, 43(1): 1-14.

[27] 冯晓云. 电力牵引交流传动及其控制技术[M]. 北京: 高等教育出版社, 2009.

[28] 李群湛, 贺建闽. 牵引供电系统分析[M]. 成都: 西南交通大学出版社, 2010.

[29] 张福生. 牵引供电系统[M]. 北京: 北京交通大学出版社, 2013.

[30] 邱关源. 电路原理[M]. 北京: 高等教育出版社, 2010.

[31] 中国通信标准化协会. 5G 数字蜂窝移动通信网 无线接入网总体技术要求 (第一阶段): YD/T 3618—2019[S]. 北京: 人民邮电出版社, 2019.

[32] 艾渤, 马国玉, 钟章队. 智能高铁中的 5G 技术及应用[J]. 中兴通讯技术, 2019, 25(6): 42-47, 54.

[33] 周梓博, 于行健, 蒋海林, 等. 高速磁悬浮列车舱地无线通信技术的探讨[J]. 太赫兹科学与电子学报, 2022, 20(8): 754-761.

[34] 吴祥明. 磁浮列车[M]. 上海: 上海科学出版社, 2003.

[35] 丁叁叁. 时速 600 公里高速磁浮交通系统[M]. 上海: 上海科学技术出版社, 2022.

[36] 徐洪泽, 郑伟, 刘湘黔. 高速磁浮列车分区运行控制系统的设计与实现[J]. 高技术通讯, 2007, 17: 958-961.